能见度
visibilité
古人

风口跃迁

刘邦传

粒川居士 著

浙江大学出版社
ZHEJIANG UNIVERSITY PRESS

序

　　两千多年前,一个男人以天下为棋盘、诸侯为棋子,摆开了一盘空前的棋局。只不过,在这盘棋局上,无猜先之说,更无执白先行之论,有的只是以实力来定胜负,胜者生,败者死。这盘棋毫无悬念,因为那个男人掌握着一击必杀的实力,对于他来说,规矩是弱者的协议,他,根本不需要。在他看来,虽三皇五帝,功绩未必如他。不错,他就是秦始皇。

　　公元前 230 年,秦王政发起统一全国之战,不到十年的时间,吞三晋,灭荆楚,奴燕齐,之后更是南征百越,北却匈奴,四海服威,九州同颤。古老的中华帝国第一次这样有力地雄踞在这片土地上。这是他的功绩。可他所做的一切似乎也只是在为他人作嫁衣。

　　自秦孝公任商鞅变法以来,秦国由封闭落后而逐渐强盛,最后到吞并诸侯,一统天下,将法家思想运用到了极致。当社会继续行进到一个新阶段时,主流统治思想也必然要相应完善,这并不是说法家思想不适合运用在大一统的国家,只是不论什么事物,运行于世必有其规律,极盛而衰,物极必反,就是这个道理。可当时的秦始皇并没有很好地认识到这一点,在他看来,自己已然统一天下,若有不服从者,当以铁血手段镇压之,于是,书同文,车同轨,销兵锐,捣金城,焚书坑儒,迁压旧贵。与此同时,这个渴望长生的皇帝不得不利用他有限的精力巡视各地,最终,病逝于途中。半年后,一个叫陈胜的男人揭开了反秦序幕,三年后,秦王子婴身死人手,这个梦寐传万世的帝国土崩瓦解,烟消云散。

　　于是,一个空前的历史大风口出现了。

　　一下子失去了秦帝国的严格管束,原来看似秩序井然的国家崩塌了。早就对秦帝国极度不满的六国故旧与受压迫的老百姓,他们的愤怒如同火山爆发般喷射了出来。各种起义、造反,如雨后春笋般出现,似乎每个人都有机会可以在这风口御风而行,甚至有希望染指至尊龙椅。风起云涌间,天下形势云遮雾罩。究竟谁能在这其中脱颖而出呢?

短短几年时间,权力与秩序又回到了两个男人的手里。刘邦、项羽在推翻秦朝后,又开始了四年之久的楚汉之争。

后来的事情,我们都知道了。最终,刘邦战胜项羽,建立了绵延四百年之久的大汉帝国。可有一个问题始终让后世争论不休:一个地痞混混是如何能够推翻偌大的秦帝国,进而战胜不可一世的西楚霸王,到最后竟然登极称帝,成为天下至尊的呢?

他的对手看起来是那么强大,要么是鞭笞天下的秦始皇,要么是武功无敌的项羽,另外那些诸侯群雄,个个也不是好惹的主儿。他一个平民布衣起家的人,何以能够站到最后?

答案只有一个:他充分发挥了自身的长处,紧紧抓住秦末大风口的机遇,乘风扶摇直上,最终走向了成功。秦末天下大乱的这个千载难逢的巨型风口,恰恰是刘邦一生最大的机遇。那个乱世成了他的舞台,而他的一生,是那样的精彩。

在这个过程中,他也经历了数次痛苦的蜕变。但每一次的蜕变,都是为了诞生更好的更新的自己。

而他的每一次蜕变,都是对应着相应的天下大势。刘邦人生的前几十年,天下纷争,战乱不断。那个时候的刘邦只能老老实实地待在家里,那时候的他是彻彻底底的民,每天就想着在家里多拿一些钱,少干一些活,多去村里赊一口酒,少挨父亲一顿骂,游手好闲,甚至作风不当。但是,也正是在这个阶段,他养成了不慕虚名、不敬礼法、勇于挣脱束缚、豁达乐观、善于识人与用人的独特素质。正是在这段时间,他团结了自己身边如周勃、樊哙、卢绾这一批日后大汉帝国的开国功臣。所以,在看起来混日子的时候,他已经悄悄为日后的成功奠定了两大基础:独特的个人素质,强大的团队。

转眼间,大秦帝国统一天下,而这一次,刘邦蜕变成为泗水亭长,大秦帝国的一个小吏,掌管着一亭百姓,俨然是封建大家族的族长。恰恰就是依靠着自己前几十年的积累,他一举抓住了大秦帝国筛选亭长的机会,进而蜕变为新的自己。试想,如果刘邦没有抓住机会,没有那些年积累下来的人脉关系,那为什么大秦帝国政府与当地父老乡亲会选他这么一个"无业游民"担任亭长一职?

在担任亭长期间,刘邦再次发挥自己的性格强项,黑白通吃,连官场上的人,都成了他的朋友。此刻的刘邦已经懂得造势,美娇娘吕雉的下嫁、算命老人神奇的话、酒店老板娘的真龙传说、丰西大泽的大白蛇等等,无论真假,都是为刘邦赢得了不低的人气。也正是在这一时刻,刘邦逐渐确立了自己的人生志向:大丈夫当如此! 而与此同时,天下大势骤然突变,秦帝国的统治败象已显,风口即将到来。

秦二世元年九月,陈胜吴广起义爆发,随后短短的半年之内,辽东的燕国、山东的齐国、河北的赵国、南方的楚国、中原的魏国再次复国,天下战火四起,秦帝国原本华丽的外表顷刻间土崩瓦解。

这就是风口。刘邦的机会,来了! 他成功抓住机会,再次蜕变。当天下起义的浪潮席卷到刘邦的家乡沛县时,沛县子弟千千万,为什么偏偏是刘邦成了众望所归的沛公? 因为当时已经四十七岁的刘邦早已赢得了大家对他的认同,因为他有着保护百姓安危的能力,更因为他知道,此时正是他实现自己志向的好机会!

想要成就自己的一番事业,首先要有着足够的胆量。庸人见刀兵而胆寒,一生碌碌无为。而勇者趁势揭竿而起,王侯为之却步! 刘邦正是一个勇者,萧何、曹参、雍齿他们就没有这样的胆量。

但在这样的天下大势里,要乘风而上,单凭勇是不够的,你还必须具有与之相匹配的自身素质。所以,雍齿也想要成为沛地的领袖,可是他却失败了。因为论起调动舆论来为自己创造机会,他远远不及刘邦。而且,想要抓住这个机会,还需要的便是魄力与担当。冒着杀头的危险起义,如果没有担当与魄力,想要成事,无异于痴人说梦。另外,政治权谋、行军打仗最重要的是人心、民心的收拢! 而很显然,在这些素质方面,当时的天下,无人比得过刘邦。

那么,有着这些方面的优势,面对着天下骤然大乱的局面,刘邦是怎么做的呢? 俗话说,大树底下好乘凉,为了保存实力,逐渐壮大自己,先假意投靠一棵大树,然后伺机脱离或反客为主,这是最稳妥的路线。彼时天下英豪的主要敌人还是瘦死的骆驼比马大的大秦帝国的虎狼之师,刘邦就没有贸然出头。当张楚的陈胜吴广败亡、楚国的项梁败亡、魏国的魏咎败亡、韩国的韩成被逼打游击、赵国的赵歇张耳遭受毁灭性军事打击的时候,刘邦在干什么? 他逐渐历练自己的军事指挥能力,吸收属于自己的队伍骨干,活动于上层之间确立自己的人脉与地位。在秦末大风口的前期,刘邦一直是事业起步阶段,虽未必处处如鱼得水,但是当天下群雄死得差不多的时候,他却再一次蜕变了!

巨鹿城外,章邯三十万大军虎视眈眈。盱眙城内,熊心、宋义、项羽的庙堂争论不断。而刘邦呢? 通过之前的活动,他成功拿到了一个西进破秦的名额。这个名额,只有两个。刘邦得到了一个,宋义得到了一个。"先入关中者王之",这是个极大的诱惑,又是一个极有利的政治名义。这一次,属于刘邦的机会再次降临,当项羽杀了宋义抢夺了另一个名额的时候,刘邦在努力西进。当项羽巨鹿一战拖住了秦军四十万主力的时候,刘邦在努力西进。当项羽一举降服章邯成为诸侯上将军的时候,刘邦仍然在努力西进。

而当项羽想要进入关中的时候,刘邦已经降服了子婴,收拢了人心,再次华丽蜕变,成为一方之主。成功,既有上天赐予的因素,也得益于他人的相助,但更根源于自己的创造! 刘邦,正是这么做的。鸿门一顿饭,看上去无比卑躬,但是刘邦明白,力不如人就不要自取其辱,知错就改才能够更上一层;隐忍不发是为了麻痹对手,做强大的自己方能够胜者为王! 于是,项羽被刘邦蒙蔽,刘邦正式蜕变为王,还阴差阳错地得到了宝地川蜀与汉中。

而与此同时,成为刘邦最大对手的项羽却漏洞频出。分封诸侯的隐患、齐地田横的叛乱、赵地张耳陈余的恩怨、燕地辽东臧荼韩广的攻杀、义帝熊心的牵制,无一不将他卷了进去。而这,也正是刘邦的机会。因此,楚汉相争开始。

到了现在,刘邦抓了大半辈子的机会,几乎没有一次失手。但是接下来的四年里,他也有过孤身逃脱,有过妻离子散,有过重伤垂死,有过一败再败,但是他却都坚持了下来。遇到再大的磨难,他也许会怀疑,但绝不会放弃。因此,成大事者如刘邦,除了政治权谋、性格优势之外,坚持到底、永不放弃的素质更是不可或缺的。最终,刘邦击败了项羽,打退了冒顿,杀掉了韩信,稳定了大汉,成为这天下无可争议的至尊皇帝,大汉高祖!

在秦末大风口上实现跃迁的,只此一人。

如今,两千多年已过,当年的人都已作古,但对故人的评价却依旧纷杂。笔者写作本书,是为了还历史一个真相,希望人们不要盲目地去否定、批判一个人。看待任何历史必须还原历史背景,否则凭空猜测,以现在人的观点去对古人指指点点,甚至是连真实的史料都不懂就一味随大流,是不可取的。政治不像是商业,哪怕第一天赔个精光,只要你努力就会有在第二天东山再起的可能。政治不一样,尤其是争夺天下,赌上的是一切,这个一切,包括性命。刘邦与项羽是政治人物、历史人物,对他们的评价一定要以还原身份背景为基础,绝不能断章取义。每个人都有崇拜一个人物的自由,但切忌以偏概全,不要让文学上的需要来掩盖历史上的真实。因此,看书看人凡事用心。

用心去看历史,用心去尊重古人,仅此,足矣。

目　录

第一章

天之帝子　降而生风

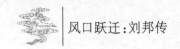

出生的神话

公元前256年(一说公元前247年)十一月二十四日,楚国沛县丰邑中阳里(今江苏省沛县西)一户刘姓人家里,诞生了一个娃娃。一个在五十年后叱咤风云,并成为天下主宰者的娃娃。他,就是刘邦。

那时人口不仅是战斗力,而且还是地地道道的劳动力。一个男孩儿诞生了,按理说父母是十分高兴的。虽然不一定要放个鞭炮、全村道喜,但气氛也应该是相当活跃的。

但在这一家,此刻的气氛好像并不太融洽,因为有人似乎并不高兴。没错,这就是男孩儿的父亲刘太公。

那么,刘太公为何不高兴了呢?

因为,按照史书上的说法,这娃不是他的。这到底是怎么一回事儿呢?

伟大的先贤太史公他老人家在《史记·高祖本纪》里明白地写着:"其先刘媪尝息大泽之陂,梦与神遇,是时雷电晦冥,太公往视,则见蛟龙于其上,已而有身,遂产高祖。"

什么意思呢?大致就是有一天晚上,刘邦的母亲在水泽边的堤岸睡着了,忘记了回家吃饭。刘邦之父刘老爷子颇为担心,便前去寻找。就在这时,大泽上空突然雷雨交加,颇有一副黑山老妖出山的景象。这雷来得突兀、雨下得突然,这是咋回事儿?

刘老爷子由于担心妻子,便加快了步伐,迅速来到了泽边。他一下子便看见了躺在那里睡着的妻子,于是用手擦了擦额头上的汗,松了一口气。可是突然间,他又定在了那里。因为刘老爷子仔细一看,竟有一条蛟龙缠在妻子身上!

而此时,刘邦之母也没有闲着,她做梦与神人结合。就这样,在一场梦幻般的雷雨相伴下,二人都好像经历了一个奇怪的梦。梦醒过后,二人回到了家中。按理说事情到此也就完结了，只不过是一个梦而已。可谁曾想，刘邦的母亲竟然怀孕了。

于是"遂产高祖"。

就这样，大家也都明白这太史公他老人家记载的是怎样一件事了。此刻刘老爷子心情一片阴霾，当他面对着怀中冲着自己笑的三儿子，心里总像五味瓶打碎了那般。

但事实真的是如此吗？大家不要奇怪，请看一份档案。

《北齐书·卷一·帝纪第一·神武上》记载："住居白道南，数有赤光紫气之异，邻人以为怪。"

这段话是说北齐神武帝高欢家选址讲究，似有神灵之气，异常奇特。要么是红光散发，要么是紫气萦绕，那个年代里应该没有雾霾，而这红光紫气又是怎么一回事儿？定然是有神仙啊，否则的话便无法解释这一怪异现象。

再接着看下一份档案。

《隋书·卷一·帝纪第一·高祖上》记载："皇妣……夜生高祖于冯翊般若寺，紫气充庭。"

这一段话说的是隋文帝杨坚出生的时候，也是紫气萦绕。这还不算，还来了一位河东的能人加以指点，果然是非比寻常。

第三份档案。

《旧唐书·卷二·本纪第二·太宗上》记载："时有二龙戏于馆门之外，三日而去。"

说的是唐太宗李世民出生的时候，两条金龙前来捧场，在门外玩得不亦乐乎。

好了，例子暂且举到这里。大家都知道了，以上的人有个共同特点，他们都是历朝的开国皇帝。而之所以要么有龙出现，要么有香气，要么有神光，也全都是为了一点：证明此人与众不同，而且还具有神力。

为什么呢？答：政治包装也。

用现在的话来说，那就是炒作。为什么呢？因为他们是古代的皇帝，若是成为皇帝之前本身地位就异常尊贵，倒也还可以低调一点。但若是出身相对低下，那就更加得炒得神乎其神。没办法，这就是所谓的君权神授的一

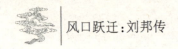

大基础。

所以说,刘邦的这段出身描述,显然是经过了一番添油加醋的。

但对刘氏一家来说,娃娃来了,日子还得过。他们一家还要继续跟着时代的步伐,干自己的事儿啊。

娃儿长得不错

小刘邦渐渐长大了,这孩子个头高,因为据记载,他身长 7 尺 7 寸(秦时 1 尺约合现今 23.1 厘米),大约合现在的 180 厘米。而且他相貌极其特别,也就是所说的"异相"。那么,刘邦究竟长相如何呢?

《史记·高祖本纪》记载:"高祖为人,隆准而龙颜,美须髯。"

这到底是什么长相呢?"隆准"的意思就是他的鼻梁比常人高了那么一点,很挺。那"龙颜"是什么意思呢?可以根据中国传统文化中龙的形象来推演,仔细观想龙的头部,刘邦的长相也就大致浮现出来了。

刘邦不仅高鼻梁,而且脖子长,眼睛稍大,也有可能是双眼皮。依照现代人的眼光看来,这形象可能给人的感觉是长得有点着急或者是勉强。但是在那个年代,这可就是典型的贵人之相了。这还不算,接下来是刘邦的"须髯"。

但凡提起须髯,我们都会想到赫赫有名的武圣关公。那一副长满腮边的须髯,除了吃饭喝汤时需要注意别洒上外,在古代,这绝对是判断一个人长相和气质的重要标准。一副好须髯,会给人一种老成持重的感觉。而刘邦,恰恰有着这样一副须髯。

所以说,刘邦的这副长相,不错,真的不错。另外还有一点更重要,那就是刘邦"左股有七十二黑子"。

了不得啊,七十二,大吉之数啊。经过人们口耳相传,一时之间,刘家小子身负异象的流言传遍丰邑。

大家请注意,刘邦的长相可能奇特,左股也可能有黑痣,但长相颇具仙风的人有很多,为什么他就特别呢?关键就是,刘邦后来做了皇帝。有这样的外貌,大家就更能信服于他,更加相信他是神的化身。事实上不仅仅刘邦长相奇特,但凡是皇帝,就都奇特。

如梁武帝萧衍"两胯骈骨,顶上隆起,有文在右手曰武"。又如南齐高帝萧道成"姿表英异,龙颡钟声,鳞纹遍体"。凡此种种,殊途同归。

就这样,小刘邦一直带着传奇色彩,幸福地成长着。一转眼,时光飞逝,小刘邦已经长成大刘邦了。作为一个已经具有了劳动能力的青年,在那个年代的农民家里,是时候让他承担起先人留给他的责任了。来吧,季儿,拿起你的锄头,奋斗吧!

话说回来,刘邦家中男丁还算兴旺。在他之前,还有大哥二哥,而他还有个四弟。那个年代里,各国之间动辄发生战争,流离失所者不计其数。像刘邦家这样一家人在一起,还有一块地,那就是很好的了。但有人就要吃饭,吃饭就要干活。在干活这件事情上,刘邦又表现出了任性的一面。

《史记·高祖本纪》记载说:刘邦"不事家人生产作业"。

这说明什么呢?他不干一般人的谋生职业活。对于刘邦来说,很可能就是农活。那年代里,对于自耕农来说,农活是唯一的正务,而刘邦此举也就算得上是不务正业了。起初,家里人认为他排行小,有哥哥们在,就不用他了。可久而久之,他们发现,根本不是这么回事儿啊!刘邦每天要么和一群"公子哥"游走,要么就拿着自己家的东西与人结交。怎么回事儿?

据记载,刘邦此人"仁而爱人,喜施,意豁如也。常有大度"。这说明了刘邦此人率性坦荡,更是豪放,可谓是广结四方,颇有彼时公子风范。

实际上,刘邦这样做,与当时社会上的一些知名人物相关。那便是著名的战国四公子。其中,刘邦最崇拜的便是魏公子信陵君魏无忌。

战国时期,山东六国贵族为了挽救社稷危亡,广招贤士,使得养士之风盛行。而魏公子的种种作为及人格魅力深深地影响了刘邦。因此,自小时候起,刘邦就逐渐地体悟着这种品质,到了后来,便付诸实践。他人做得,我有何不可!

于是,他在外边广交朋友,而所需要的经费自然是从家里拿。久而久之，家里人便有些埋怨，认为他不务正业、浪荡成性。但刘邦对此毫不在乎，他依旧整日与朋友出游饮酒，也是不亦乐乎。就连同村的人都逐渐感觉到刘邦这孩子完了。于是，渐渐地，刘邦在人们心中就积攒起了一个好吃懒做、不务正业的形象。

可是人们没有发现的是，似乎也正是从这个时候开始，他们谈论刘邦更多了。也许在他们看来，他们的那种生活是千百年来不可更改的规矩，任何人都要遵守，不要妄想去反抗，更不要妄想去更改。原因很简单，不按照规矩来就没有饭吃。但在刘邦看来，讨厌的东西便没有遵守的必要，更何况是在那弱肉强食的年代。

于是，淡化了耳边的流言蜚语，刘邦继续在自己的道路上前行。

时间一长，刘邦的名声逐渐在沛县周围响起。刘邦身边的人也越来越多了，从起初的几个人，到后来的一群人。

不得不说，刘邦在此时颇有一种黑白通吃的感觉。因为不仅一些乡间人士敬佩刘邦，就连当地官员也开始与刘邦成为朋友。这使得刘邦在当地十分有面子，人脉也越来越广。例如日后大汉帝国的重要骨干萧何、曹参，都是在这个时候结识刘邦的。

至此，他似乎已经颇具领袖气质了。只不过，是以他自己的方式。故众人皆醉我独醒是也。

刘亭长

公元前 221 年，来自华夏西部的嬴秦统一了全国。

而刘邦也光荣地成了大秦帝国众多亭长中的一员，泗水亭（当时沛县东）亭长。

所谓亭，是秦时对地方村落的管理单位。十里为一亭，十亭则是一乡。所以，亭就是一个大致类似于今天派出所或村民委员会的机构，一个亭大概管 250 户人家。而亭长自然也就具有了接待官员、巡查百姓、民事调解、缉捕盗贼逃犯、维持地方治安的职责。

而且刘邦还有自己的专用办公场所,虽然可能只是在大树底下,抑或是河边。但总之,他成了吏。尽管这是个苦差事,又没有什么油水,但对于刘邦来说,这是他人生中的第一个职位。从后来看,这也是他的班底的草创阶段。

刘邦对于亭长这个职位是投入了很大的心血的。可能他隐隐感觉到内心之中,有什么在牵引着他前行。

好了,现在先看看,刘邦利用这亭长职位,都做了些什么。

首先,由于职位是亭长,尽管算是吏,但是接触的却都是当时社会的中下层人士,比如附近的亭长、民间的游侠,以及县府里的低级官员。接触这些人,对刘邦来说,可谓是如鱼得水。

刘邦一直喜欢像魏公子那样广交宾客。尽管他的地位低,但是互相来往的人都对他十分信任。久而久之,他们之间,称兄道弟便也水到渠成了。所以说,时间越久,刘邦在黑白两道混得也就越开。对于亭长缉拿盗贼这一工作,刘邦在兄弟们的帮衬下,处理得游刃有余。因此,在刘邦在任期间,泗水亭是相当安宁的。那么,刘邦是如何工作的呢?史料原话说:"廷中吏无所不狎侮。"

什么意思?就是他把手下和一些吏,都捉弄了个遍。可谁让人家是亭长?官大一级压死人,大家也只得在刘亭长的带领下,为大秦帝国继续发光发热。

前面说过,这一阶段是刘邦班底的草创阶段。可以说,后来的大汉帝国里的许多要员,都是在这个时期投奔刘邦的。刘邦利用亭长的身份,在与他们建立了深厚的兄弟情谊的同时,还隐隐地确立了在他们之中的领导地位。

那么都有哪些人来了呢?

一共有六个人。

第一人,赫赫有名的"汉初三杰"之一,刘邦的"办公室主任""后勤部部长"、大汉丞相萧何是也。

第二人,刘邦的"保镖队长",与萧何有着"萧规曹随"之称的大汉相国曹

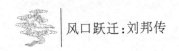

参是也。

第三人，大汉太尉，日后安定刘氏天下的绛侯周勃。

第四人，刘邦第一"打手"、连襟樊哙。

第五人，刘邦的"专业司机"夏侯婴。

第六人，刘邦的第一好友卢绾。

这六个人加上刘邦，这便是刘邦大汉的真正初始班底。

因为萧何、曹参是沛县官吏，所以他们属于刘邦官场上，也就是"白道"的援助；卢绾则负责宣传（到处吹牛）；周勃、樊哙则是"黑道"上的打手。这一伙人在刘邦的感召下，也是每天都在"鬼混"。

而刘亭长此时更甚，还经常去人家店里喝酒不给钱，据说还欺负老年人。他总赊账的小酒馆的店主一个叫作王媪，一个叫作武负。"媪"就是老年妇女，而"负"也是老妇人的意思，古语有言，老母为"负"。这样看来，刘亭长就有点儿不厚道了，这不是明摆着欺负老实人吗？

可是实际情况是怎么样的呢？依据太史公的记载，每次刘亭长去店里喝酒的时候，这小酒馆的客人就爆满了。因此，每次他去那儿，两个老奶奶可是乐坏了。她们起初也不明白这是咋回事儿，一次两次的，可能是巧合，可是依照刘亭长的酒量，怎么可能只去一次两次？所以说，只要刘亭长去，那当天的生意一定是相当红火。难不成是因为刘亭长的个人魅力吸引了这么多人？

就在两个老奶奶疑惑不解的时候，她们又发现了一件奇怪的事，那就是有一次刘亭长喝高了，就趴在桌子上睡着了。这一睡不要紧，差点没把两个老奶奶吓到。因为刘亭长现原形了！

当刘邦睡着以后，她们眼中睡觉的就不再是刘邦了，而是显化出来的龙的影像！这不是妖怪吗？

可是短暂的惊慌过后，两个老奶奶平静下来了。毕竟这么大岁数了，什么场面没见过。更何况，刘亭长是龙子的说法早就传遍了沛县，这一次，她们再联想到每次刘邦一来生意就好这一奇怪现象，顿时一拍大腿，明白了！

这都是因为刘亭长非凡人啊。因此，以后只要刘亭长来就可以了，啥酒钱不酒钱的，不要了。至于之前欠下的酒账，通通不要了。

这故事听上去很玄幻,不可当真,但有一点可以确定,刘亭长的确总去喝酒,也总不给钱。

后世很多人鄙夷刘邦也正是从这个时候开始的。更甚者,说其为流氓的也大有人在。

但是,请注意,从萧何、樊哙等人日后的表现来看,他们堪称一时将相之才。但在当时,在人们普遍了解刘邦的外在表现时,他们却依旧跟随在刘邦左右,这是因为他们相信刘邦。他们相信,在这个外表"浪荡"的人的内心深处,有着如将要喷发的火山般的力量。只不过,时机没到而已。

大丈夫当如此!

在刘邦经营班底的同时,他的人生经历了一次巨大的转折。

前文我们说过,刘邦成为大秦千千万万个亭长中的一员,可虽然是亭长,但徭役还是跑不了的。而正是这次前往咸阳的徭役之行,让他再次明白了他想干什么。

一天,当他走在咸阳(今陕西省咸阳市东北、西安市西北)街头时,在感叹着帝都的繁华时,突然,冲出了一队士兵,拦开了百姓。众多的人接二连三地跪了下来,一声都不敢出。

因为,不远处,帝国的统治者的龙架缓缓驶来。作为一砖头下去就能拍到好几个九卿属官的帝都咸阳,一个不入流的亭长,那可真是小到了芝麻样儿的官了。所以,天子威严在上,刘邦也跪了下去。他看着远去的车队,良久才说出了一句:"嗟乎,大丈夫当如是也!"

如今,我跪在你的面前。但终有一日,我会达到你的地位。

这,便是刘邦的可贵之处:变通。敢于创新、有大作为的人,都是不拘于世俗礼节的。故赵雍胡服而强赵,勾践尝胆以灭吴。

当我们在随大流地感慨刘邦的成功不过是上苍眷顾的时候,有没有人

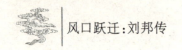

想过一个"胸无大志,整日不务正业"的人是如何让众人折服的呢?

大丈夫当如是!我的人生,由我掌控。知道了想做什么而努力去奋斗的,就是智者。

生在了这个时代,是上苍的决议。

但去主宰这个世间,却是我的选择!既然如此,这天下,我掌控了又何妨?

贺钱万

一个阳光明媚的日子里,刘亭长照常去办公(很有可能是满大街闲逛)。怎么感觉今儿的街市比往日热闹许多,看着众多平日里见不到的达官显贵们都坐着车朝着一个地方驶去,刘邦不由得拦住身边的一个人问道:"这位兄台,今日这般,却是何故啊?"

"你还不知道吧,咱们沛县来了个大名人,这些人都是争着去拜访的。"那人说道。

"敢问是哪位贤人?"

"单父吕公。"那人说完便也随着人群远去。

吕公?刘邦默默地寻思了一会儿,便也抬步向前走去。这么重要的场合怎么能少得了我泗水亭长。这个吕公,现在大家都知道了,便是日后刘邦的老丈人。但是当时的刘邦并不知道。

这一路走来,他也是知晓了这吕公(一说名文,字叔平)本是单父(今山东省单县)人,学富五车,颇有声望。因需躲避仇家,故而来到了好友沛县县令的地盘。沛县县令倒也够义气,不仅让吕公在这里定居下来,而且还帮他进行宣传。

由于吕公颇有声望,是一位出了名的贤者,于是沛县的贵族豪杰听闻他来了都趋之若鹜,一起到吕公府邸拜访。这一是出于礼节上的需要,二也是为了看看吕公此人究竟如何。这人多了,自然不能光喝喝茶,聊聊天。一桌宴席是少不了了。

这么多的本地名人聚集到一起,这宴席的主持者自然也不能怠慢了。碰巧的是,这次的主持者就是萧何。

萧何就是有能力,为了区分出地位高低,表达出对主人的尊敬,也为了维持现场的秩序,他说道:"进不满千钱,坐之堂下。"

这样就好办了。谁坐堂上,谁坐堂下,一目了然,不会有差错。但这可难倒了刘亭长,一时间不知所措。要知道,刘邦虽然是个亭长,但是千钱对他来说是个天文数字。估计当时兜里面连俩钱都没有("实不持一钱")。

刘邦看着进入吕府的一帮人,思来想去。平素你们自以为是,自诩学富五车,家财万贯,仗势欺人,可在我的眼里,不过是一群虚伪的势利人群。本亭长自有他法!

就在府里人都在忙碌的时候,突然听到门外记录名帖处有人大喊:"贺钱一万!"

这一嗓子可不得了。大家都很是震惊,这是谁出手如此阔绰?上来就是贺钱万?

而这人,自然便是刘亭长。

刘邦写完随礼一万之后,便大摇大摆地走进府中。

大家一看:还以为是谁呢?他呀,就那个刘季。顿时一片嘘声。但刘邦看都没有看那些人,对于些许嘲笑声音他似乎也是完全没有听到。

此时吕公听见有这么一个人送贺礼一万钱,也是大惊。老头霍然朝外堂望去。

萧何看到吕公如此,便笑着对他说:"刘邦这小子,就爱说大话,这件事肯定是假的。"

但吕公的内心再次震动了一下。就算不是真的,可是这人敢这样做。

于是,他亲自起身,来到门口迎接。

来到门口,老人家一看,这小伙长得不一般啊,还有这一米八的大个儿,老人家于是更加看重他。

紧接着,吕公又做了一件让众人震惊的事。他竟然把刘邦领到了堂上坐下。而刘邦更加淡定从容,对在座的宾客投去了不屑的眼神后,径直坐到了上座去。他一点也没有紧张的意思,该吃吃,该喝喝。而吕公也没有说什么,显然是允许了。

这可气坏了在座的宾客。我们花着钱来拜访,所坐的位置反倒不如一个穷混混。但此时,在他们的心里,对刘邦的好奇也是增添了一分。于是酒宴便在一种奇怪的气氛中进行着。刘亭长只顾与人交谈,酒喝得十分尽兴。

但没多久,他就发现坐在不远处的吕公一个劲儿在对自己使眼色。

幸亏刘亭长自幼摸爬滚打惯了,对这一套完全不害怕。在他的内心里,似乎已经知道了什么。但他仍旧是喝酒。没办法,这菜太好吃,这酒也比沛县酒店里的味美而甘醇,加之刘亭长酒量还不错,那还犹豫什么?

就这样,当刘亭长喝好吃足以后,准备拍拍屁股走人时,他突然想起了饭局上吕公那频繁的眼色。

于是他走在了宾客的最后,看看到底有什么问题。接下来,天上掉馅饼的事情出现了。

吕公说道:"亭长大人,老夫年轻时就搞过点儿副业——相面。多年以来,老夫相人无数。可是没有人比得上你这面相,可不得了,请你好自珍爱啊。"

刘邦说道:"呀,还有这么一说呢?您继续。"

吕公说道:"我有一个亲生女儿,如果你不嫌弃的话,愿意给你做个洒扫的妻妾。"

刘邦怔住了,当他再次询问时,却只看见吕公意味深长的笑容。

但刘邦不愧是刘邦,尽管形势剧变,他还是很快理清了被吕公搞懵的头绪,镇定了下来,平静而有力地答应了吕公。

吕公笑了,刘邦,也笑了。刘邦此时的笑是真的幸福的笑:"白吃白喝"出了一回名,还捡了个媳妇。从今往后,我刘季也是有一个属于自己的家了。

想来刘亭长在从吕府回家的路上,也是一直笑个不停啊。这顿饭吃的,可真是有趣啊。

其实,刘邦并不知道的是,他这一辈子,算是和饭局有着天大的缘分。

他一生的重要饭局,应该有两个。第一个便是这捡了个媳妇的吕府豪华宴席。而下一次饭局,则在更深远的程度上决定了刘亭长以后的道路。

结婚的男人

当刘邦迎娶吕公女儿的消息传出去之后,顿时又是一片哗然。大家都听闻吕公有一女,非常美貌贤惠,怎么就嫁给刘邦了呢?不仅众人不解,就连刘邦的丈母娘都是十分不支持。

她埋怨吕公说:"你总说自己的女儿能嫁给什么贵人,连沛县县令要求亲都让你拒绝了。现在却让她嫁给了刘邦。那刘邦穷光蛋一个,能给女儿什么?"

面对老婆的埋怨与质疑,吕公只说了一句:"此非尔女子所知也。"

一句话便止住了老婆。

就这样,最终,吕公的女儿嫁给了刘邦。她就是后来威名赫赫的吕后——吕雉(一说字娥姁)。但此时,她还只是一个普通的亭长夫人。

在吕雉嫁给刘邦之前,吕公对她说:"不要因为人家贫穷,就不尽心侍奉长辈与夫君。"

吕雉嫁过去之后,果然十分贤惠。不久之后,刘邦再次拥有了自己的娃(之前已经有一个),还是一男一女。这可乐坏了刘亭长。

这回,刘亭长时不时地会去地里劳作。没办法,吃饭是一个重要的问题。总之,刘亭长开始顾家了,成了一个既重视事业又重视家庭的人。

就这样,小日子过得也算滋润。对于刘邦的这一改变,我们有理由相信,吕雉起了重大作用。婚姻果然是改变人的一大有效措施。而吕雉这个贤内助,也将在刘邦的事业中给予他更加重大的帮助。

后世对于刘邦在宴会上"贺钱万"的行为往往十分鄙视,认为是无赖之举。对于刘邦能娶得吕雉,也多有认为是他运气好。

就"贺钱万"来说,当一个人以自己的方式周旋于所谓的达官权贵中而游刃有余的时候,这,是一种能力。有些事情,知道怎么做却没有做,是空想。知道怎么做,特别是别人不能做的而自己做了,这就不仅仅是勇气了,更是智慧。近代以来,"厚黑"一词逐渐火热。说白了,厚黑就是用谋略来达到一定的目标。刘邦那个年代,没有这个词汇。但刘邦的做法,却正是与之符合的。

刘邦的"贺钱万"是他不屑于权贵、彰显自己的一种方式。违背了何礼?践踏了何义?而吕公也正是看中了他的这种可贵秉性,才会将女儿嫁给他。如果这是一种投资的话,吕公后来赚大了。但在当时,这显然是一种赌博。因为吕公再怎么厉害,他也不可能知晓刘邦就是名传后世的汉高祖。而他之所以这么做,依然是一种包装。很显然,刘邦与吕公之间有一种默默的协议。

这是一次使得刘邦名声增加的喜事。一个老人的惊天一赌,一个男人的蓄势准备。仅此而已。

年复一年,日子就这样过着。看情况,刘亭长虽然混得还不错,但很可能,他这辈子就是亭长了。

但是真的是如此吗?就在刘亭长正为生活而奔走的时候,来任务了。

就是这次任务,让他开始走上属于他自己的道路。

第二章

祖龙已矣　风口将至

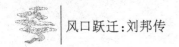

丰西大泽的决定

秦帝国统一全国之后,在全国各地实行秦法,而且不论是文字,还是度量衡,各地也全都进行了统一。但是加在百姓头上的徭役,是不会变的。这不,为了修建骊山(今陕西省西安市临潼区东南)陵墓,帝国下令,从全国各地押送徭役来咸阳。沛县自然也不例外。

于是,沛县县令左挑右选,最后刘亭长被光荣地授予了这项任务——押送徭役去咸阳。这可能是由于刘邦的名声越来越大,认识的人多,有一定威望。换句话说,刘邦镇得住场子,所以选派刘邦担任。但这个职务刘邦愿意担任吗?很显然,答案是不。

因为此去不仅路途遥远,而且他去了以后自己也得干活。更要命的是,秦法严苛,万一路上出了差池,那可是要杀头的啊。但是没有办法,刘邦还是得接下这桩"镖"。

在走之前,刘邦告别了家里人。由于刘邦是以官吏的身份去咸阳押送徭役,所有的官员都来送行。有的人送给了刘邦三百钱,充作盘缠,毕竟手下一群人总得吃喝吧,而唯独萧何送了刘邦五百钱。虽然说刘邦因为对萧何给他五百钱很是感激,进而更加信任萧何,但此时,他一句话也没有说。想来萧何也没有多说什么。二人对视了一会儿,便各自离去了。

刘邦带领着一群服徭役的百姓上路了。路上大家心情沉闷,没有人说话。因为大家都知道,此一去,恐怕是不能回来了。秦法暴虐严苛,服徭役的人很少有能活着回来的。不久之前的长城民夫团,有几个能回来的?家中还有父母妻儿需要自己,这其中服徭役的人都没有"名编壮士籍,不得中顾私。捐躯赴国难,视死忽如归"的壮志。不论何时、不论何地,没有任何事情能斩断一个前路未卜者的乡情。

刘邦也深知此中缘由,但是他现在也没有办法。尽管他心中已有打算,但还是没有决心。他只知道,他是人,无论怎么出生奇特,他都不是神。在目前的实力差距下,他似乎并没有任何的反抗机会。

古之成大事者都不是一蹴而就成功的。哪怕他们是九五之尊,也是人。他们会有顾虑、会犹豫。刘邦此时,也是陷入了这种迷雾里。

就在刘邦沉思间,有人来报告说,服徭役的人里有很多人都逃亡了,人数已经不够了。按照秦法,押送徭役,无论是日期延迟抑或是人数不足,这都是死罪。但是刘邦对此也没有办法,毕竟谁都不想死。这时,他们来到了丰邑西边的大泽中。

众人来到时,看到了摆在面前的酒食。刘邦热情地对大家说要饱餐一顿。大家也都没有什么扭捏,便是一群人聚到一起,大碗喝起酒来。喝着喝着,刘邦站了起来。众人向来信服刘邦,知道他有话要说,便都将目光投向了他。刘邦看着大家,痛饮一碗后说道:"你们都逃命去吧,我也要远远地走了。"

众人惊讶地看着刘邦,久久不语。因为他们不知道刘邦为什么会这样说,又为何会有这种想法,难道他不知道这样做的下场吗? 似是知晓众人的想法,刘邦继续说道:"我们的人数不足,估计到了咸阳,人也就逃光了。大家难逃一死。不如就此散去吧。"

大家相互看看,显然是都认同这一说法。这就是规则,没有办法。这一刻,他们突然发现自己是如此无力,连一点点的反抗之力都没有。随即,他们也都摇头叹息着,有的想要说些什么,可终究是没有说出口。本来,逃离徭役是他们一直以来的心愿,如今可以逃走了,大家却罕见地沉默了,似乎意料之中的兴奋并没有出现。

似乎,在这个社会上无论他们说什么都是没有用的。似乎,他们天生就是受人摆布的命运。这,难道就是命运吗? 但他们不知道的是,逃跑,本身也是一种反抗。

这世间,每个人的命运都绝不是别人可以染指的。

路,无论对错与否,不论结果如何,从来都是自己走的。

就在这时,有十多个壮士单膝下跪,表示要追随刘邦。刘邦看着这十多个人,心头一暖。既然如此,那我刘邦之路就由此开始吧!

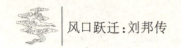

大风起兮云飞扬！跑！

殊不知，不久之后，在远处地带的一群人，依然是面临着这种形势。而他们，选择了另一种方式来宣泄对秦帝国的不满。

有人说他是为了收买人心才私放徭役的，这对吗？刘邦此举，其根本目的必然是保住自身生命。没有人不热爱生命。就人心而言，人总是会有自私的本性。收买人心这种可能性的确存在，但想过没有，尽管他胸有大志，可在那个时间点，他首要的任务是保命。难道说他就一定知道自己日后会是天子吗？要是连命都保不住，要那么多人心又有何用？

斩白蛇

当刘邦趁着夜色放走服徭役的人后，他与跟随自己的人也要找地方去藏匿。就在这时，前方探路的人神色慌张地跑了回来。刘邦毕竟是领头之人，当时就问道："何事如此慌张？"

那人回道："前面有大白蛇挡住了去路，还是回去吧。"

这时，刘亭长喝的酒起了作用，加之本身豪气冲天，便对那个人说道："大丈夫走路，怕个甚！带我去！"

于是，刘邦来到了那条大蛇前，挥起了长剑，一剑下去，鲜血四溅。大家望去，只见大白蛇已然变成了两段。刘邦没有在意，便径直前行，但由于酒喝得实在太多了，走了几里地后，他便倒地而睡了。众人既害怕又震惊，更多的是慑服。他们看到了刘邦身上隐约有着他们所不具有的霸王之气。

按理说，路上遇见一条大白蛇，这除了说明当地生态环境良好、野生动物种类繁多之外，也就没什么可奇怪的了。但奇怪的事情发生了。当刘邦睡着以后，后面的人跟了上来。

突然，他们看见一个老妇人在哭泣。大家很好奇，决定去问个究竟。

服徭役的人："老人家，您为什么哭啊？"

老妇人："有人杀了我的孩子,我故此哭泣啊。"

服徭役的人："你的孩子为什么被杀啊?"

老妇人："我儿是白帝之子,变成白蛇,挡在道路中间,不曾想,被赤帝之子给杀了。"

大家一听,心想:不对啊,刚刚刘亭长不是刚杀了一条白蛇吗?你这老妇人是不是故意吓我们?要说这群服徭役的人也是暴脾气,不懂得尊老爱幼,就认为老人家是恫吓他们,便欲殴打。就在这时,更奇怪的事情又发生了,那个老妇人不见了!刚刚还在这呢,这怎么一晃就不见了呢!

这可吓坏了众人,他们赶忙跑去告诉刘邦。而刘邦听他们这么一说,顿时也酒醒了。但他不是害怕,而是暗暗高兴,而且还有些小自负。这一事件就是鼎鼎大名的"高祖斩白蛇"。

可能又会有人认为这是刘邦本人或者是吕后的包装。他们认为白蛇要么是秦帝国的象征,要么是项羽的象征。但是,是谁都无所谓,也不管信不信这个故事,我们需要关注的是这句话:"诸从者日益畏之。"

一群人被刘邦折服了。

白蛇刘邦也许是斩了,而白帝赤帝之说,附会无疑。但这并不影响我们对刘邦的看法。古之帝王大多会把自己包装得与众不同。他们需要让人知道,自己承天之命。这也是为了提高自己的身份地位,使自己的名声传得更广。刘邦很显然也这样做了。一介平民之身成就千古帝业,付出的艰辛几人能知?当刘邦这个农民领袖与以贵族身份起兵的人平起平坐时,甚至是超越他们时,我们只能说,刘邦,成功了。

不知不觉间,可能刘邦自己都没有发现,他一直向往的领袖气质在自己的身上正逐渐地浓厚起来。我自豁达,静待天下。

也许有一天,他会威加海内,还歌大风!但现在不管别的,先藏起来。

于是,在之后的一段时间里,刘亭长不见了。因为这期间,有着一位主角来替他点燃导火索。

《周书》云:"将欲败之,必姑辅之。将欲取之,必姑与之。"

大秦从六国夺取了太多,现在,是时候还回来了。在这片古老的华夏大地的上空,雷云翻滚。这是风口将临的预兆吗?

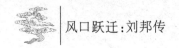

疲惫的祖龙走了

公元前 221 年,秦王政一举扫六合,结束了战国乱世二百余年的纷争,建立了一个中央集权的封建国家。

为了维持统治,在政治上、经济上、文化上,嬴政实施了一系列进步措施进行改革,推动了经济文化的发展,对我国的历史进程起到了极大的推动作用。

但持而盈之,不如其已。揣而锐之,不可长保。

万事物极必反,天地之理也。秦始皇也明白这种道理,但他不甘心。他已经感觉到了危机。他预感到自己的帝国可能只是为他人徒作嫁衣。他甚至会不停地反问自己,难道只能做到这种程度了吗?

在他看来,虽三皇五帝,功绩未必如他。公元前 230 年,当他发起统一全国之战的时候,不到十年的时间。吞三晋,灭荆楚,定燕齐,之后更是南征百越,北却匈奴,四海服威,九州同颤。古老的中华帝国第一次这样有力地雄踞在这片土地上。这是他的功绩。秦国自孝公任商鞅变法以来,逐渐由封闭落后而臻于强盛,然后吞并诸侯一统天下,把法家思想运用到极致。一切看起来都是那么的正常。

但是当社会继续行进到一个新阶段时,主流统治思想也必然要相应完善。而大秦的做法显然不是如此,它依旧积极地将法家思想运用于全国。

可久而久之,秦帝国的统治者却隐约感觉到,这种做法不仅效果甚微,而且后患无穷。这并不是说法家思想不适合运用在大一统的国家,只是不论什么事物,运行于世必有其规律,极盛而衰,物极必反就是这个道理。

可当时的秦始皇并没有很好地认识到这一点。在他看来,自己已然统一天下,若有不服从者,当以铁血手段镇压之。于是,书同文,车同轨,销兵锐,捣金城,焚书坑儒,迁压旧贵。

可是,这些还不够。因为当他站在咸阳宫殿俯瞰天下时,越向南方看,就越会感到不安,他一刻也忘不了"楚虽三户,亡秦必楚"的谶语,一刻也忘不了玉玺失而又得,忘不了"今年祖龙死"的预言,这一系列怪诞的事令他不知所以。

长生,只有长生,只有拥有无限的寿元,他才能保住他的帝国。可是想归想,事儿还得做。

于是,这个渴望长生的皇帝不得不利用他有限的精力巡视各地。但似乎,结局已经注定了。

公元前 210 年,始皇帝嬴政病逝于沙丘(今河北省平乡县东北)。值得一提的是,这个沙丘,还曾埋葬了一位英雄人物,赵武灵王雍也。也许,这两个人在这里碰面,也不会太过寂寞。

但嬴政是不甘心的。

不久之后,这个他梦寐传万世的帝国土崩瓦解、烟消云散了。对此,他一无所知。但历史终究是前进的,因为推翻这个帝国、接替他位子的两个男人,所创造的辉煌并不亚于他。

但总之,祖龙,去了。

有个人叫赵高

当始皇帝怀着复杂的心情走的时候,他既担心又充满了信心。因为他把江山交给了自己的儿子扶苏。

虽然扶苏因为多次谏言触怒皇帝,被他派到上郡(郡治肤施,今陕西省榆林市东南)监督军队,但这何尝不是一种父亲对儿子的历练?他相信这个长子最终会理解他的苦衷,接替他的事业。武有蒙氏,文有李斯。大秦基业可以万世永固了。

可他没想到的是,问题一大部分出在了丞相李斯的身上。因为,有一个

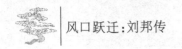

人,叫作赵高。

"赵高者,诸赵疏远属也。"有人认为赵高是赵国的没落贵族,但也有人说,并不是这样,因为那个赵不一定是赵国,还可能是赵氏。理由很简单,赵国被灭之前,赵高已经在秦王宫里了。我们很难想象,一个人为了伟大的事业,不远千里从邯郸来到咸阳。最后,成功地成了宦官。

当然,这只是猜想,因为关于赵高身世之谜实在是无法理清了。

话说回来,当秦始皇驾崩时,赵高就在他身旁。时任中车府令的他,负责掌管皇帝的专车和皇帝玉玺。当他看到始皇帝封好了给扶苏的诏书便驾崩而去的时候,他意识到,一个机会来了。

因为到目前为止,这封诏书还在他的手里,并没有送出。况且这件事没有几个人知道,只有丞相李斯、公子胡亥,以及几个亲近内侍知道。

李斯凭借多年的政治经验认为,皇帝在都城以外病逝,又没有明确地确立太子,万一走漏风声,恐怕皇子们和各地军阀就会趁机作乱。因此他便下令秘不发丧,而皇帝的日常用度一概不变,以免露出破绽。

在这个时候,面对巨大的权力诱惑,赵高这个阉宦动心了。

这些年来,他每天都在秦始皇的身边,被他那种怒目一视便伏尸百万的威权所深深吸引。他也想拥有那种权力。

但显然他自己当皇帝是不可能的,他必须扶植一个傀儡。只要将皇帝临终的诏书改动一下,大事可成。

你不说,我不说。天知地知而已。

想到这里,他便去找到那个他意欲扶立的人。那个人便是始皇帝的小儿子胡亥。

由于赵高通晓法律,秦始皇便派他作为胡亥的老师。通过长期的观察,他也逐渐明白了,胡亥只不过是一个乐于玩耍、永远长不大的白痴皇子。假若事情成功,扶持胡亥成为皇帝,凭借他和胡亥的关系,掌握朝中大权的舍他其谁?

于是,他找到了胡亥,对他说出了自己的主张。

赵高:"皇帝死了,但没有明确立太子,只赐给你大哥扶苏一纸诏书,扶苏一旦到咸阳,就立马会成为皇帝,你连丁点儿大的土地都没有啊,这怎么办啊?"

赵高本以为胡亥会说:是啊,怎么办呢?

可他错了。

胡亥:"本来就是这样啊。"

赵高:"现如今天下就在你、我和丞相的手里,你说,你是被人统治好还是统治别人好啊?"

赵高本以为他说出自己的计划,他的这位笨学生就会上钩了,但是他又错了。因为胡亥列举了一些例子来驳斥赵高,说他是大逆不道的,是会自取灭亡的。本着孝子的原则,他是不会同意的。但老奸巨猾的赵高还听到了另外一句话:"天下人也不会服从的。"

于是,他就知道了,在绝对权力面前,任何人都会心动。于是他再接再厉,让胡亥感觉到自己这么做不仅有大大的好处,还不违背道义。终于,得到了胡亥的那句话:"怎么好麻烦丞相呢?"

赵高阴险地笑了,他知道,他的计划已经成功了大半了。当他安抚下胡亥后,便去找李斯了。

忠心败给了爵位

李斯在当时官任丞相,一人之下,万人之上。正当他为皇帝的驾崩而心烦意乱时,赵高来了。

李斯也很是纳闷:值此多事之秋,你不守着皇帝,来我这里干什么? 但多年的宦海沉浮告诉他,此时赵高前来,必有大事。当下他也赶忙正色起来。

可他万万没想到的是,赵高一进来就对李斯说:"皇帝驾崩,无人知晓,立谁为太子只是你、我一句话的事啊!"

李斯立刻便怒火中烧:"你怎么能说这种亡国的话! 休得胡言!"

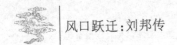

赵高早就知道说服李斯不可能像说服胡亥那么容易，便紧接着又问他：在能力、功劳、谋略、人心，以及与扶苏的关系上，你与蒙恬相比如何？

李斯没好气道："不如！但你也太苛求了！"

赵高缓了一口气，继续说道："如果扶苏即位，必然会任用蒙恬担任承相，你还能长保爵位衣锦还乡吗？"

这是一颗重磅炸弹。

赵高深知李斯对官位利益的看重，当年的士子，最在意的不就是功爵加身、名留青史吗？但他受皇帝恩德，忠诚可嘉，不然也不会成为帝国宰辅。

赵高这一句试探后，李斯果然斥责道："你该干什么就干什么去吧！我只知道执行皇帝遗诏，命由天定。"

赵高听此，不怒反喜。因为李斯并没有在盛怒之中处置他，他便知道了，这位精通法家思想的帝国丞相内心的防线并不是无懈可击的。

于是赵高继续说道："您这样在安危面前犹豫不决，是圣明人的做法吗？"

"你别再说了，不要让我也跟着犯罪。"

但至此，李斯的口已经松了。

似乎他的思维已经与赵高逐渐吻合。赵高当然不能错过这个时机，便又继续进攻。他搬出了胡亥，说他怎么怎么好。实际上，李斯也是知晓，既然赵高敢这么来，就一定是得到了胡亥的首肯。而赵高也是想让他知道：是公子让我来的！

赵高眼看着李斯一步一步溃败在自己的进攻下，便投出了最后一击。

他说道："您听从我的，便会长保爵位。不听我的，一定会殃及子孙，您想怎么办呢？"

这是一个明显的信号，更是一个赤裸裸的威胁。赵高相信，此话一出，李斯只有两种选择：要么顺从，要么死亡。

过了一会儿，李斯泪流满面地叹息道："唉，生逢乱世不能以死报国，我将向哪里寄托我的命运啊？"

请注意，李斯的这句话可就真的非常好笑了。"生逢乱世"，没错，你绝对没有看错，这位当朝丞相在始皇帝刚刚驾崩的时候，便突兀地说出了一句

"生逢乱世"。

　　当时的天下,虽然孕育着反秦风暴,但大秦的威势那还是响当当的。李斯竟然一口预言出了"乱世",只能说,这是他为了掩盖自己良心的谴责,同时也是为了找个借口胡说八道的托词。但不论怎么说,看到这样的李斯,赵高内心一定在笑了。他回到胡亥的住地,看到了焦急的胡亥,对胡亥说道:"臣奉的是太子殿下的命令,李斯敢不听吗!"

　　胡亥内心里悬着的一块石头也算落地了。

　　至此,结局已定。在这一刻,不单单是李斯个人的结局,似乎就连大秦的结局也已然注定了。

　　之后,胡亥、李斯、赵高篡改诏书,一切看起来都是那么顺利。扶苏死了,大臣们唯唯诺诺。

　　胡亥很惬意,赵高很得意,李斯已经无意义了。

　　似乎一切都是原来的样子。但大秦,已经变了。

　　《易》曰:"小狐汔济,濡其尾,无攸利。"

　　《诗》曰:"靡不有初,鲜克有终。"

　　《三略》有言:"莫不贪强,鲜能守微。"

　　祖龙已去,可他的帝国,也终将紧随其后。因为,雷云过后,雨就不远了。

及时享乐的胡亥

　　沙丘之谋的成功加速了秦帝国的灭亡,但若是处置得当,又怎么会在短短三年内就宗庙被毁、国君身死人手呢?

　　胡亥即位以后,就是后来的秦二世。他任命赵高担任郎中令,赵高便借着胡亥的宠信,逐渐掌握了大权。

　　至此,这个阉宦终于实现了他的目的。虽然不能明目张胆地操纵政权,但久而久之,也就成了半公开。而在被推到政治核心地位的时候,胡亥也充

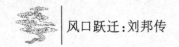

分展示出了他的平庸。

有一次,胡亥把赵高召进宫里。看到胡亥一脸的不开心,赵高一定也很是纳闷。

胡亥说道:"唉,人生在世就像驾着六匹骏马从缝隙间穿过一样短暂,我现在君临四海,但能不能满足一切欲望,享尽一切乐趣而又江山永固呢?"

当老奸巨猾的赵高听到了胡亥的话后,想必也是极其惊讶地看向了这位当朝天子。

这世间难道还会有人问出这等愚蠢的问题?这孩子脑袋里天天想的是什么?不过当他看到胡亥一脸认真的神情后,赵高笑了。

结果可想而知,这白日梦般的问题,立刻得到了赵高的首肯。在赵高看来,这简直就是一个绝好的机会啊:我现在正在到处找机会去掌握一切能够掌握的权力,你就把机会给我送了过来,简直是天赐良机啊!看来当初拥立胡亥,果然是一本万利!因此,在赵高的撺掇下,一些计划自然也就提上日程了。

于是,胡亥开始修建阿房宫,广征美女,大肆修筑通往各地的驰道。这么一来,赋税日益加重,兵役和徭役也十分烦琐,弄得民不聊生。并且,胡亥也有了巡游的想法,他对赵高说:"我岁数小,读的书少、识的字不多,百姓还不一定顺从,先帝当年巡视四海,威势响彻寰宇,现在我在宫里面待着,别人该以为我无能了,这样没有办法治理天下啊!"

赵高一听,便是明白:这是要出巡啊,陛下有如此治国雄心,那臣下必须举双手赞成。

很快,由丞相李斯陪同,胡亥也巡游去了,并且在巡游的过程中,胡亥信从赵高的意见,查办所谓的郡县有罪者,以此来看看他们是否服从。就这样,肆意诛杀大臣,当朝大臣人人自危。

不久后,他还同意杀死蒙氏兄弟,以及王室的公子公主。一来使得沙丘之谋永远不会泄露,二来使得他可以更随心所欲地去享受,再也没有任何隐患。

就这样,奋威六世统一全国的赳赳大秦帝国顿时被搞得乌烟瘴气。大厦将倾,人人自危。

长此以往,这大秦还不毁在这个白痴的手里?群臣便对这位皇帝失去了信心,而且每个人在退朝之后都会以一种蔑视的眼神来看当朝丞相李斯。因为他有负先帝之托,不仅不劝谏皇帝,反而为了保住自己的爵位与势力而迎合皇帝,向他讲述帝王权术之道,也就是所谓的督责之术。

他曾在奏疏中写道:"节俭仁义的人在朝中任职,那荒诞放肆的乐趣就得终止。规劝陈说高谈道理的人在身边干预,放肆无忌的念头就要收敛。烈士死节的行为受到世人的尊敬,纵情于乐就要放弃。因此圣明的君主要排斥这三种人。"

法家的思想被他歪曲之后被用来溜须拍马,李斯似乎也变成了当年自己所见到的那只老鼠。

而他也早已没有了当年的壮志,众位同僚的眼神,他也就当作没看见。既然如此,那就走一步算一步吧。

就在秦廷一片乌烟瘴气的时候,终于有人受不了了。

王侯将相宁有种乎!

任何成就大业的人、建立霸业的国家,无外乎抓住了历史赐予的机会。当年秦皇嬴政奋六世之余烈,以天纵之才、百年之基一举统一天下,何等威风气魄!可当真风水轮流转,转瞬二十年不到,这样的机会,在秦廷的乌烟瘴气之下,再次摆到了世人的眼前。当然,机会,永远都是留给有准备的人,秦末的大风已经涌起,这样的局面下,谁又会被首先推送到这样的风口浪尖之上、掀起属于他的万丈豪情呢?

秦二世元年(公元前 209 年)七月,大泽乡处。天下着大雨,道路泥泞不堪。放眼望去,数百人躲避在一处,他们衣衫褴褛,面露饥饿衰颓之色,个个愁眉苦脸。而这天降的大雨似乎更使得他们的心情烦闷而沉重。

仔细看去,在那人群之中,有两个男子,古井无波,若有所思。他们二人的目光所指，是一些身披大秦军甲的士兵。也许那一刻，那些秦军可以在避雨之地躲避。而他们这一群人，便要在外面挨浇。仅仅是躲个雨而已。是啊，仅仅是躲个雨而已！

这，凭什么？

就因为我们是被征戍的贫民？

他们便是被朝廷征调去防守渔阳郡的贫民。这是一支不小的队伍，有九百人左右。为了不延误时间，大家连日赶路。怎奈天公不作美，大雨倾盆之下道路已然不通，按期赶到渔阳布防显然是不可能了。大家对秦法心知肚明，一旦误期，杀无赦，但却不知该如何是好。

此刻，他们的心里很是忧虑。因为他们不知道，他们人生的旅途还会走多远？又走向哪里？

在这一刻，包括这之前，他们一直仰人鼻息，因为他们的命运一直操纵在他人的手里。命不是他们自己的，他们更像是替别人而活着，是被人圈养的容器、工具。久而久之，他们便习惯了，或者说，麻木了。

但是，又有谁会不珍惜自己的命？

我可不可以尝试一下，不再做容器与工具，可不可以尝试一下自己去掌握自己的命运？

也许，当他们的头脑里第一次出现这个想法的时候，仅仅只是存在了瞬间，便又被他们自己立刻抹除掉了。

因为这是大逆不道，这更是不可能的，这是要诛九族的！

但那声音时时刻刻萦绕在他们的心田，回荡在他们的耳边，一步一步地牵引着他们的思绪，走向自己内心最深处、最本源的一面。似乎他们每一次强行抹除都是徒劳的，当这种意识再次出现，都会比上一次更加强烈！

走绝路，其结果无非就是死。只不过，是窝囊的死。

走不归路，其结果可能也是一死。但是那是站着死，是一条在属于男人的征途上昂首挺胸、哪怕遍体鳞伤也要与之决一死战的路！

何谓绝路？期限延误，逃，不免一死。

何谓不归路？反，也是一死。

等死，死国可乎！

在那一天,有两个男人做出了名传千古的决定。或许当时的他们都没有想到,自己的决定,居然会产生暴风般的影响。

陈胜者,字涉。秦阳城(县治今河南省方城县东)百姓。

吴广者,字叔。秦阳夏(县治今河南省太康县)百姓。

陈涉、吴广虽然是贫苦的百姓,但他们绝不是那种免冠徒跣、以头抢地的庸夫。天子威严虽一怒伏尸百万、流血千里,但士之一怒,天地变色,何惧天子? 他们二人并不是徒有勇气的莽夫,要干,就要干一番大事业!

时间再次定格在秦二世元年(公元前209年)七月。当陈涉、吴广认定了自己的道路的时候,他们仔细分析了当前形势:当今二世皇帝胡亥,为嬴政第十八子,本不该继承皇位,皇位应该是那位贤德的长公子扶苏的。那么,如果要起事,借助公子扶苏的名望是否会取得事半功倍的效果呢?

前楚将项燕,作战勇猛,地位超然,受人爱戴。再加上他的名号,似乎也可以在道义上对他们有极大的帮助。

那就这么定了,我们的队伍便是公子扶苏和大将军项燕的队伍!

于是,在前途渺茫、尊严被践踏的时候,在一个人甚至是一群人察觉到自己竟然无力掌控自己命运的这种悲哀时刻,哪怕等待他们的是死路一条,那又如何? 因为他们已然决定了誓死也要利用自己所能调动的一切来奋力一搏!

那一刻,他们心里所想的,不为其他,只为活着的尊严! 而这,就足够了。

决议已定,为了使自己的心里再多一层保障,二人便去占卜,寻求神的意见。

事实证明,高手往往在民间。而那位占卜的先生显然是一位世外高人。当陈涉、吴广来到时,他便知晓了这二人的意图,对他们说:"你们能够成就功业,然而你们询问过鬼神了吗?"

陈涉、吴广非常高兴,并领会了占卜人的意思。这是要我们先树立威信啊。于是二人用朱砂在白绸上写上了"陈胜王"三个字,塞进了一条鱼的肚子里。

之后,这条鱼非常"碰巧"地被戍卒买回来。接下来的事情也就顺理成

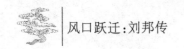

章了。当人们吃到白绸并看见字样的时候,全都指指点点地望向陈涉。

就在众人疑惑不解的时候,为了再次为他们的计划添点儿"佐料",陈涉又暗地里派吴广到附近的古庙里点起篝火,模仿狐狸的叫声喊道:"大楚兴,陈胜王。"

经过陈涉、吴广这一连串的措施,大家都很害怕陈涉,认为他有神的保佑。就这样,威望建立了。

接下来,就继续进行吧!碰巧押送戍卒的校尉喝多了酒,吴广一看,机会来了,便故意多次在校尉面前扬言要逃跑,借以激怒他。吴广平素颇有心计,人缘很好,他这么做是故意激怒校尉侮辱自己,以此来激怒众人。

校尉们平日里高高在上,根本看不起被他们押送的这群贫民。他们所想的就是赶快完成任务,而顺利完成任务就是要保证这些贫民都老老实实地听话。可是这个时候,吴广竟敢来耍弄校尉。事情的发展便可想而知了。校尉大怒,要杀吴广,吴广奋起夺过剑便杀了校尉。这时候,陈涉来了,他与吴广合力,杀死了其余校尉。

激动人心的时刻就要到来了。陈涉、吴广召集众人说出了他们面临的险恶形势。这不需要太多的烦琐口舌,因为他们知道,面对一堆干柴般怒气冲天的汉子,只需要一颗火星儿,便足够了。

有人想要我们死怎么办?

跟他们拼了!

你们怕死吗?

不怕!

为了我们自己的道,死有何憾!王侯将相宁有种乎!

虽死无憾!我等心甘情愿接受您的差遣!

历史会记住这一刻。一群受尽压迫与欺凌,对胆战心惊的苟活再也无法忍受的人们,怒吼着拿起了他们的简陋武器,哪怕是木棍,但就是用牙咬,他们也宁死不屈。这,是一种气节。

就这样,起义军都袒露出他们的右臂作为标志。紧接着,他们用校尉的人头举行了简陋而隆重的祭天仪式。陈涉、吴广打着公子扶苏、楚将项燕的称号,正式率众起义来反抗暴秦。陈涉自称为将军,吴广为都尉。

这九百多勇士第一战便攻克了大泽乡(今安徽省宿州市境内),紧接着,进军攻克蕲县(县治今安徽省宿州市南),并派人四处攻打,补充兵力。他们声势越来越大,四方震动。看着跟在自己周围的兄弟们,陈涉也是豪情万丈。既然如此,我们就战他个天翻地覆吧!

张楚王

陈涉起事后,一路率军向前进攻。很快,他就打到了陈(陈郡郡治、今河南省淮阳)这个地方。这个时候,他的部队已经初具规模,拥有兵车六七百乘,骑兵一千多骑,步卒数万人,具有了一定的影响力。

陈即春秋时期陈国的都城,春秋后期楚国灭掉了陈国。公元前278年,秦国大将白起一举攻破楚都郢,楚国曾迁都于此。因此陈不是一般的治所,它在当地人心中还具有特殊的意义。

攻打陈城的过程非常顺利,因为当地的郡守、县令都不在,只有郡丞与起义军交战。起义军经过一番激战,便破门入城了。

至此,陈涉所控制的范围以陈为中心,以蕲县、苦柘(县治今河南省柘城西北)、酂(县治今河南省永城西)等地为外围,已经颇具规模了。没过几天,陈涉就召集了陈城父老。说到底,还是个地位与名分的问题。

前面说过了,陈为楚地,而陈涉的部属也多为楚人。战国后期,各国人的乡土情谊是非常重的。尽管秦已经使六国灭亡了,在原来六国的地盘上设置了郡县,但没有人会说自己是哪个郡的,只会说自己是楚人、赵人、齐人。

而碰巧的是,陈涉并非楚人,这一点让他颇为忧虑。因此,他召集了陈城有名望的父老虚心请教。没想到当地父老对陈涉说:"将军您亲自披坚执锐、戎马沙场,恢复楚国的政权,这是称王的功劳啊。况且需要督率天下所有的反秦义军,不称王,镇不住啊。"

陈涉一听,与自己的想法不谋而合,当下便也不再推脱,就自立为张楚

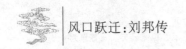

王,国号张楚,取意张大楚国。

不久之前,他还是一个被征戍的贫民,没想到,现在竟然一夜之间成了王!这简直是神话般的身份转变,陈涉此刻也是相当陶醉。面对着一群臣下的祝贺,心情自然是相当的好。

但是这个时候,却有两个人明确反对。陈涉很是生气,如此普天同乐的好事,竟然还敢有人反对?一看,是张耳、陈余。

二人找到了陈涉,张耳对陈涉说:"秦国无道,毁人宗庙,占人家园,掠夺财物,暴虐之极。现如今将军凭借您的威名,不考虑自身的安危,来替天下的百姓除去暴秦,这是多么大的功劳啊。可是如今刚刚打到陈地就称王,这不是急着对天下人表现出您的私心吗?倒不如暂缓称王,派人拥立六国后代,增加自己的党羽,分散秦国的力量。这样,不仅能减轻我们的压力,还可以号令诸侯,那时候,大业可成。现在称王,恐怕诸侯就会懈怠不从了。"

陈涉寻思了一会儿,最后并没有听从他们的意见,依旧选择了称王。

他固然豪气冲天,敢于反抗,但似乎对于权力的诱惑,也是无法自拔。所以,陈涉拒绝了张耳、陈余的建议。

看着眼前的陈涉,张耳、陈余想了想,也没有多说什么,便径直离开了。

至此,陈涉起义的第一步已经成功。接下来,第二个目标便提上日程了,那就是推翻暴秦。就在这一过程里,张楚内部也出现了隐患,可暂时还没有显现出来。此时,大家正热情高涨,积极投身反秦运动中。

中原大地上,反秦的火星儿四处传递,渐成燎原之势。它要烧掉暴秦的一切。

讨伐暴秦

陈涉起义的事情很快传遍了大江南北。各个郡县忍受不了秦朝暴政的人民纷纷拿起武器进行反抗,响应陈涉。一时间,各地起义军多得不计其数。转眼间,陈涉也就成了各路义军的名义首领。

可以说,现在的形势对于起义军非常有利。六国故地的人们不仅思念故国,而且早就对秦朝的暴虐怀恨在心。他们一直在酝酿自己的反秦怒火,只是在等待一个合适的时机。

与此同时,鉴于目前的良好局势和部队的高昂士气,陈涉打算进一步扩大战果,于是派出了几路大军四处讨伐。

第一路,以吴广为代理王,督军向西进攻荥阳(今河南省荥阳市东北之古荥镇)。

荥阳在战国时期是韩国的重镇,粮草、军器储存充足。秦统一全国后,为了加强对中原地区的控制,在此设置三川郡(郡治洛阳、辖今河南省西部黄河、洛河、伊水交汇地带),并且在广武山囤积大量粮草,派重兵把守。

荥阳人口众多,战略地位十分重要。在整个秦末的历史阶段里,荥阳的出镜率可谓极高。一旦攻下荥阳,必然天下震动,这对于起义军有着莫大好处。而陈涉对此也是非常重视,故而派遣吴广前去。

第二路,命令武臣、张耳、陈余率军攻占赵国原来的土地,借以开辟、经略北部地区。

第三路,派遣邓宗攻占九江(秦郡,郡治寿春、今安徽省寿春),既拱卫核心腹地,又可以创造声势。

第四路,派遣周市攻占原来魏国的地盘。

四路大军几乎同时出击,全面开花。一旦战事顺利,便是能够在扩大战果的同时扰乱、分散大秦的注意力。而且起义的地方越多,秦军的压力便是越大。

相应的,陈涉如果多了更多的友军,那么势必能够替他分担一些压力。在当时,天下越乱,对他便是越有利。所以,陈涉对几路大军也是投入了相当的心血。

可以说,他的这几路军队布置得倒也合理,但各地却又出现了不同的局势。

问题首先就出在了陈涉的左膀右臂吴广的身上。

当吴广督率大军围攻荥阳时,这位代理王一直热血的心却突然间遭遇

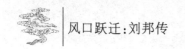

了一盆冷水。因为,他啃到了硬骨头。

当时荥阳守将正是当朝丞相李斯的公子三川郡守李由。李由此人,倒也不是整日啃老的公子哥,还是有两把刷子的。

他见到起义军来势汹汹,便利用城中粮草充足这一优势,依托坚固的城墙,拼死抵抗。碰巧外面的吴广也是十分配合。尽管吴广人缘很好,但从他的表现来看,似乎对兵略之道,并不是如何通晓。打仗光靠人缘显然不顶用,因此,荥阳城久攻不下。

吴广的大军被阻隔在荥阳城下就是没有进展。兵报传回,可急坏了陈涉。他紧急召集豪杰贤臣商量对策。

就在陈涉为荥阳战事持久而烦闷时,一个陈地有名的贤人来了。而在听闻了这位大贤年轻时的履历后,陈涉决定,必须接见。两人没有交谈太多,陈涉便高兴起来。因为这位大贤说了:"大王不必烦忧,有老臣出马,必扫天下。"

此人是谁啊?怎么会有如此大的口气?

下面我们来看一下这位大贤者究竟是谁:周文,男,年龄不详。年轻时曾经做过赫赫有名的楚国令尹春申君的门客。后来在楚将项燕军中效力。官职为占卜望日官,意思就是专门占卜打仗吉凶、天气如何的。

其实此刻在陈涉的眼里,他干什么工作已经无所谓了,重要的是他曾经跟过的那两个人。

春申君黄歇是赫赫有名的战国四公子之一,在楚国国势衰颓的情况下,能够暂稳国势,可以说,还是有着相当的实力。而另一位大将军项燕就更不用说了。周文竟然跟过这两个人,那想必也不是泛泛之辈。

感受到了陈涉对自己的信任,周文便对陈涉说自己如何熟悉兵事,如何厉害。陈涉一听,贤人啊,立马就授予了他将军印,并制订出了一条惊人的进攻路线:直接西进,捣灭暴秦。

但在当时,这个战略很难成功。

陈涉高估了自己的实力;与此同时,他也看错了秦朝的实力。

于是,决议已定的陈涉任命周文为西征大军的元帅,直接西击暴秦!

领命的周文也是不敢大意,在他看来,暴秦还有一定的实力。那么自己应该如何与之相抗呢？

想来想去,他便有了自己的办法。现如今各地风起云涌,而他作为张楚王的西征大将,如果利用这一名号招揽士卒,一定会收到极佳效果。到了那时,自己的手底下有着如此众多的军队,灭了秦国还不是分分钟的事儿？因此,这位周先生一路走一路招揽士兵。不得不说,他还是有一定水平的。

秦二世元年九月,当他到达函谷关(今河南省灵宝市东北、三门峡市西南)的时候,已经拥有了上千辆战车、数十万名士兵了。一群人就这么蜂拥而入,打进了函谷关,驻扎在戏亭(今陕西省临潼市东,有戏水流经其下而得名)。

可能有人会有疑问,国家都闹出这么大动静了,胡亥在哪儿呢？

别急,胡亥在这呢。

帝国的策略

这时候,秦都咸阳城内。胡亥面对着一群狗马禽兽,拥抱着美女在尽情娱乐。这些狗马都是他下诏从各地搜罗来的。并且,胡亥怕由于新增调了守卫,咸阳的粮食不够用,便又下诏从郡县征集,并顺带征集宠物的饲料。

但他为了"节约",还对转运的官员说:你们要自备干粮,发扬勤俭精神,在咸阳附近方圆四百里的范围内不要动用征调的粮食。就这样,胡亥极尽享乐。

与此同时,负责查探情报的使者回来了。这位使者还是相当具有敬业精神的。他把自己所查探到的一切消息都汇报给了当朝天子。

他说:如今到处都是反叛的人,天下大乱。意思是陛下您赶紧拿个主意吧。

可是听过汇报后的胡亥,当时就不高兴了。

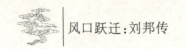

这不是胡说吗!朕刚即位不久,怎么可能啊!定然是你这厮危言耸听!

于是他下令把这名使者交付有司处理,让他好好长长记性。

后边的使者一听说此事,当时就吓出了冷汗。因此当他探察情况回来后,面对胡亥同样的询问,便说道:"陛下,我大秦国泰民安。所谓的反叛,那只不过是一群盗匪而已。各地郡守正在督促捉拿,已经全部抓获了。"

胡亥一听十分高兴:都记住了!那只是盗匪。

面对着一天比一天恶化的形势,帝国的领导者说:那,是盗贼。

眼看着局势一天一天地恶化,尽管皇帝不见大臣,但是秦帝国的大臣们已经不能不有所作为了,身为帝国丞相的李斯也是坐不住了。

自沙丘之谋以来,他暂时保住了爵位。时间一天一天地过着,李斯感慨自己的所为。到了现在,他已经有些后悔了,他后悔当初听了赵高的话。现在的赵高,权势冲天。而他本来想要尽忠的,但在赶上皇帝享乐时进谏,却会惹得龙颜大怒。因此,李斯虽有丞相之名,却十分不受皇帝待见。

但现在关外局势严峻,他也顾不得了。于是右丞相冯去疾、左丞相李斯、将军冯劫这一班元老联名进谏,指出当前严峻形势,并认为其原因是百姓过得太苦了、官府太苛了。他们请求暂停阿房宫的修建,体察百姓疾苦,减少戍边徭役。但满心期待的三位老臣却是没想到,当奏疏送上去之后,他们得到的不是胡亥的醒悟,而是他的勃然大怒。

大怒的胡亥给他们批文:"你们这样做,既不能报答先帝,也不是为我尽忠,你们还凭什么身处高位呢?"

实际上,当时的胡亥身居宫中,所有政事便都经由赵高之手。而这封批示,很有可能出自赵高之口。随后,三人便通通被下狱,交付有司处理。

将军冯劫身为大秦元老,虽然是武将,可是对于朝政、对于此刻的大秦,那也是看得相当清楚。他怎么会不明白朝中有妖孽作祟?在看到自己的劝谏于事无补后,他长叹道:"将相不能受辱!"身为武将,他最后以结束自己的生命来表达一个老臣、忠臣的心志!

而当李斯在狱中时,明知赵高用事,却还妄想着用辩术来证明自己的忠心,也真是可叹。

果然,赵高不仅诋毁李斯,以沙丘之谋来做文章,而且还秉着斩草除根的原则,顺带捎上了他的儿子。就这样,李斯的结局已然注定。

秦二世二年(公元前208年)七月,李斯被处以腰斩。

谁曾见,上蔡士子,孤身诣秦。谏逐客、佐君王、一扫六合、位极人臣。

可曾记,阴谋诋毁,残害同门。贪权势、无作为,沙丘风雨、难称人臣。

就这样,山东依然乱着,大秦依然乱着。此时,周文带着大军已经来了,这可怎么办呢?

面对周文的大军,胡亥也是慌了。因为他知道,继续这么下去,他就无法享受了。大惊的胡亥紧急召集群臣商议。

只见殿中一人出列道:"盗贼逼近,人多势盛。仓促征调兵马,显然来不及了。不如赦免骊山大量的囚徒,赐予兵器,前去迎敌,或有可为。"

胡亥看向了眼前这个人。实际上,他很有可能都不知道这个人现在担任的是什么职务。

但是在胡亥看来,这个时候能够有人挺身而出,那自己长久享受的白日梦就有可能持续下去。大喜之下,他立刻应允那人的建议,并赐将军印,让他领兵出征。

那么此人是谁呢?秦人章邯也。

章邯,字少荣。时任少府,负责掌管国家渔政税务。

很快,办事效率极高的章邯将骊山囚徒整顿集训完毕。看着漫山遍野的黑袍大军,他似乎又看到了二十年前那支所向披靡、纵横千里的军队。此刻的他,虽然未经战阵,但是却信心满满。

除却对于自己的信心,更是因为眼前的大军让他激动不已。身为一个秦人,他永远不会忘记,百年以来,大秦锐士东征西讨、南征北战,虽魏之武卒、齐之技击、赵之胡服铁骑都不能阻挡其丝毫。

这一支军队虽也是临时拼凑,可远远不是关外的那支杂牌军所能比拟的。因为他们的骨子血脉里,有着属于老秦人的尚武血性!

看了看自己手下的大秦锐士,再望着函谷关的方向,章邯一动不动。

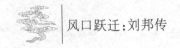
楚虽三户　亡秦必楚

就在陈涉集团四处征讨,大秦帝国手忙脚乱时,千里之外的吴地会稽,有一个人也正对中原虎视眈眈。

此人者,后来之西楚霸王也。西楚霸王谓谁? 下相(今江苏省宿迁市西南)项籍也。

项籍,字羽,楚大将军项燕之后也,与叔父项梁俱隐于吴中。项梁者,楚大将军项燕之子也。项氏家族因为世世代代居住在项地,所以就姓项。

项羽是典型的贵族之后,只不过祖上留给他的既没有家产也没有爵位,而是逃亡。没办法,因为秦统一了六国,他是楚将的后代,自然只能和叔父项梁过起了逃亡生活。期间有一次,项梁因为被人出卖,在关中被逮捕入狱。好在有关系,托付了好友曹咎向当时的负责人司马欣说情,才被放出来。

可后来,项梁又杀人了。没有办法,他便和项羽一起隐居在吴中,因为这里毕竟曾经是楚地。项羽从小便在这种环境中长大,但这丝毫不影响他的气质和体格。

据记载,项羽身高八尺余。折合成现在长度单位来说,那是一米八以上的大个儿。而且,据太史公他老人家说,项羽还是重瞳。这可了不得啊,因为从古至今,只有一个人是重瞳,那就是舜帝。

这一点,丝毫不比刘亭长的赤帝之子的来头小。不仅如此,项羽还天生神力,力能扛鼎。而这可是地地道道地将那大鼎举起来,比项羽大近100岁的秦武王嬴荡当年也很热衷于这项活动。只不过可惜的是,他没有举起来鼎,而是鼎结果了他。

就这样,吴中子弟全都慑于他的威力。少年项羽已然在众多人心中树立了英雄形象。而在这之后的乱世风云里,他以他的方式很好地诠释了这一形象。

人们在小的时候,总是会调皮捣蛋,尤其是男孩子,如果生长在乡村,感受着质朴的气息,而同时由于物质生活水平不算太高,他们的玩耍乐趣自然便是以自然事物为主,例如上树、抓蝈蝈等等。他们对于大人的告诫总是充耳不闻,一有机会就偷着出去该玩玩、该闹闹。

项羽也曾是个顽皮的少年。只不过,他顽皮得更加任性。

他小时候,叔父项梁曾经教他读书写字,起初他还能在项梁的督促下学习。项梁看着心里这个高兴啊,觉得这就是他项氏一族的希望,毕竟再苦不能苦教育。

可是时间长了,项梁发现,小项羽不想学读书写字了,反而对剑术感兴趣起来。

项梁也没有多说什么,若是本具文韬,又兼武略,那岂不是更好? 没有多想的项梁便找来一位剑术名师,向项羽传授剑术。这回小项羽表现出了极大的兴趣,项梁也是抚须笑了笑。

可是没过多久,小项羽又不学剑了。

这可气坏了项梁,正欲训斥,项羽却说道:"写字儿! 能够用来记名字就够了。剑术,也只能对付一个人。我要学就学万人敌的本事!"

项梁很是吃惊,他一下子愣在了那里,怔怔地望着自己的侄子。这个孩子说出的话竟一下子令他的内心很不平静。起初他以为这小孩子顽皮,但现在看来,此子似乎不可以常理论之。

于是项梁便亲自教导项羽兵法。这一次,项羽非常高兴。但是却也依旧没有耐心,只是刚刚懂得了一点大意便又不学了。

这个故事记载在《史记·项羽本纪》,以及《汉书·陈胜项籍传》里。后人往往通过这件事来指责项羽办事不能求尽而无恒心。

但是纵观项羽后来在战场上的表现,他不仅表现出武艺绝伦,而且用兵之道也是鲜有人及。所以说,这些事也只能看出项羽性格的一方面,丝毫不影响他的勇武和兵略。

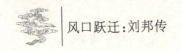

正式起兵

项羽一刻也没有忘记他的故国灭亡在秦人手里,因此,他要复仇。

而上苍,也会满足他的要求。这个世界,必将被他搅得天翻地覆,霸王之名也必将声震古今!

当陈涉起兵的消息传来时,项梁便意识到,机会来了。多年以来,他在此地渐渐树立了威望,并暗地里培植了一批复楚势力,而且早已分辨出可塑之才。这一刻,他已经等得太久了。

秦二世元年九月,会稽郡守殷通有感于当时形势,很是心慌。因为他总能收到一些类似于某某郡郡守被起义军蒸了煮了的消息。万一哪天也有一支起义军打到会稽,那该如何是好啊?

这个时候,他想到了在此地素有名望的项梁。这位一向足智多谋的楚将之后,会不会有什么好办法呢?

"项梁公,大江以西全都反了,这是上天要灭亡秦朝啊。做事占得先机便可控制别人,落后一步便会受制于人。我打算起兵反秦,请您和桓楚统领军队。您意下如何啊?"

当时的会稽郡大概管辖着今天浙江省大部分与江西、福建的一部分,土地广阔,人口富足。自春秋末期被楚国征服以来,几乎没有遭受战乱。与中原相比,俨然是一处世外桃源。

会稽郡守殷通手底下控制这样一处地盘,想要起兵,为什么还要找项梁商议呢?

我们都知道,项梁有一个十分有号召力的背景,那就是他是大名鼎鼎的楚将项燕的儿子。战国之际,楚国自怀王以后,一代君主昏过一代。到了末期,面对秦军的进攻更是节节败退。

当秦始皇派遣李信、蒙恬率领二十万大军第一次伐楚时,楚国上下一片惊慌。就在这时,项燕出现了。他带领楚军,前往迎敌,最终大败秦军,使得秦军第一次灭楚宣告失败。

一时之间,全楚国都倚重项燕,就好像赵国人敬仰李牧那般。可是好景不长,很快,秦始皇派遣老将王翦率大军六十万再次伐楚。楚国倾尽国力,凑足四十万大军交由项燕前去迎战。但在大势已定、实力差距悬殊的情况下,项燕败在了这位战国名将之手。最后项燕自杀殉国。

虽然项燕马革裹尸,但是楚人都记得他的英勇,对于他的后人,自然也是十分尊敬。

身为名将之后,恰恰项梁还十分有能力,在吴地很有声望。而殷通只不过是朝廷派下来的,面对这些楚地的民众,他感觉到有些力不从心,便想要拉拢项梁。

另一方面,他这一招,也有试探之意。一旦项梁过于急迫,那么,殷通的伪善就该撕破了。

可他低估了项梁,项梁早就看出个中缘由,因为桓楚根本就不在这里。殷通提出桓楚只不过是个幌子。

而且更重要的一点是,十四年来他日日夜夜都在等待一个机会,在等待着起兵复楚的机会。现如今,天下大势动荡,正是实现他计划的好时机。起兵是必需的,只不过这支军队的统领只能是他项梁。

于是,他对殷通说道:"桓楚现在在逃亡,别人都不知道他在哪,只有我的侄儿项羽知道。"接着,他便找个借口转身出去,嘱咐项羽持剑在外等候。然后又进来和殷通说道:"请让我把羽儿叫进来,让他奉命去找桓楚。"

殷通说道:"好吧。"

当项羽进来以后,脸色很是平静,他先是应承着殷通。没过多大一会儿,也不知道项羽与殷通到底说了什么,只见得项梁对着项羽使了个眼色,项羽便立刻会意。

于是,他瞬间拔出宝剑砍下了殷通的人头,动作干净利落,丝毫不拖泥带水。

干掉了殷通之后,项梁径直走了过去。他拿起了郡守的大印,佩挂在了自己的身上,而后手里提着郡守殷通的人头,出门来到了外面。

这一刻,郡守府里的所有人都愣在了那里。怎么回事儿?不是说郡守大人请项梁议事吗?这怎么反倒让人给结果了?

短暂的安静之后,逃命的逃命、抓捕的抓捕,郡守府一片大乱。

面对着围堵过来的甲兵,项梁的神色并没有一丝的慌张。因为他的身边,有着他的侄儿。

这个时候,只见项羽手提宝剑,直接杀向了那群郡守府里的兵士。一米八的大个,力能扛鼎的神功,这是任何人都胆战的存在。鲜血不断地四溅,哀号声也是响彻郡守府。

不久之后,场面平静了。因为此刻的郡守府内,仅剩下两个人依然站立。一个是单手抚须的项梁,一个是浑身被血浸透的项羽。

此刻的项羽,手提宝剑,像一个战神一样站立在那里。此时,仿佛连空气都停滞了。

就这样,整个郡守府里的人全部都吓得趴倒在地上,没有一个人敢起来。

开了个好头,项梁趁这个机会,召集一些早就联络好的豪杰和与他交好的官吏,正式发动当地士兵起义。他派遣人员安抚地方,征调地方精兵,把平日里早就物色好的人员安排在适合的岗位。

在这之后,项梁自领会稽郡守,以项羽为副将,正式开始了复楚的征程。

古剑腐锈兮悲鸣招魂。

纵横回首兮几度年轮?

遥望天际兮黄沙翻滚。

忆我国殇兮铁马凌云!

这一刻,尽管命运的交织似乎已经注定。但人可以推动的,只有自己。

对于项羽来说,那段久久不愿提及的故国记忆,再次浮现出来。

此刻,他的梦,在战火中,重生!

是时候了,楚虽三户,亡秦必楚。

第三章

炎云飞扬　陈王不详

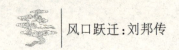

大秦最后的猛将

秦二世元年(公元前 209 年)九月,章邯率领大军赶到函谷关的戏亭,他吩咐大军就地扎营,做好隐蔽,探察敌情。

章邯对自己的部队很有信心。这不是因为他们其中有曾经的军人,不是因为他们装备着精良的武器,而是因为章邯相信人心,因为他们都是秦人。在他们的背后就是自己的家乡,他们的父母妻儿、兄弟姐妹就生活在这片土地上。

如果让眼前的叛军攻入关内,结果是什么样? 他们不敢去想象。所以章邯相信:置之死地而后生,我的军队,一定会胜利的。

但毕竟是第一次实战,章邯也是不敢有丝毫大意。他多方探察敌情,而当他研究了周文的军队后,得出了一个结论:打败周文,易如反掌。

而他的计划,便是出其不备,集中突袭!

决议已定的章邯立刻吩咐下去,集中了所有兵力,直奔周文大营突袭而去。

顷刻之间,一片片箭雨射出,随后,一群大秦勇士叫喊着冲杀出去。由于周文没有戒备,大营被秦军突袭而入。至此,战争的结局已分。章邯率军成功击溃周文,不仅将之赶出函谷关,而且还一路追着打。

前面说过了,周文虽然打仗不在行,但收拢人手还是有一套的。一来二去,他的手底下便聚集了数十万人,摇身一变成了陈涉的主力部队。但他的这些部队融合了各支义军、盗匪,不仅成分不一,而且指挥还极其困难。刚刚聚到一起的人,不仅战斗力没有保证,而且士兵与士兵、将领与将领也是互不服气。

加之此前他们的进军十分顺利,因此便也没把同样是临时拼凑起来的秦军放在眼里。所谓骄兵必败,莫过如是。

章邯抓住了这个机会，一举击溃周文。无奈的周文也只得放弃大军一路奔逃。没办法，面前的秦军似乎还是当年征伐六国的那支虎狼之师，他打不过啊。但他毕竟极具责任心，跑着跑着，感觉有负陈涉重托，便试图重组军队，抵抗秦军。

　　但怎奈的确不是对手，秦军在章邯的率领之下玩命追杀他们。周文逃到曹阳(今河南省灵宝市东)，又逃到渑池(今河南省渑池城西)，这一次实在跑不动了，只好自杀，而他手下的军队在秦军的剿杀冲击下也是全军覆没。

　　至此，陈涉的这支西征大军自秦二世元年九月西征至十一月，前后还不到三个月的时间，便告彻底败亡。

　　而少府章邯也因此名声大震，令各路义军胆寒。所有的大秦士兵欢呼着，他们本就是大秦锐士，在他们的记忆深处、血脉骨髓里，不会忘记祖上对他们诉说过的秦人的勇武。大秦锐士一出，必当横扫四方，平推天下！

　　这一战，唤醒了他们沉沦已久的心。因为他们觉得跟对了人，只要是在章将军的带领下，他们相信，这支秦军也会再创武安君的辉煌！

六国，都复活了

　　周文战败的消息传到陈涉的耳朵里，他大吃一惊。周文集团是他的主力军，现在说没就没了，怎能不令他一阵惊慌。此刻的他心力交瘁，因为他正在为武臣的事情而犯愁。

　　前面说过，陈涉派遣武臣、张耳、陈余向北进攻原来赵国的地盘。这三个人只带领了三千兵马，便一路势如破竹，兵锋直指邯郸。为什么呢？因为这里面有两个猛人：张耳、陈余。

　　张耳、陈余都是魏国大梁人。有趣的是，他们两个还都娶了一位不仅漂亮而且家底殷实的老婆。在魏国被灭之后，朝廷知道这是两个贤人，便告示抓捕，赏金还不低，张耳千金、陈余五百金。于是，张、陈二人便跑到了陈地。

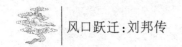

正在这个时候,陈涉起义并攻占了陈城。张耳、陈余也不用再躲藏了,素有大志的二人便一起投奔了陈涉。

张耳、陈余起初认为陈涉胸有大志,便多次求见陈涉,而陈涉也十分欣赏二人。就在这时,陈余再次献策,认为当下要紧之策是西进函谷,而黄河以北却无暇顾及。以自己遍游赵国、熟知地理为由,他请命派遣偏师,北徇赵地。张耳、陈余向来形影不离,因而陈余此计多半是有张耳的影子。

前番劝谏不要称王不成,张耳、陈余已经意识到了什么,当时的陈涉队伍真的适合紧急西进吗?显然不是,陈涉初起事,无论是在对中心地带的巩固上,还是在内部协调的处理上,以及在兵员整合训练上,都还远远达不到西征的要求。

而反观当时的秦朝,百足之虫死而不僵,在这一时刻,不充分摸清敌情,贸然西进,断然不可。而陈余之所以进言北进,这固然能够对陈涉提供援助,但更多的是为了摆脱陈涉,自己趁乱分一杯羹。之后他的表现,证明了一切。

陈涉也是明白北进赵地的好处,这个时机里,扩展地盘、广招同盟对于稳固势力、一举反秦有着莫大好处。陈余也是看准了这个时机,迫使陈涉不得不做出决定。但显然,陈涉并不十分放心陈余。

很快,陈涉同意了北进赵地。但他任命自己的老朋友、陈人武臣为主将,邵骚为护军,而张耳、陈余则为左右校尉,并且他们总共只有三千人马。这是一种很有趣的调度安排,既要把权力掌握在自己人手里,还只给了三千人。当年秦赵长平决战,来来回回投入兵力百余万。现如今,在伟大的反秦使命感召下,勇敢无畏的三千勇士,冲吧!

之所以这样做,是因为在权势面前,陈涉也逐渐地堕落了。他的想法起初也很简单,与其等死,拼一把也值了。可是他没想到居然成功了。他也想反秦,但是他起初的预想并不足以驾驭与秦的对峙和具体攻秦的步骤。于是,他的私心出现了,他想保住现在所拥有的。他以为自己没有错,但这样却使他一错再错。

就这样,武臣、张耳等人一路进攻、一路宣传,利用秦的暴虐与人们的仇恨来争取民心,激发人们的豪情斗志。当地豪杰认可了他们,很快,部队扩展到了几万人,武臣自号武信君,接连攻克数十座城池,并招降守将,施以仁义,封以侯爵。就这样,多处不战而降。他们一直攻下赵地五十多城。

地盘打下来了,是时候彰显私心了。到达邯郸之后,张耳和陈余听闻周文的军队已经被章邯击败,而且陈涉还杀了葛婴,就是因为葛婴曾立襄强为王,尽管葛婴已经杀了襄强,但是猜忌心很重的陈涉最后还是杀了葛婴。张耳、陈余本来就已经对陈涉的安排心有嫉恨,又加之对陈涉做法感到灰心,便趁机劝谏武臣道:"将军功劳如此之大,凭借着您的勇武占据了赵国如此广大的土地,如果不称王,不足以使社会安定啊。况且陈王听信谗言,回去报告,恐怕会有杀身之祸啊。正所谓机不可失,时不再来啊。"

武臣对近来的事情也颇有耳闻,还是那句话,他并非胸有大志,但私心,他也是有的。

于是秦二世元年(公元前209年)八月,武臣便自立为赵王。以陈余为大将军,邵骚、张耳分别为左右丞相。

这个消息便传到了陈涉那里,这个领袖再也坐不住了,本以为武臣是自己的好友,自己又做了精妙的安排,可结果却还是这样。因为他根本就不会理解:自身尚且私欲甚重,又怎么能去无故要求别人?因此盛怒的陈涉打算抓住他们的家人,统统杀掉以泄愤。但在此时,陈涉的上柱国上蔡人房君为陈涉分析了利弊,他认为,赵王自立,已成事实不可更改,若诛杀其家属,便是在秦国这个强敌之外又得罪了赵国。当今局势不容乐观,不如顺势封其为赵王,也好令他们西进攻秦啊。

陈涉听从了房君的建议,不仅派人祝贺赵王,还封赏了张耳的儿子,但把武臣的家属控制起来以为人质。事到如今,他不仅感觉到对部属的指挥力不从心,而且对自己似乎也失去了信心。

按照教科书的说法,这是农民阶级的局限性,几千年来,农民起义领袖成功建立王朝的,便是成功克服了局限性;而一旦失败,便是因为没有克服局限性。

但仔细看看,无非就是志向、能力、人心。

仅此而已。

当武臣收到陈涉西进的命令时,大臣们一致认为:武臣称王,非陈涉本

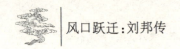

意，只是迫不得已，一旦赵国辅助陈涉灭秦，那么陈涉第一个攻打的肯定是赵国。最好的办法就是从赵国北进攻燕，只要攻下燕国，利用广大的土地和险峻的地势，即使是陈涉，也得在攻打我们之前仔细地掂量掂量了。而且，一旦灭秦，赵国那时候必可得志于天下。计议已定，赵国并没有真正西进，而是北上，很快便攻取了燕地。但是，发生在陈涉身上的无奈，同样发生在了武臣身上。

同年九月，武臣派去攻打燕地的韩广用着武臣自立为赵王的方式自立为燕王，燕国复国。

这个时候齐国也复国了。因为在陈涉派遣的周市在攻掠土地时，被一个人打退了，就是田儋。

田儋是狄县（今山东省高青县东南）人，是战国齐王室的同宗，和堂弟田荣、田横在当地势力很盛，深得民心。这一点也不奇怪，战国时期，田齐自取代姜齐后，对当地民众还是不错的。尽管秦灭齐国，派遣官吏，但所谓强龙难压地头蛇便是这个道理。在周市打过来的时候，狄县固守，而田儋假装要杀死有罪的家奴，便前去拜见县令。接下来的事情就顺理成章了，他杀了县令并且以自己是齐王同宗而自立为王，于是击败周市，一统齐地。

接下来，在周市的力请下，陈涉同意立魏王后代宁陵君魏咎为魏王。至此，到秦二世二年（公元前208年）十二月左右，六国除韩国外基本都复国了。华夏大地再次陷入混乱之中，但不久以后，便会重新一统，破而后立，便是此理。

大风起兮云飞扬

在天下大势面前，一切显得是那样的渺小。而在历史长河之上，百世也不过短暂的辉煌。可就是在这滚滚前进、不曾倒退、风云际会、逐鹿神州的大舞台之上，一时英烈、一代英豪经过隐忍蛰伏，最终，每个人都紧紧地握住了那株属于自己的时机稻草,便可以在这乱世,在这秦末大风口上,再现往昔的荣光!

六国旧贵如此,普通布衣,自当亦如此!原因很简单,英雄,并非天生。霸业,不待遗传。纵然我现在一无所有、身份低下,可这乱世,依旧会有我的辉煌,这天下,必将以我为风向标,昂首阔步、扬帆远航!因为这等风云际遇,属于乱世之中的每一个人,每一个善于把握机会的人!

当起义反秦的烽火传遍九州时,沛县的县令坐不住了。他害怕自己会和其他的郡守县令一样,被反秦的怒火所淹没。于是,出于保命的目的,他也打算率领沛县子弟响应陈涉。但碍于能力,他不得不同手下的能人商量一番。

这时候,萧何、曹参出现了。作为县里的精英,沛县县令有几斤几两他们二人再清楚不过。更何况在他们的心里,那个人才是他们的领袖,也只有那个人才配领导他们。于是面对县令的询问,他们说道:"您作为秦的官吏却想率领沛县子弟来反叛,恐怕没有人会听您的啊。"

萧何、曹参的话十分有道理。首先,沛令作为大秦帝国的官员,一旦响应起义军,那就是站在了大秦的对立面。一旦起义军战败,后果可想而知。其次,县令在沛县到底有没有群众基础,这是一个没谱儿的问题。恐怕就只有他自己知道他本人在沛地人民心目中的形象了。再次,也是最重要的一点,萧、曹是为了那个人的合法合理出现而来铺垫的。

县令觉得十分有道理,便继续问道:"该当如何啊?"

"您不如召回那些在外逃亡的人,用他们来胁迫众人,何愁他们不听从您的调遣啊。"

就这样,那位"隐居"了好几章的刘亭长,亮个相吧。而充当联络官的便是夏侯婴。得到了消息的刘亭长也是笑了出来。因为就在不久前,他还动过攻打沛县的念头。面临动荡的天下大势,刘邦的心,此刻已经火热起来了。看着身后这百十号弟兄,刘邦率先走向了沛县县城。

就在刘邦和樊哙等人快要回来时,沛县县令也是明白过来了。他回想起萧何、曹参与刘邦往日的交情,以及与刘邦联络的顺利。这就像是按照剧本一步一步在演一样。一旦刘邦等人回来,反过来胁迫或者杀了他那可怎么办？敢情自己差点让人家卖了还替人家数钱啊。

于是他急忙命令紧闭城门据守，并打算杀掉萧何、曹参。没办法，萧何、曹参只得连夜逃跑前来投奔刘邦。不碍事儿，不就是关闭了城门吗？刘亭长自有办法。看到紧闭的城门，强攻肯定不是上策。而对于此刻的刘邦来说，能不动手就解决的，咱就尽量别那么粗鲁。

很快，刘邦命人把自己早就写好的书信射入城中。而接下来要做的就是等，等城里面的人把城门给他打开。因为他相信，看了那封信，城内的沛县子弟会那样做的。

那么信里究竟写了什么呢？信内大意是：

> 乡亲们！天下被秦朝压迫得太苦了。现在你们为沛令卖命，听他忽悠，要是诸侯的军队来了屠戮我们可怎么办啊？不如杀掉县令，拥立一个可靠的人，响应诸侯，才可保全家小啊。

看到了这封信以后，所有沛县父老乡亲们的心里也是七上八下，他们一时间也不知道该如何是好。但，也就是一时间而已。因为最终，他们选择了刘邦。

于是，沛县父老杀掉县令，迎接刘邦进城。

至此，"隐居"了很久的刘亭长再次回到了沛县。上一次走的时候，他是被认为可能再也回不来的人。不久前，他放走了所有服徭役的人，成了帝国的罪人，不得不进入芒砀山开始自己的"隐居"生活。而今天他却是以一个领袖的身份被人们迎接回沛县。此情此景，当时的刘邦也不免感叹吧。

天下汹汹，万民涂炭。此时，当刘邦的脚步踏进沛县城的那一刻起，他知道，自己已经不能回头了。他不知道自己所走的是绝路还是活路，但是有一点他可以告诉自己，并且反复告诫自己，那就是，他走的是自己的路，追寻的是自己的道。

沛公

现如今的沛县,并没有欢闹的声音传出。相反,人们一个个愁眉苦脸,倒更像是热锅上的蚂蚁。难道是秦军来了? 或者说是其他的起义军打到这里了? 都不是。真正令他们郁闷的是:一群人这就算是起义了,可是到现在,却找不出个首领来。之前的沛县县令早已经西去,那么现在到底立谁当首领呢?

大家看来看去,思来想去,最后目光都看向了刘邦。因为似乎这沛县里,就刘邦有出息。于是几番商议下,一拍大腿,大家一致推举刘邦任县令。

面对着热情的父老乡亲们,刘亭长却是做出了一个令大家费解的决定。他推辞了!

他说:起义这是一件大事。我虽然可以为了咱们的大业不爱惜自己的生命。可我能力小,万一保全不了父老可如何? 你们还是另找贤人吧。

这时,萧何、曹参也都极力推荐刘邦。史书上说了一个原因:萧、曹是文官,顾惜性命,怕有后顾之忧,所以他们与沛县父老一起极力推举刘邦担任首领。但在我看来,这里体现更多的是彼此之间的信任。怕死无能的人难成大事,从之后的多年血战看来,萧、曹并不是那种贪生怕死之人。他们之所以如此推崇刘邦,是因为在他们的内心里,早已经认可了刘邦。

看着焦急的百姓们,为了不再令他们心急如焚,尽快稳定人心,极其"无奈"之下,刘亭长一百个不愿意地做了首领,号沛公。

对于刘邦的这种谦让,后世有的人指斥其虚伪。你手底下一票兄弟在那,谁敢不听你的,还那么不情愿,这不是典型的虚伪吗? 其实这实在是错怪他了,岂不见各朝开国君主不都是在大臣寻死觅活的逼迫下才登上皇位的? 说到底,这是个传统问题。

在这里有必要说一下,刘邦的称号为什么是沛公。这个"沛"不难理解,自然指的是沛县。那么为什么叫"公"呢？因为沛在之前曾经属楚地，而楚国的习俗就是把一县的县令县长称为某某公。而刘邦所在地为沛县，自然也就称之为沛公。

另外，刘邦对于自己做沛公再三推辞，除却礼法、"传统"上的需要，还有两个重要考虑条件。

第一点要考虑的就是：刘邦做首领，到底有多少人可以真心拥立？是否还有其他人也有这个野心呢？虽然刘邦在当地已经很有名气，但沛地的其他豪强还是有的。这些人都是不确定性。在没有摸清楚情况前就贸然答应做首领显然不是上策。而经过反复的观察后，刘邦发现，那些所谓的豪强权贵也只不过是贪生怕死、碌碌无为之徒，他们根本不敢扛起起义的大旗。在大事面前，他们充其量也就只是个配角儿而已。就这样，第一点忧虑解除了。

接下来的第二点，更是体现出刘邦的政治手段和大无畏精神。大家注意，当时的情况是：沛县父老反复拥立刘邦，可刘邦就是不答应。刘邦不急，可是当地人急了。为什么呢？原因很简单，现在大家起来造反，却连个带头的人都找不到，想要回到以前已经不可能了，万一别的起义军或是秦军打来，咱们群龙无首，这可如何是好？在这种情势下，刘邦接受了大家的推举，尽管非常的"勉为其难"，但是总是为了拯救父老乡亲，才揽的这活儿。合乎于礼，尽之以义。所以说，在这种情况下，人们在心理上总会感觉刘邦是在拯救他们。

就这样，刘邦成了首领。沛县人举行了隆重的祭祀黄帝和蚩尤的仪式。他们把牲畜的血涂抹在旗鼓上，所有的颜色都是红色的。因为大家都相信刘邦是赤帝之子，赤帝之子必须要尚红。刘邦也在萧何、曹参等人的帮助下招收沛县年轻子弟，得到了两三千人。他以萧何为助手督办公务，曹参为中涓，周勃为侍从官，卢绾为宾客，樊哙为舍人，夏侯婴为太仆。

至此，刘亭长的大业开始了。

此等乱世，就让我刘季来会一会吧！

小试牛刀

秦二世元年(公元前 209 年)十月,刘邦领军,向胡陵(今山东省鱼台县东南)、方与(今山东省鱼台县西)进军,但并没有驻扎在那里,而是退回了丰邑。

过了两天,秦泗水郡郡监平率军来围困刘邦。刘邦率领众人出城交战,大破敌军,郡监平撤回胡陵。看着败退而走的秦军,刘邦打算趁热打铁,一举拿下他们。

这时,萧何和夏侯婴阻止了刘邦。他们二人认为,招降比攻打适合得多。即便不成,再攻打也不迟。刘邦同意了这一做法。于是,在夏侯婴与萧何的劝说下,郡监平率军投降,并交出胡陵。这是刘邦起兵的第一仗,以胜利告终。

这之后,刘邦决定再接再厉,进攻周围的县邑。没办法,这么多人的粮草是个问题。而且不增加一些地盘加以巩固,只是坐守丰邑,也不是长久之计。

所以,决议已定。秦二世二年(公元前 208 年)十一月,刘邦命雍齿据守丰,自己便率军进击薛(郡治今山东省曲阜市)地。他不知道,就是这个决定,差点让他成了没家的孩子。

攻打薛的战事很顺利,刘邦军杀死了泗水郡守壮,打下了薛,并还军驻守亢父(今山东省济宁南)、方与一带。

就在大家都高高兴兴地谈论战胜的事情时,传来一个消息,雍齿叛变了。

刘邦一听,顿时就头大了。先不说这刚刚起兵就遇到叛变的不祥,关键是叛变地点,丰。这是哪啊?是刘亭长的老家也。

这还了得,一向被认为群众根基异常不错的丰地,居然背叛了自己。而

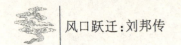

叛变者是刘邦自己任命留守该地的雍齿。

雍齿者,本是沛县的豪族,在当地也是颇有名气。因此,他一直看不起刘邦,而且起初还曾经与刘邦有过过节。但没办法,沛县人都推举刘邦为首领,他也不好违逆,便也一同推荐了刘邦,但心中已经有了作乱的念头。

秦二世二年(公元前208年)十二月,陈涉的部将周市掠地来到了丰沛一带,得知驻守丰的是雍齿,又听闻雍齿与刘邦有嫌隙,便派人给雍齿送信说:"这里本来就是魏国的地盘,现在魏地基本已经平定,你如果投降,就封你为侯继续镇守此地,要是不这样的话,我们便屠你全城。"

雍齿一看,机会来了。投降的话他不仅可以封侯,而且说起来他此举也是为了保全丰邑父老,丰邑的百姓一定会跟随他的。于是乎,雍齿一拍胸脯,反了!

刘邦对此当然十分愤怒。他没有想到自己的老家竟然会背叛自己,还一度动了要屠灭丰邑的念头。于是他带领众兄弟们进攻丰。可是雍齿也是十分顽强。因为在他看来,一旦被刘邦抓住,后果不堪设想,况且自己本身还有魏国撑腰,于是他拼命守城。刘邦见强攻不成,便下令撤了回来驻守在沛县。

这一次,刘邦病倒了。他伤心于丰邑子弟对他的背叛。他很不明白,自己与雍齿有过节,这是人尽皆知的事情;但当他把守护大本营的重任交给雍齿的时候,这是多么明朗的冰释前嫌的信号啊,可雍齿依然叛变了。自己起兵不久,就遭逢这样的打击,妻子父母也落于人手。照这种情况下去,三军将士的眼中、心中,他刘邦还会有威信吗?

但现实是,丰现在抵抗顽强,况且又有个魏国在背后撑腰,凭借刘邦自己手下的兵力,想要取胜是比较困难的。既然如此,那就去借兵,早晚要把你打下来。

这时,刘邦听闻在离自己不远处的留县(今江苏省沛县东南),一位原楚国贵族景驹被拥立为楚王,实力很是强大,所以便前往借兵。而在这途中,一位大人物加入了他的队伍。有了他,刘邦便可以运筹神算,决胜千里了。

大业,就在眼前。

留侯倜傥　人称三杰

刘邦率队行走在借兵的道路上,心里所思甚多,也并未与身边人过多交谈。突然间,他发现自己的前方出现了一支百余人的队伍。仔细看去,为首一人,风度翩翩,儒雅倜傥。那般长相竟是有一种"妇人好女"的感觉。刘邦不曾想这乱世之中还有一位这般的人物,当下便停住了脚步。而那人似乎也是有着同样的意思。

在两支队伍会合之后,刘邦直接找到了那为首的人。说来也怪,两人如同早就熟识一样,一番交谈之后,竟然都有了一种相见恨晚的感觉。

刘邦说道:"辅佐我,让我等共舞大风,声震宇内。"

那人说道:"你大概是天赐的人物吧,良谨从。"

良者,张良也。张良,字子房。韩国贵胄,祖父父亲相韩五代。纵横当世,人称运筹帷幄之中、决胜千里之外,名留青史千古谋圣是也。

公元前 230 年,秦内史腾掳韩王安,秦置颍州郡,韩亡。

那一年,张良目睹了秦军的铁蹄践踏在他的故国上,王室苟安,唯唯诺诺,终至宗庙尽毁人手。可张良却一刻不敢忘记,自己是一名韩国人,忘不了自己的祖上为这个国家所倾注的心血。

那一刻,复仇的火焰便燃烧在这位刚刚二十出头的青年身上。

"悉以家财求客刺秦王,为韩报仇。"

这是对当时的他最好的描述。就这样,张良为了刺杀秦王,以学习礼法为掩护,来到了淮阳(楚郡郡治,今河南省淮阳县),找到了一位唤作沧海君的神秘人物。而他所需要的侠客,也正是在沧海君那里。

至于这位沧海君到底是何人,无人知晓。有人说他是一位隐世高人,也有的说他是一个部落的首领(《集解》云其为秽貃国国君,秽貃国即今朝鲜中部地带,后并入汉为沧海郡,故称其沧海君)。

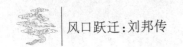

但总之,这是一个神秘的人物。当张良拜访沧海君说明来意之后,他见到了一个人。此人是一个能够抡起一百二十斤大锤的大力士。因此,现在的张良只需按计划行事就可以了。

权衡各方面因素后,张良将动手的地点选在了一个叫作博浪沙的地方。此地位于当时的阳武县(今河南省原阳东南),是秦始皇巡游的必经之路。

秦始皇二十九年(公元前218年),正赶上秦始皇第二次全国巡游。张良与大力士打算采用飞锤的方法攻击秦始皇,可是天不遂人愿,飞锤只打中了副车,大力士被秦军杀死,而张良也只得隐姓埋名,疾速逃亡,隐居到下邳(今江苏省邳县)。

很快,到了秦二世年间,天下大乱。而这个时候,张良自己也聚集了百余人的队伍,准备投奔名头很盛的楚王景驹。也正是在此时,刘邦与他相遇了。

期间还有段小插曲,张良所学的是太公兵法,但是他身边的人愚钝,无论张良怎样与之讨论,他们都不能理解。但当张良与刘邦交谈时,试着运用太公兵法里的谋略,却得到了刘邦的欣赏与支持,还能够与他探讨,这让张良大吃一惊。

那一句"沛公殆天授"也更加加深了他对刘邦的印象。张良隐约觉得,对面这个人,不是那个景驹可以比得上的。他从短暂的交谈里发现此人与自己性情相投,于是便打消了投奔景驹的念头,转而跟从刘邦。就这样,帝王师张良再次加入到了秦末风云之中。

陈王不再

当被章邯彻底消灭了周文的部队后,陈涉面对着各地交相称王而实际不从号令的情况,既愤怒又害怕。他自诩所有的将领都是他的手下,他才是反秦的首领,可是到了现在,却没有人肯真正听他的号令。他很害怕,害怕失去一切。如果真的是那样,他就必须要有所行动了。而他的目标,便是昔日的左膀右臂——吴广。

吴广久攻荥阳不下,自身也是异常焦急。他能感觉得到陈涉的愤怒与猜忌,但是他并没有想到,陈涉的杀招会来得这么快。

周文溃败的消息传到荥阳吴广大营时,也是引起了相当的混乱与恐慌。对此,吴广也并没有太好的办法。可是,军中别有用心的人还是有的。鉴于目前的混乱局势,他手下的将军田臧开始有了异心。

田臧与一群人谋划了起来:"现今形势危急,我们被拖在荥阳不得脱身,一旦秦军到来,里外夹击,那么便只有覆灭一条道路。"

众人点头称是。可是能怎么办呢?

田臧又说道:"不如留下足够围住荥阳的少量部队,而我们率大军前往迎敌,才是上策。"

看着大家纷纷同意的举动,他抛出了此番谈话最重要的目的:"现在吴广骄横跋扈,不通用兵之道,这样的人是无法一起商量大事的,不杀了他,我们的计划就很有可能被破坏。"

听到田臧的话后,这些人不仅没有震惊,反而从眼神里流露出了赞许。就这样,一个可怕的计划开始了。

此时的吴广完全被蒙在鼓里,他不知道屠刀已经架到了他的脖子上,依旧在为久战不休的荥阳战事而苦恼。但杀机已至,他已经没有还手之力。田臧等人的计划非常成功。他们突然假传陈涉的命令杀了吴广。这位数月前还在同陈涉共谋大事的人,怎么也不会想到,自己有一天会死在那个人的手里。

并没有充分的证据证明,田臧是受陈涉的指使,更何况他还是"假传"陈涉的命令。但他杀害吴广后,派人把吴广的头献给了陈涉,而陈涉不仅没有依法处置他,甚至连一句训斥都没有,还任命他做了张楚的上将军,赐其令尹大印。

不过也有的人认为,陈涉之所以没有责备田臧,还赐给他令尹大印,其实并非所愿,而是在当时的实际情况下陈涉可能也已经无法制止田臧了,只能听任其发展。

不管怎么说,到了这一刻,这位几个月前还雄心壮志欲伸大义于天下的农民领袖已经变质了。他很害怕,很痛恨。这一切让他感觉到自己没有安全感,更让他失去了理智。他开始拼命集结自己所能控制的一切军队,因为章邯快来了。

他杀害了来投奔他的邓说,吞并了邓说的部队,还合并了另一支伍徐的队伍。这一切刚刚做完,便传来战报,田臧率领精锐部队在敖仓(时荥阳城北黄河边敖山上的大粮仓)作战,被章邯击杀,全军覆没,围困荥阳的将军李归等也全部战死。

至此,陈涉北方的军团全军崩溃。很明显,章邯的下一个目标便是他了。到了现在,张楚已经是极其危险了。陈涉似乎也是预感到了,但他并不甘心,他要做最后的一搏!

秦二世二年(公元前208年)十二月,章邯军推进到陈县,因为在这之前他已经击溃了驻防在陈正面的伍徐。随后,激烈的战斗发生了。战斗对于秦军来说应该并不是很困难,因为张楚方面的将士们似乎已经寒心了。

这一战,那位曾献计陈涉的柱国房君战死了。陈涉很想有一场短暂的歇息,但是在章邯的眼里,与帝国的叛逆之间,唯有我胜他败、他死我活而已。

紧接着,章邯率军进攻在陈西城防御的大将张贺。陈涉知道,这是他最后的机会了。

他想要找回几个月来被他丢失的那股劲儿,他想回到几个月前的自己。决心已定的陈涉便亲自出城督战。但结局已定,不可更改。秦军大破张楚军,张贺战殁。不得已,陈涉逃到了汝阴(今安徽省阜阳市),因为在郏城还有秦嘉的一支军队,也许到了那里,他就会安全了。

可是就在他回到下城父(今安徽省涡阳东南)的时候,叛变的事情再次发生在他的身上。

只不过,这一次,要的是他的命。秦二世二年十二月,陈涉的车夫庄贾杀害了他,向章邯投降。

也许在陈涉弥留之际,他会想到当初耕田时自己壮志凌云的那一句"燕雀安知鸿鹄之志哉",再次回忆那个时候的大泽乡。他也会思考自己称王后的一切做法,猜忌、自私、昏庸,这一切淹没了他的理智和壮志。他也许会后悔自己对那些来投奔自己的同乡所做的事,后悔自己任用奸佞以致上下离心。

那一句"燕雀安知鸿鹄之志哉",那一句"王侯将相宁有种乎?"至此已经成为过去。

陈涉称王共六个月,虽然他失败了,但他是第一个敢于反抗的人,而且是他所派遣的王侯们最终灭掉了不可一世的大秦帝国。他,是一个勇敢无畏的反抗者。在秦末这个历史风口上,他注定是第一个英雄人物,同时也是第一个悲剧英雄。

扛起大旗继续前进

陈涉称王不久后,凌县(今江苏省泗阳西北)有个叫秦嘉的人,和朱鸡石等人也单独起兵反秦,他们带兵攻占了东海郡(郡治今山东省郯城北),也是颇有声势。

当陈涉听说了这件事之后,便想将这支军队划归到自己的指挥下,于是便派遣武平君畔作为将军负责督率此军。但是秦嘉拒不接受命令。可是武平君已经来了,于是,他便以武平君年轻、不懂军事为由假传陈涉命令杀了武平君。表面上是接受了陈涉领导,可实际上却完全独立。因此,就在陈涉败亡一个月后,秦二世二年一月,秦嘉便在民间找到了楚国贵族之后景驹立为代理楚王,单独带兵与秦军作战。

刘邦便是到此人处借兵。正巧这个时候,章邯的部将司马仁带兵平定楚地,一路屠戮到砀县(今河南省永城市北)。

看着他如此嚣张,刘邦岂能坐视不管?于是大怒的刘邦便同东阳宁君一起带兵阻挡秦军,两军大战于萧县。可最后刘邦没能打过人家。硬拼下去也占不到好处,因此商议之后二人决定暂且撤军留县休整,伺机再战。

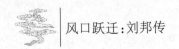

没过多久,二人收拢走散士卒,重整旗鼓,再次出击。秦二世二年二月,刘邦一举攻破砀县。

砀县一战,是刘邦正式起兵后的关键一战。之所以如此说,是因为此战让刘邦的实力上升了一个档次,他得到了六千人的兵力补充。而且以刘邦所在地为中心,周围的一些县邑,不说完全掌控在刘邦的手里,最起码也是在他的势力影响之下,兵源、粮草也算是有了一定的着落。而且更重要的是,在周围的几支义军之中,刘邦的名声越来越响,这对于事业刚刚起步的刘邦来说非常重要。

因此,趁着兵势正盛,三月,他又趁机夺取了下邑(今安徽省砀山)。此时的刘邦,手底下拥有近万人的兵力,而且经过几次战斗,整体素质都有很大的提升,可以说,远非一般的起义军可比。因此,有了这样的队伍之后,刘邦的信心也是直线上升。那么既然如此,老家他是一定要收回来的!

于是,刘邦回到了丰。可是事与愿违,这一次,刘邦还是没有打下丰。因为据守丰的雍齿仗着有魏国撑腰,咬牙硬撑。刘邦军虽然连续作战,但是对于攻城之术显然还并不熟悉。因此,一番交战下来,刘邦只得再次退军。

这使得刘邦很是苦恼,也很是不解。他想不明白,凭借自己现在的实力,连自己的地盘都守护不好,那还怎么去践行心中的大业?这不仅仅是空话,似乎还是个天大的笑话。

但是,此刻的刘邦,却不能够有太多的苦闷。他反复问自己:当初为什么要起义?他反复地提醒告诫自己:无论如何,一定要继续走下去!因此,对于时局相当敏感的他无时无刻不在关注着周围的动向。

终于,他发现了秦嘉、景驹的部队似乎有大战的趋势。是与秦军?还是其他军队?

经过多番打探,他得知吴中的项氏一族已经起兵,号为楚国正宗,正欲渡江西进。而秦嘉部也号称楚国正宗,因此自然要阻挡以楚为称号的项氏军队。

一时间,起义军之间的火药味十足。当时的秦嘉实力强过刘邦,而那支项氏军队战力似乎也挺强。刘邦既然要夺回丰,在这一带站稳脚跟,就不得不和这两家打交道。可是现在人强我弱,又恰恰处于两家要火拼的关键时期。这个时候,刘邦的每一个决定都会深深影响他的这支队伍和他刘邦本人的未来道路。

经过仔细思量,刘邦认为:秦嘉、景驹不值得依靠和共事,而那项氏一族,似乎有可能有助于我。

于是,在多方考虑下,秦二世二年四月,刘邦亲自率领一百多人前往薛地拜见项梁。由于刘邦在当地还是有着一定的影响,加之他本人的交际能力很强,一番交谈下来,项梁很是欣赏刘邦,不仅给他补充兵力,还增派将领与粮食。

看着自己逐渐壮大的部队,刘邦望向了丰的方向。这回是时候了!他再次带领兄弟们回到丰邑城下:雍齿,我又回来了!

这次战斗没有任何悬念,吸取了前番的作战教训后,刘邦一举夺回了丰邑。雍齿弃城逃跑到魏国,他本以为刘邦一定会追杀自己,可他错了,刘邦并没有继续追杀他,这可能是因为雍齿在占据丰地期间,并没有为难刘邦的家人。这样,也就有了以后的什邡侯。

长达四五个月的丰邑叛变落下了帷幕,在这期间,刘邦强忍着郁闷。但最终,他胜利了。事实证明,他所获得的远比遭受的重要得多。他更加明了了作为一个领袖需要怎样的素质,而这,就足够了。

谁是正宗?

虽然陈涉已经死了,但反秦的事业还必须得继续。陈涉以楚为国号,首先起事,各国诸侯都是在名义上由楚封立的。所以,在当时,楚国在名义上很有合纵时期的合纵长的味道。因此,六国名义上的领袖也自然是楚国。可楚国此时却出现两支势力,而且彼此之间又是互不统属。这该如何是好?

前面已经说过,景驹已经自立为代理楚王。但是这时有一个人不干了,那便是项梁。项家世代楚国大将,是现今天下所公认的能够代表楚国的人选。况且陈涉起兵的时候,也是诈称楚将项燕的队伍。这还不算,当时的东阳县(今安徽省天长市西北),有个叫陈婴的人拉起了一支队伍,有两万人之众。部将劝他自立为王,但他的老母亲劝他说:楚将项氏一族威望甚重,我自从成为陈家的媳妇,哪听说过自家有当过王侯的呢?自己称王,恐有违天意,不若归顺于项氏一族,还是个忠臣。最后陈婴听从了母亲的意见,归顺了项梁。

由此,项氏一族的影响力可见一斑。现如今,却又冒出了一位假楚王,项梁是着实咽不下这口气的,他隐忍筹划了这么多年,一旦遵从景驹,那么岂不是白费了自己多年的心血?

权势、地位,这是最现实的解释,任何大义背后都会潜藏着不为人知的丑陋。

所以,面对敢于和他争夺楚国控制权的秦嘉、景驹,项梁必须采取行动。但是就算要攻伐,那也必须要有一个冠冕堂皇的说法。否则的话,又怎么服众?

因此,项梁召集了所有部将,对他们说道:"陈王最先起义,由于战事不利,不知去向了。现在秦嘉背叛陈王,立景驹为楚王,这是大逆不道,必须要讨伐!"

于是,秦二世二年四月,项梁正式率军进击秦嘉、景驹。

其实秦嘉和景驹也明白,这天下怎么会有两股楚国正宗?因此,在项氏一族势力逐渐壮大的同时,秦嘉、景驹也感受到了强烈的威胁。

现如今,项氏的军队不可能归属他们。而要让他们臣属于项氏一族,这显然更不可能。那既然如此,唯有战场上分胜负了。所以,当做好了一切打算以后,秦嘉、景驹也把部队移动到了彭城以东,其目的就是防备项梁西进。

项梁此时整合了各部军队,兵力已经达到了七万,实力甚是强大。在他看来,秦嘉弹指可灭。事情的发展也果然如此,面对项梁军的进攻,秦嘉军全面溃退。秦嘉不得已率领残军逃跑,但项梁是不会放过他的。项梁率军直追,一直到了胡陵。秦嘉也是跑不动了,决心与项梁决一死战。

战况异常激烈,双方将士你来我往奋力拼杀。残酷的战斗持续了整整一天。最后,秦嘉战死,而得胜的项梁顺势收编了秦嘉的部队。那位楚王景驹最终逃跑到梁地,并被困死在那里。

至此,项氏一族称假楚王已经被打败。值此之际,任谁都看得出来,他项家才是楚国的正宗代表者。可此时项梁却依旧没有什么别的动作。因为他在等一个人的消息。

不过这一段时间,他倒也没有完全闲着,借着与秦军交战的机会,项梁将秦嘉的原部将朱鸡石以畏敌不前、临阵脱逃的罪名斩杀了,肃清了军队内部的不安分子,进一步将所有整合后的兵马彻底地掌握在自己的手里。

到了这一刻,他终于可以放下心去等待了。

就在这时候,项羽回来了。

第四章

百年秦楚　今时血殇

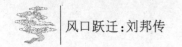

再现楚怀王

当项梁听见项羽回来的消息，立刻赶来迎接。因为他迫切需要知道，项羽到底有没有打探到他想知道的信息。

回到了大营的项羽也是立刻前往拜见项梁。项羽见到项梁后，立刻说道：陈王已死。

项梁听后，心中的一块石头终于落地了。从此以后，在反秦复楚的道路上，再也没有人能质疑他的地位，也再没有人敢于反对他、反对他项家的地位。因为在他看来，即便拥立楚王，也是我项家才配拥有的权利。

"立刻召集各路首领、部将，说项梁请他们到薛县共议大事！"他这么说道。

很快，在项氏一族的号召下，很大一部分起义军代表来到了薛县。大家共商讨秦大业，可谓不亦乐乎。此中最为高兴者，当属项梁。

原因很简单，薛县之会，对于项梁确立自己在诸侯中、在楚国中的权势地位至关重要。依据古制，召集四方诸侯盟会，这是天子与霸主才具备的权利。如果说在这之前，还有一个陈涉具备这样的权利，那么到了现在，各路诸侯之中，除了项梁以外，便再也没有第二个人可以如此了。所以说，这一刻，项梁的人生道路攀上了一个新高峰。

就在这时候，一位拄着拐杖的老人出现了。此人是谁？亚父范增也。

范增，庐江居巢（县治今安徽省桐城南）人士。家居不仕，好奇计。老人家在当地很有名气，而不仕，只不过是待其时尔。这时候，老人家亲自上阵，他找到了项梁，并对他说："陈涉失败是必然的。"

"却是为何？"

"六国破灭，楚国是最无罪、最窝囊的。当年怀王被秦国以诡计骗走扣押没有放回，楚国人到现在都还思念同情他。楚南公曾说'楚虽三户，亡秦必楚',陈涉起义,不拥立楚国后代,反而自立为王,一定不会长久的。现在您起事于江东,归附您的将士如众蜂飞起,这都是因为您家世代为楚国大将,一定会重新拥立楚国后代。"

听过了范老先生的建议之后,项梁的反应很迅速,马上到民间寻找到正在给人家放羊的楚怀王嫡孙熊心,他是最为正统的楚国王室之后。项梁立刻将其立为楚王,仍旧用楚怀王这个名号,建都盱眙(县治今江苏省盱眙东北)。

这样,顺应了民意,凝聚了民心,而项梁也自号武信君,辅佐楚怀王,继续进行着他们的复楚大业。

就这样,秦二世二年六月,楚国浴火重生。

就这样,楚怀王重立。

也许项梁会想到这对项家可能会有些影响,但只要把怀王操纵在他的手里,那么一切顺其自然就好了。可他不知道的是:这一鸡肋似的安排,成了项氏一族日后无法甩脱的包袱。

对手章邯

就在项梁率军北攻亢父的时候,传来消息说楚将项他败回,齐王田儋战死,而今齐王弟弟田荣也被围东阿,形势危急,请求救援。项梁怎么也没有想到,他们会败,而且会败得这么快。不过短暂思索后,他也许明白这是为什么了。因为他们的对手是章邯。

在他看来,那个人似乎也只有他自己才能对付。是这样吗?

时间倒回到一个月前,章邯派别将追讨陈涉余党,平定楚地,而他自己则率军向西进攻魏国。此时章邯的内心一定很混乱。他不明白为何昔日威名赫赫的大秦帝国会变成现在这样。但转念一想,朝中如此,似乎今天的场面也是早已注定了。

此刻,六国故地,各国后代纷纷自立为王。而他的大军正好被夹在中间。虽然陈涉已经败亡,可他的形势依旧很危险。他随时可能被截断归路,那样手下这二十多万的士兵也就无处可逃了。

几战以来,秦军所向披靡,士气高昂。如果他自己此时心绪不定,岂不是辜负了弟兄们的信任?既然如此,那就果断出击吧。只有剿灭敌人,他才可以带着弟兄们回家。

秦二世二年六月,章邯进兵围攻当时的魏都临济(今河南省封丘县东)。这时的魏王便是原来的魏国宁陵君魏咎,当初周市请求陈涉立魏咎为魏王的时候,魏咎正在陈涉的身边。

陈涉本不愿放回魏咎,但周市力请并亲自到陈去接魏咎,往返五次。而有感于当时的形势,陈涉最终也就放回了魏咎。魏咎成为魏王后,十分感谢周市,军国大事一应委托于他。当章邯大军攻来时,魏咎一方面派人布置防务,一方面派周市等人到齐楚去请救兵。齐楚双方都很够意思,尤其是齐王田儋。一听说兄弟被围,立刻动员军队,并亲自率军赶来;而另一方周市则带领着楚将项他等人快速增援而至。

当齐楚军队来到临济城下时,对章邯的攻城部队正好形成了里外夹击的阵势。所谓齐楚攻其外,魏军反于内,则秦军可破是也。对于这种局面,双方都是明白,只要城内魏军抵住进攻,并不时配合城外齐楚军队对秦军进行骚扰,等待战机。一旦秦军粮困人乏,便是一举歼灭秦军的好机会。可是想归想,但实际情况却又是一番模样。因为他们的对手是章邯。

章邯也是深知秦军现在的处境,临济城高池坚,虽然已经在连番围困之下兵疲民乏,迟早能够攻下,可是这个迟早也是要有时间的。临济城内百姓都知道他们被秦军攻破后的下场是什么,势必会死战到底。一旦如此,必然会迟滞秦军的攻城速度。而一旦秦军攻城的速度稍缓,一时不能破城,那齐楚联军从背后袭击,秦军想要脱身,可就十分困难了。阵势大乱之下,也许最终等待他们的就是失败。

所以,基于这一点考虑,章邯将目光投向了临济外围,秦军身后的齐楚联军。齐楚虽然来势汹汹,但只是两强合并而已。楚将是不可能真心听从齐王安排的,势必各自为战,而这也正是最好的突破口。因为不久前在击败周文的时候，正是以此为计的。

　　当前齐楚联军，齐军势大。只要击溃了齐军，那么楚军势必慌张。到时候秦军趁战胜之威，一鼓作气，就可以拿下他们！而他们要做的，就是既要防止齐楚联军有所准备，也要防止城内的魏咎派人与齐楚联军里应外合。

　　终于，在一个夜黑风高的晚上，章邯下令，全军轻装上阵，人马口中衔枚，违令出声者军法处置！秦军士兵个个严阵以待。

　　紧接着，浩荡的秦军便趁着月色摸到了齐军大营。很顺利，齐军的哨卡并没有发现他们。秦军便一举冲杀进去。他们个个英勇奋战，如狼似虎。漆黑的甲胄映衬着月光，恍如神兵一般。

　　至此，齐军大溃，章邯率军大杀四方。而前来救援兄弟的齐王田儋，连兄弟的面儿还没见到，便和手下的弟兄一起归了西。这一战，齐军大败。只有田儋的弟弟田荣率领残部逃到了东阿（今山东省聊城市东南）。章邯看到溃军逃跑，只是笑了笑，并没有追击，因为他知道，早晚会轮到他们的。援魏齐军至此全部崩溃。

　　击溃了齐军，杀死了齐王，秦军士气高涨。章邯下令，直奔楚军大营。结果已经没有了悬念，失去了齐军支援的楚军彻底溃败，主将项他在楚军的拼力护卫下逃出生天，魏将周市战死。

　　章邯大军再次紧紧地包围住了临济。

　　魏咎没有想到，刚刚来救援自己的援兵，竟然顷刻间便全军覆没了。先不说他根本就来不及援救城外的援军，恐怕他当时也根本派不出得力的援军了。

　　看着守城军士的枯瘦的样子，看着受伤的士卒被抬下战场，看着百姓们遭受着战火的荼毒，他想起了以往秦军的种种作为。他不想让战争再继续下去了，为了一人的王位权势而使得这么多的人家破人亡，这不是一个王者该做的，尽管这是乱世，但起码会有一方的安宁。

　　于是，魏咎没有听臣下的劝阻，他决议已定，叫来了使者，使其前去秦军大营，对秦军主将说："魏咎愿意投降，但请饶过城中军民百姓，彼此各为其主，他们是无辜的。"

　　章邯接到了来信，思虑了片刻。秦军此战，也是损失颇重，打下临济不

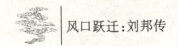

是问题,但是在一群为故国拼死而战的人们的面前,再增加士卒的伤亡也是将军的无能。

因此,他理解了魏咎,同意了他的要求。当听到使者的回报后,魏咎笑了。之后他回到了自己的寝宫,自焚而死。在那乱世之中,仁慈比诸武力所能带来的实际效果,可能是十分微小的。但,仁慈,却始终是不可或缺的。魏咎不是一个雄主,可他起码是个好人。

就这样,魏国再次灭亡,魏咎的弟弟魏豹逃走投奔了楚怀王。

平定了魏地之后,章邯对着地图久久沉默。最终他指向东方,并做了一个大胆的计划。

继续东进,兵围东阿。

秦楚之战

当项梁得知章邯兵围东阿的消息后,二话没说,立即率领大军前去解围。因为在项梁看来,陈涉虽然已经败亡了,但是各地义军却依旧风起云涌,实力不容小觑。尤其是打着原六国旗号的各国王室贵族,他们的号召力是不可忽视的。

只要他们还存在,还在自己的故国的领地里称王,也许不消个把月,或许只需要几天,他们就可以变出几万精兵来。这对于反秦大业,至关重要。

所以,项梁是不会坐视自己的友军被章邯——剪除的。更何况,一旦他救援成功,击败了六国都不曾打败的秦军,那对于提高楚军、提高他项梁、提高楚国的政治声望是有极大好处的。

这一刻,他项梁依旧是诸侯义军的实际首领,所以,他必须也一定会前往救援。

出身楚国将军世家,他的父亲项燕在秦灭楚之际兵败自杀,这种伤痛的回忆项梁一刻也不会忘记。

章邯既然敢深入追击田荣,定然也是想到了楚军等诸侯军可能会截断他的后路,但富贵险中求。

《孙子兵法·九地》云:"投之亡地然后存,陷之死地而后生。"

章邯相信,楚军如果是用兵高手统军,就一定会来的。因为他是以自己为诱饵,来调楚军上钩。如果楚军前来救援,那么便也可利用这个机会,一举击溃楚军。

楚军势大,击溃楚军的影响远比灭亡魏国要轰动。到了那时,天下各路义军,就算不是望风而降,也必将是彼此孤立,只能各自为营了。对于章邯来说,逐一击破他们简直易如反掌。

这便是章邯的围城打援之计。只不过,这一次,他打到了钢板。

七月,项梁带领楚军来到了东阿境内。刘邦和项羽也在军中随从作战。另一方面,东阿城内的田荣在得知楚军即将前来救援的时候,心里也非常激动,更加坚定了守城的决心。他早就知道项梁勇武,因此此时的田荣信心十足。而章邯在得知项梁到来时,他的脸上并没有出现慌张的神色。他依然是一副自信的模样。

这是项梁起兵以来第一次正式地、大规模地与秦帝国中央军作战。不仅是项梁本人,楚军上下也是万众一心,士气高昂。双方见面以后,也是分外眼红,二话没说,打吧。

结果,项梁大破章邯于东阿。但章邯就是章邯,军队被打散了,却又让他重组起来,一路突围出去。

东阿之围就此解除。

就这样,章邯为这个大胆的计划付出了代价。东阿之战后他率部撤退到了濮阳(今河南省濮阳西南,时东郡治所)。他尝到了项梁这支楚军的战斗力,果非齐魏可比。

但虽然如此,楚军也并不是无懈可击。因为,凭借高超的军事经验,章邯隐约发现了什么。正在他苦苦思考破敌策略时,斥候来报,项梁军又出现了。

章邯一听,立刻传令下去:列队迎敌。

但对面的楚军可能是受到了主将项梁的影响,每个人都跟打了鸡血似的,不要命般地冲了过来。秦军新败,士气低落。这一战,秦军又败了。

章邯只得收缩军队,退入城中坚守。他再一次感受到了楚军的英勇,果非之前的起义军可比。像这般打下去,自己一时半会儿得不到兵力补充,肯定耗不过项梁。况且被围在此,一旦粮草匮乏,军心不稳,那时候局面就不好控制了。

但章邯不愧是章邯,他再次安抚了士兵,使部队士气重新提升起来。

重振了士气的章邯下令在城池周围加深拓宽护城河并引入河水,据城坚守,等待时机。

与此同时,城外的楚军也知道短时间内攻下濮阳难于登天。与其在此徒增伤亡、耗费时间,倒不如先营造一个有利于自己的环境。

因此,项梁撤走围困军队,向西进攻,打算彻底清除濮阳周围秦军。

到那时,濮阳便真正是一座孤城,兵力再多,也是无济于事的。因为只要楚军围而不攻,断其粮道,时间一久,不等楚军进击,秦军就会大乱。楚军再趁势进攻,濮阳城可一举拿下!

因此,断其粮道这一屡试不爽的战法此刻也萦绕在项梁的心中。只不过,他还是漏算了。

就这样,楚军分两路西进。一路由项梁自己率领,一直向西,准备攻取定陶(县治今山东省菏泽市定陶区东南)。但定陶守军顽强抵抗,楚军一时无法取胜,便继续向西攻城略地。

另一路则是由刘邦与项羽率领,进击雍丘(县治今河南省杞县)。这是两个人之间的几次正式配合之一,之前两人还曾一度追击秦军至城阳(今山东省鄄城东南)。

此次二人合作得还算默契,一路高歌猛进,来到了雍丘城下。说来也巧,守雍丘的不是别人,正是李由。

此时的李由心力交瘁,因为他已经得知了自己的父亲李斯下狱,可自己居然还在前线为人家卖命,真是可笑可悲啊。

秦二世二年八月。一战下来,雍丘被攻破,李由战死。至此,楚军自渡江以来连连胜利,威名大盛。

白眼狼田荣

在这一时刻,看到眼前这一切的有很多人。但有想法的有三个人,看明白的只有两个人。

可惜的是,明白的那两个人里,没有项梁。

当楚军撤围濮阳的时候,章邯便注意到一个问题。这支军队,似乎只有楚军,而没有得胜的齐军。

起初的时候,章邯很担心齐楚将一起合围。这样,他也只能任由楚军拔除濮阳周围秦军的据点了。但经过长时间的打探,他确信,齐军不会回来了。那么是什么让章将军做出如此判断呢?

当齐王田儋战死的时候,齐国国内群龙无首。这时,一个叫田假的人出现了。他是战国之际最后一任齐王田建的弟弟,岁数很大了,但依然被人拥立为新齐王,而他的同宗田角被拜为丞相,田间被拜为大将军。这个田假既然敢当齐王,想必也是有着一些看家本领的。

因此在东阿解围后,田荣在第一时间做的,并不是跟随楚军追击秦军,而是马不停蹄地返回临淄,准备推翻齐王假。因为在田荣看来,相较对抗秦军,还是自己的齐国最重要。

就这样,他将项梁撇在了一边。项梁也不好多说什么,便独自率领楚军追击秦军。

田荣在返回的路上一路收拢兵士,召集旧部,一路连忽悠带恐吓,就这样,不到一个月,便打了回去。战斗过程很顺利,田荣率军一路追击,没办法,齐王假发挥了他的长处,跑。

老人家那么大岁数了,速度还是那么快,一路跑到了楚国。丞相田角跑到了赵国。而那位大将军田间,此前听说田荣打回来了,便到赵国请求救兵。但一听说哥哥们都跑了,索性他也就不回去了。

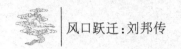

形势一片大好的田荣趁机立田儋的儿子田市为王，自任丞相，弟弟田横任大将军，随后再次平定了齐地。

这个时候，远在定陶的项梁正单独对抗秦军。虽然秦军外围据点几乎都被拔除了，可秦军在章邯的带领下反倒日益强盛，不仅士气保持高昂，而且还得到了关中派来的援军。

到了这个时候，项梁的内心有了一丝顾虑。深通兵略的他怎会不知，虽然楚军广掠濮阳以西，但若是秦军尾随从后面攻击楚军，楚军远离大本营，那样形势便不容乐观了。

但项梁依然相信，齐军一定会在背后牵制秦军，等到把秦军外围拔除干净，他们可以再一起合力消灭章邯。

于是，决议已定的项梁便派遣使者联络齐国、赵国，准备一同进兵。可当使者回来后，项梁才知道，他帮的是一只白眼狼。因为田荣是如此应对楚国使者的："我痛恨田假、田角，想让我们出兵并不困难，只要楚国杀死田假，赵国杀死田角、田间，我就出兵。"

从后来之事看，田荣此人，似乎只求安居一隅，认为凭借自己的勇武足以守住齐地，独霸一方。在他看来，项梁的胜败于他无关紧要。项梁败了，就算秦军打来，他认为自己应对起来也不是问题。项梁胜了，也只不过是楚国威势更胜而已。

况且现在是项梁请他出兵，砝码掌握在他的手里。如果楚国答应了他的请求，那么齐国在外交上就压住了楚。到那时候，他田荣便可以号令诸侯了。

于是，在田荣的私心下，齐楚联盟破败了。

因此，项梁对田荣是大为恼火。想你田荣被围东阿，几乎身死人手。我星夜率众前往营救，现在请你共同出兵，同铸大业，不想却这般推阻。

于是他派人回复道："田假是我们盟国的君主，走投无路了来投奔我们，杀了他有违道义。"

意思已经很明显了，我们不杀，你爱来不来。因为此时的项梁接连击败章邯，在他看来，没有齐军，他照样可以歼灭秦军！而后他会抽出手来再教训你这只白眼狼。

另一边,赵国看到楚国态度这么硬朗,大树底下好乘凉,也没有杀田氏兄弟。

这么一来,齐国自然也不会出兵了。

这一切,章邯都已猜测了出来。于是他的心中,一个屡试不爽的方案再次浮现出来。

血战定陶

项梁自渡江以来,连战连捷。他认为秦军虽然尚具战力,但对于他项梁来说,不足为虑。只要他严加防守,计划妥当,凭借自己手下的楚军,就算不能全歼章邯,击溃他也不成问题!

这个时候,另外一个看明白形势的人出现了,明白人对他说道:"我听说打了胜仗后,将领就会骄傲,而士兵也会懈怠,这样的军队一定会吃败仗的。"

项梁抬头看了看,示意他继续说下去。于是那人说道:"现今我们军中的士兵已经懈怠了,而秦军却在一天天地增加,我担心这样下去会出事啊。"

项梁考虑了一会儿,说道:"宋义啊,你出使齐国吧,你的话我记住了。"

宋义无奈地走了出去。他知道,这样下去,早晚要出大乱,良药苦口,忠言逆耳,自己离开也好。

就这样,挽救项梁的最后一班列车开走了。

看着宋义离去,项梁久久不语。他知道宋义的话是有道理的,但是,他不可能听。

因为他有自己的骄傲。出身将门不说,自起兵以来,所向披靡,战无不胜,就算真的有问题,用得着别人来教吗!说到底,是个虚荣心的问题。所以,这一刻,结局已然注定了。

得知章邯处境的秦帝国发动了全部兵力再次支援章邯,章邯的底气更

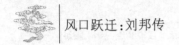

足了。

九月,同样的突袭战术,出现在了不同的地点,用在了不同的人身上。再一次,章邯在一个伸手不见五指的夜晚,发动了所有兵力,让每个人口中含着横木棍儿,趁着夜色,给了楚军致命一击。

那一年,在会稽府衙下决心的一刻,项梁就应该想到了干这种事业的危险。与陈涉一样,他的这一条路,同样不能回头,情势也不可能允许他回头!但好在,他还有一个侄子。

天际流火奏响乱世悲歌,是非成败任由他人评说。

对酒长歌看尽繁华落寞,无尽征途今朝浴血挣脱!

未完成的秦楚之战,终将有一个结果!

当项梁魂归九天的时候,项羽和刘邦正在攻打陈留(县治今河南省开封市东南)。前段时间他们二人共同攻打外黄(县治今河南省民权县西北),但是并没有攻下,于是便调转部队,进攻陈留。

可是这一切只能被迫改变。项梁败亡的消息很快便传遍了四方。一方面"得益于"章邯的大力宣传,而另一方面则来源于溃逃的楚军士兵。

很快,项羽与刘邦听到了一个他们最不愿意相信的消息。

章邯大破楚军于定陶,武信君战死殉国!

可以说,项梁是项羽人生的第一个也是唯一一个引导者,是他这一生内心里唯一的一座丰碑!除此之外,这悠悠大地、普天之下,没有人能够入得了他项籍之眼!

可现如今,他内心里的这座丰碑突兀地倒塌了,是那样的干脆彻底,没有一丝一毫的犹豫,更没有给他一丝一毫的机会去挽救。从今以后,无论漫天风雨,不论满路荆棘,是生是死,是荣是辱,是胜是败,他都必须也不得不一个人走下去,坚强而孤独地走下去!他该往何处走?又要走向哪里去?

尽管此刻的项羽悲痛万分,但他更多的是对秦的愤怒,对章邯的愤怒。身为楚人、身为项氏的血脉,几十年来,不仅国毁人亡,祖父、叔父还有他的家族也全部毁于秦人之手。这一刻,秦人更加成功地激怒了这位日后的霸王。而他要做的,就是复仇。他不会忘记那一年楚怀王客死他乡,不会忘记那一年的郢都残破,不会忘记那一夜的定陶血殇!所以,他会以他的方式来了结这一切，为这延续了几代的秦楚之战画上一个最终的句号！

魂兮归兮！叔父放心，羽儿定会复楚，告慰您的在天之灵！

真正的楚怀王

就在楚军战败的消息传出后，一时间，楚国朝中人心惶惶，军中流言四起。朝臣垂头丧气，士兵士气低落，甚至到了对秦军闻风丧胆的地步。此际，任谁都看得出来，再这样下去，不等秦军打来，楚军自己便会先行溃散了。真到了那一步，他们必将处于极度危险的境地。

这时，刘邦出现了。鉴于目前这种危险局势，他找到了项羽，对他说道："现今士气低落，军心不稳。不如回撤军队，防守腹地。"

逐渐冷静下来的项羽朝刘邦看去。这一次，两人的想法不谋而合。所谓的防守腹地，固然是暂避秦军兵锋，但又何尝不是防范腹地之内的危险呢？刘邦相信，项羽明白了他的意思。

就这样，二人一起率军回撤。果然，就在他们回撤的时候，刘邦与项羽心知肚明的事情发生了：昔日的那位放羊娃，现在的楚怀王决心雄起一回了。

当他得知项梁战死的消息后，他曾一度大为恐慌，熊心没有想到的是，竟然连项梁都战死了！如此说来，章邯所率领的秦军的战斗力那该有多么强大？莫非此人真的是当年的人屠白起复活？我楚国难道要再次经受十五年前的耻辱？

可是无论如何，他是如今的楚王。楚人八百年尚武的精神、血液依旧回荡在他的神魂中、流淌在他的体内。

经过手下人的分析谋划，他的恐慌很快就消失了，代之而起的居然是兴奋！因为他意识到，这是一个属于他的绝佳的机会。的确，如今的他，贵为楚王。可是任谁都看得出来，那位魂归九天的项梁才是诸侯义军的实际领袖。或者说,世人只知有项梁,而不知有熊心!其实他自己也明白,这也怪不得人家,毕竟,连自己的王位都是他项家"赐予"的。

在这乱世里,谁的手里握有军权,谁才是真正的王!熊心,雄心,野心!

只要拥有了实权,什么威胁、危险,通通都是浮云。那一刻,熊心的内心有了一个想法。只要他还是王,那么其他的人就必须是臣!所以,他一定要争取一次。熊心仿佛看到了自己将要君临天下,比他的祖父要威风得多。

定陶一战,项梁的部队大多溃败。项氏一族在军中仅剩项羽一支亲信部队,不足为虑。几个月来,熊心已经讨厌被人控制,看人脸色的感觉。既然他是王,就要有王的样子。而想要做到如此,便要有军权。现在,机会来了。

楚怀王熊心走的第一步,是宣布从盱眙迁都彭城。仔细查阅地图,就会发现,彭城的位置更靠近秦军。在楚军新败的情况下,楚怀王没有选择暂避秦军锋芒,而是选择亲临火线。试想一下,楚国刚刚遭逢惨败,而作为一国之君,熊心的身影却是第一时间出现在了前线。当楚军将士们看到自己的国君就那样站立在自己身后的时候,会是一种什么想法?一国之君尚且不畏死难,站立在他们的身后不远处。那么他们,又有什么可怕的?

这不是一个胸无大志、软弱无能的懦夫的表现。

第二步,他一并收缴了项羽、吕臣的兵符,将二人的军队收归己有。同时任命刘邦为砀郡太守,封为武安侯,驻军砀郡;任命项羽为长安侯,号鲁公,驻军彭城西;而任命吕臣为司徒,驻军彭城东面;并任命吕臣之父吕青为令尹。

楚怀王的这一安排,可谓是他的得意之作。稳定军心、收回兵权暂且不说,他还提携了刘邦。因为在他看来,刘邦此人誓不可屈居人下,把他和项羽提升到一个级别,这是一个很好的制约。另外对于吕臣,不仅封赏他本人,还连带着他的亲属,不怕他不感激自己。

综观现在的楚国内部,项氏一下子从军政首席人物被排斥到了权力边缘,而且他的周边还有其他人监视。项梁当初想象过,但是认为不可能出现的场面还是出现了。

熊心的这种安排,在一段时间内,很是成功。这就是一个"放羊娃"为了昔日的荣光、如今的尊严所做的努力。这似乎可以看作是楚怀王熊心人生中的第一个闪光点。而在楚怀王之后的生命过程里,他还有两次机会来展现他自己的独特的生存方式:斗争到底、永不妥协。当然这是后话。

现在,一切似乎都在他控制之下。他的这种缜密安排,换作是对付别人,或许也就成功了。但是楚怀王所面对的,是项羽,而他所提携的是刘邦。

说到刘邦,在彭城期间,他继续发挥了他强大的社交能力。对于楚怀王的亲信,以及一些楚国旧贵,他还是花费了一番心思去交际的。因为他相信,在不久的将来,这些人会发挥作用的。现在不论是楚国内部的纷争,还是来自外部的压力,刘邦看得是一清二楚。

而他现在要做的,就是坐山观虎斗。虽然他乐得有人给地位、给粮食、给兵力,但是,保护你楚怀王? 这不是开玩笑? 当初我起兵,岂是为了你?

于是,在项羽为了稳定自身而费尽心思时,刘邦还能得空喝盅酒,顺便提升一下自己的实力。但很快,新的征途到来了。

赵国的危机

让我们把视线投向西北方的千里之外,一座坚城之上。两个人正一脸烦愁地看着城墙外不远处一片黑压压的军队。

当真是黑云压城城欲摧,甲光向日金鳞开! 可是此刻这两人真的是别无他法了。因为他们知道,现在能做的就只有固守待援了。

话说击败项梁后,章邯做出了一个影响重大的决定。秦二世二年(公元前208年)九月(该年闰月),章邯正式挥师河北,平叛赵国。

之所以如此,正是基于章邯此前的一番考虑。因为击败项梁以后,他认为楚军已经不堪一击,覆灭只是时间问题。楚国是目前反秦力量的领头羊,项梁已灭,其他国家势必树倒猢狲散,所缺少的不过是一柄巨斧而已。这柄巨斧不仅仅要砍断大树,还要杀光猢狲。所谓枪打出头鸟,当楚国这只大鸟暂时衰落时,赵国这只麻雀,自然也就显露出来了。

对于章邯的这个决定，很多人表示不解，因为在他们看来，假若章邯趁此时机猛攻楚国余部，当此楚国内部纷争之际，大局就可以定了。

尽管历史允许假设，却并不能更改。事实上，当时的章邯恐怕也是迫不得已。他孤军深入，尽管战斗力充沛、斗志高昂，但却远远比不过赵国、齐国这样的地头蛇。唯一的办法就是迅速逐个消灭各国。他为了尽快扑灭义军，不可能一口气一直穷追猛打一个国家，因为他耗不起。

他知道，不论齐国还是赵国，万不能允许他们稍稍站稳脚跟。那样的话，一旦六国真正复苏，瞬间便会汇聚出数十万的精锐大军。凭他一支周旋于六国中间的孤军，又能发挥多大的作用？所以他必须要将这些草创的六国以最快的时间消灭掉。

纵观章邯出征以来的历程，他指挥的每一场战役似乎都离不开两个字。一个字是快，另一个字便是奇。

从击溃周文到扑灭陈涉，仅仅六个月。紧接着便是魏咎、田儋、项梁。到了秦二世二年九月，天下风起云涌刚满一年，还在活动的主力义军就只剩下刚刚建立九个月的赵国与重建不到三个月的齐国，以及人心惶惶、新逢惨败的楚国。因此，在章邯看来，只有速战才是解决这一切的最好办法！

此刻的章邯就好比一个身处于漫天火海之中的救火队员。他只有一把水枪，却要面对四面八方的熏天火焰。他刚刚减弱了一方的火势，可是另一方却已又呈燃眉之急，他不得不回过头来扑灭或者至少减弱这一方的火势。

所以，就算章邯知道此刻不能放过楚国，可是他却不得不放过楚国。而楚国自然也是趁机得到了喘息，当然这也是后话。

所以，他决定，挥师北上！秦军北上之后，势如破竹，很快就打下了邯郸。章邯为了防止赵国再次复国，不仅迁走了当地百姓，还毁坏了当地城郭，逼得赵王歇和张耳不得不逃入巨鹿（郡治今河北省平乡县西南）坚守，以待援军。

等一下，赵王不应该是陈涉的老乡武臣吗？这里怎么变成赵歇了呢？

当初武臣称王后，不仅派了韩广北上经营燕地，而且还派遣了李良等人北攻常山郡（郡治东垣，即恒山，今河北省石家庄市东北）、太原郡（郡治晋阳，今山西省太原市西南）。

韩广自立为燕王不必说,李良开始进军也是十分顺利。但秦朝毕竟不是泥捏的,李良在太原的进攻很快就受挫了,寸步难行。也就在此时,秦国的守将谎称秦二世派人送来了劝降战书,说只要投降好处多多。但李良身为赵国大将,又是当地有名的贵族,怎么会受这种小恩小惠诱惑呢?

就这样,李良压下了此事,准备亲自回邯郸向武臣报告前方战况。当一行人风尘仆仆赶回时,突然前方出现了王驾。李良赶忙率领手下下跪行礼。可面对恭敬的李良和众将士,车上仅仅很随意地回了一礼。这一回礼可坏事了,李良一看,这不赵王他姐姐吗!堂堂男子汉大丈夫,岂能受此等侮辱!

此刻,秦二世的劝降书再次浮现在他的脑海里。

也正是在此时,他的手下趁机劝道:"将军一向地位高于武臣,现今却受到这种侮辱,不如趁此机会,杀进邯郸,自己称王。"

李良终于被说服了,他率军追上赵王的姐姐,杀了个一干二净。紧接着,又趁着守军不备,一举冲入邯郸,杀了赵王武臣和左丞相邵骚。幸亏张耳、陈余平时耳目众多,逃过一劫。赵国陷入一片动乱,但张耳、陈余是不会放任这种情况的。很快,二人便集结军队五万人准备反攻。

张耳、陈余对于自己的能力还是相当有把握的,可他们一旦除掉了李良,未来的赵国向何处走?难道,要他们两人自己去当赵王吗?宾客众多的张耳得到了一个令他极为满意的方案。

"您和陈先生虽然知名度很高,但是赵人大多数不买账,只有拥立赵王后代,才能成就大业啊。"

听到了这个建议的张耳笑了出来。因为门客所说的赵人不服的问题正是他所担心的。可是一旦真正找到了赵国王室的后人,就不怕赵国人心不聚。凭借两人所掌握的实权,赵王也只不过是傀儡。到了那个时候,赵国的一切还不是掌握在他与陈余的手里?

就这样,秦二世二年一月。张耳、陈余一番寻找,终于找到了赵国王室后代赵歇。而赵歇也就成为赵王,以信都(今河北省邢台市)为都城。张耳、陈余分别以丞相、大将军的身份加以辅佐,并进攻打败了李良,迫使李良投降章邯。

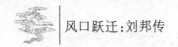

又是章邯

本以为赵国就此安定,可谁曾想,才短短的几个月,章邯就来了。尽管张耳、陈余是发自内心不欢迎。可是没办法,打不过人家,也只能有苦难言。

因此,几番交战过后,赵王、张耳被困巨鹿,大将军陈余也只得收拢常山郡残部数万人驻扎在巨鹿北面,和城中互为犄角。

虽说如今的章邯新败项梁,威名正盛,但起初,张耳对他却也不是十分惧怕。因为,他脚下的这片土地是赵地!秦赵是宿敌,长平一战,四十五万赵军先后陨落人手,赵人与秦人可谓不共戴天。他本以为凭借这股意念,还能坚守下去与秦军周旋。

可没过多久,不论是城里的赵歇、张耳,还是城外的陈余,都发现了一个问题。那就是秦军人数激增,而且多出的秦军还把巨鹿给围上了!

经过几番试探,他们发现,这股秦军似乎战斗力极强,甚至说比诸之前的秦军更多了一种气势!这是怎么一回事儿?哪来的秦军!必须要搞清楚!

经过仔细侦查,他们终于得知了这支大军的来历。此军乃是秦军精锐边防军上郡王离部。原来章邯为了一举剿灭赵国,在自己率军进击的同时,还紧急请求朝廷调派上郡王离率军二十万南下助战。这下赵国算是傻眼了,那一刻,张耳、陈余的心彻底凉了下来。

七年前,秦帝国大将蒙恬率军三十万,北却匈奴,荡平阴山。几乎把匈奴头曼单于打残,使得匈奴在十余年内不敢南下阴山,每次路过都只能远远观望,鼻涕一把眼泪一把。后来,这三十万大军在蒙恬统率下,驻守帝国北疆,修筑万里长城。再后来,蒙恬受赵高诬陷而自杀,部队交给副将王离指挥。尽管统帅换了,但边防军仍旧是边防军,因为新任统帅王离也是个狠角色。

王离,父王贲,祖父王翦。王翦、王贲者,秦帝国名将也,名满七国。而王离本人也颇为争气,用兵很有一套。很快,他指挥军队把巨鹿团团围住,使得城外的陈余与城内的赵王、张耳部首尾不能呼应。另一方面,章邯亲率二十万大军驻扎在巨鹿以南的棘原(今河北省平乡县南)。一来防止诸侯军救援,二来筑起了直通王离大营的甬道,来运输粮草。照此情景下去,似乎破赵只是个时间问题,而且还不会太长。

并没有直接的史料可以说明赵国此时的部队人数,但据保守估计,总数也就是十余万。况且如今的赵军士气低落,与秦军的近四十万大军相比,高下立分。为今之计,只有派人求援了。

很快,燕王韩广表示,会派遣部将臧荼率军前来帮兄弟一把。齐国那位被田荣赶跑的田都也是率部赶来。听到消息后,赵歇、张耳心里一阵感动。可是毕竟远水解不了近渴,现在城内人心惶惶,正是需要上下团结一心的时刻,大将军陈余既然拥兵数万,那就别待着了,赶紧来啊!

赵歇和张耳立刻派人去催促陈余进兵解围。可是这一去,出问题了。使者回来明确地传达了陈余的意思:不来!几次交战过后,陈余见识到秦军兵力的强大,不敢去了。在他看来,自己手下这点兵,去了也是白搭。反倒不如保守兵力,等待援兵,伺机反击。但这一等待,就是几个月。

按理说,陈余的这种做法,似乎还有些道理。可是他忘记了重要的一点,那就是他自己本身就是赵国的大将军,连他都不去救援,又怎么能够奢望其他诸侯前来解围呢?

陈余的做法彻底激怒了张耳。我城里粮草极度匮乏,士兵连饭都吃不饱,怎么会有战斗力?你坐拥军队,耽搁一天两天不是问题,却一连几个月不来!是何居心!

这个时候,张耳也顾不上什么军事形势了,他想起了以前和陈余的交情,以及自己对陈余的帮助,又对比陈余现在的做法,气简直就是不打一处来。于是他又派出了张黡、陈泽突围出去找到陈余,这一次不是求而是骂。张耳打算用义来羞辱陈余,二人对陈余转述张耳的话道:"起初咱俩是刎颈之交,如今我和赵王生死只在旦夕,你拥兵数万,却不肯相救,同生共死的交情在哪?假如你遵守诺言,为啥不和秦军拼了?这样还有着十分之一二的

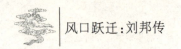

获胜希望!"

陈余听到这话,也是沉思了一会儿。但紧接着,他吐露了自己最真实的心声:"我私下里估摸,我就是去也是白搭,白白地让全军覆没啊。"

正当张耳的使者要说什么的时候,陈余又说了:"况且我之所以不去送死,也是为了给你和赵王报仇啊。去送死,就好像把肉送给猛虎,有什么好处啊?"

使者算是明白了,也没法不明白,陈余已经说得太直接了。可是二人依旧不死心,他们受命而来,必须要再做一次尝试。于是二位使者再次劝道:"局势危急,需要您舍生取义啊!"

看着面前情绪激动的二位使者,陈余也是一阵热血沸腾。接下来,陈余大义凛然地说道:"我死没什么顾惜的!"

使者立刻高兴了起来,看来陈余终于要出兵了,可他们马上听到了下一句话:"只是死而无益啊。但我一定按照二位的话去做。"

于是陈余给了二位使者五千人马,前去舍生取义了。说白了,我就是不去,你们去吧。张耳仍然急得上蹿下跳,而陈余依旧无动于衷。从这一刻起,二人的交情已然出现了裂缝。

但不用担心,张耳,救你的人很快就来了,只不过,你还要坚持。

计划西进

当赵国的求救信摆在楚怀王面前的时候,楚国众臣也是急忙展开一番御前探讨。经过一系列的论断推理,他们决定了,赵国,还是要救的。

一则唇亡齿寒。当今天下,反秦主力为楚、齐、赵三家。楚败于定陶,齐又逢内乱。此刻不论三家中的哪一家,都不会是秦军的对手。

所以,只有联合起来,才会有一拼的资本、一线的生机。因此,救赵就是救楚,是为楚国乃至天下反秦大业保留强有力的盟友。

二来楚军新败、士气低落,如若秦军得胜而趁势取楚,那么形势堪危。

不如趁此时机，与秦军奋力一战，激发全军、全国同仇敌忾的士气。那样，局势亦未可知。

三则在反秦过程中，首先起义的是冠之以楚国名义的义军。不论是之前的陈涉，还是后来的项梁，楚国都具有诸侯领袖的实力与地位。所以，这个盟主的地位还是要保住的。

因此，就目前来说，不管他人认不认可楚国盟主的地位，但盟国被欺负了，他们是必须要出手的。这是彰显楚国领导力、存在感的一次机会，绝不能轻易错过。

基于以上的种种考虑，楚怀王一拍大腿：就这么办！

也正是与此同时，一个堪称完美的计划在楚国君臣的心中产生了。

看到一众大臣的眼神，熊心也是点了点头。既然秦可以打我们，那么我们为什么不能打他！

如果派遣军队拦截、拖住秦军主力，再派遣偏师绕道直取关中，这似乎不失为一个上策。那么这一计策真的具有可行性吗？

还记得陈涉刚刚起义的时候，便是急于进攻秦国腹地。那时候周文已经招拢了数十万的大军，可是最终却还是一败涂地，致使陈涉的西征以失败告终。紧接着，被拥立为赵王的武臣也曾得到陈涉命令，有过西进灭秦的念头。可是一系列的变故导致他们不得不作罢。

衡量双方实力看来，彼时的秦帝国还具有相当强的实力，而起义军自身也并不成熟、壮大、完美。另外，各国的百姓们还没有普遍觉醒。他们或是暂时慑服于秦朝的威势，或是一直在等待时机。因此，就算是那时候义军已然风起云涌，但是他们自身的基础也并不牢固；而百姓的心中对秦帝国或多或少还有着一丝留恋。因此，里外因素融合，那时选择直接西进灭秦，似乎并不明智。

而今楚国君臣却生出了这样一个大胆的计划，而且还是在如今局势如此危急的情况下，难道，这一次西进灭秦的计划就可能成功吗？

从后来的发展来看，这一次，他们成功了。那么，是什么样的因素造成了他们的成功呢？

答：时势。

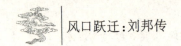

而今天下动荡,已经一年有余。各地的六国旧民一直苦于秦朝的压迫,既出于生存的需要,又基于对故国的怀念。纷纷揭竿而起,各地的义军如雨后春笋般出现。

尤其是六国王族后代纷纷自立为王,故国再一次出现在他们的面前,这无疑有着极其强大的向心力和凝聚力。

此刻摆在楚怀王面前的,恰恰是一个千载难逢的好机会。对于古人来说,周代开始的有德者配有天下的观念已经逐渐地深入人心,而大秦此刻的做法,却恰恰与民心背道相驰。雄踞天下的帝国,在这样的失策下,逐渐分崩离析。如果说,天下是一艘不断航行的巨船,那么它的每一任舵手都要在无数的风浪中披荆斩棘、直挂云帆。这些舵手要面对的不仅仅是来自大海的巨浪,更有来自内部的风暴!如今的天下,恰恰是这样的一个环境,因此,意图染指这艘巨船的人,都会不约而同地选择在这个时机猛然出手。只有这样,才有成功的机会!

这一次,义军在一定程度上拥有了一整套完整成熟的官僚体系、科学的军队训练方法、有效的基层兵源组织,以及强大的后勤保障系统等,这使得他们的组织更加系统、目标更加明确。原来相对孤立、弱小的义军队伍融汇到了一起,也更加增强了他们的战斗力。

同时,秦帝国在原六国土地上所推行的一整套行政措施、制度在当地基本上已经没有多少实际控制力。所以,在各国境内,比诸秦帝国,义军更得民心。而民心若在,则天下就在。

另一方面,一年之前,秦军不仅在关中地区兵源充足,而且有章邯率领大军驻守。北部上郡也还有着大量战斗力强悍的边防军。这些对于义军都是极大的威胁。

但是现在不同了,这一年里,章邯虽然连战连捷,可军队损耗也是相当大。秦国腹地也不止一次增派兵力。秦军虽锐,却也是大不如前。

更何况,这一次,上郡边防军竟也汇聚到了赵地。此刻的赵国几乎云集了秦帝国中央军的所有主力。虽然义军压力巨大,但这也说明了个问题。那就是秦国其他地区的守备力量,定然是相对薄弱的。而这,便是诸侯义军的绝佳机会。

空头支票

此时,楚怀王还做出了一个影响深远的决定,同时也是一个约定。那就是——先入关中者可以称王!

这个约定是说:先进入秦国腹地关中的人,不论是谁,都可以在那里称王。

楚王的权力竟然都已经可以随意决定将哪一处领地分封给任何人了吗? 这简直是真正把自己当作天下共主了啊。

那么问题来了,楚王是谁? 天下诸侯众多,楚怀王只不过是其中之一,凭什么听你的?

所以说,这个决定就目前来看也就相当于一个空头支票。但是,除却可以激奋人心,它还有一个更深层次的目的。

此刻的楚怀王虽然要极力为楚国争取国际老大地位,但是他也明白,这时的楚国更像是名义上的盟主。因此,对于他的这个约定,各地诸侯十有八九是根本不会买账的,但同时又是对其充满了十足的期待的。

原因很简单,这约定是一个十足的借口或是理由。先入关中,就有机会称王。大家辛辛苦苦造反,不就是为了捞到属于自己的一亩三分地吗? 现在机会来了,正所谓机会面前人人平等。

因此,一旦真的能打败秦人进入关中,各路诸侯之中势必有一个会站出来称王,因为这是楚王承诺过的。那个时候,别管是楚王还是赵王说的,只要曾经有过这么一句话,那就有用、能用而且好用。更何况这句话还是现在的"盟主"说的。而后来的发展形势证明,这的确是一个十足的理由。

于是,诸侯相争,越来越乱,而楚国则趁机作壁上观,调节四方、一家独大。

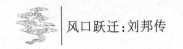

所以说,这一张"空头支票",实际上蕴含了无穷可能,有着万钧之力。

而这次决定,也是楚怀王政治生涯的第二个闪光点。

可话虽如此,但是在当时,秦军的力量十分强盛,虽然楚王朝廷决定西进关中,可还是有着一部分人认为此举太过莽撞,断不可行。

但对于楚怀王的这一决定,有一人却十分赞同,那就是项羽。

前文说过,由于项梁身死人手,项羽恨不得立刻入关,杀光秦人以泄仇恨。而另一方面,只要楚军再次出击,不论去打谁,对于项羽来说,这都是摆脱目前军权被削夺、政治上受排挤的一个好机会。

对楚军的将军各有几斤几两、楚军战士们的所思所想是什么,项羽是再清楚不过了,况且楚军的大部分骨干军官都是他项家提拔起来的。因此,只要他项羽再次回到军中,那就是猛虎归山、蛟龙入海!他相信,楚军的精锐很快便会重新掌握在自己的手里。

项羽的第三种考量则与楚怀王相同。现如今,赵国来援诸侯不在少数,可却并未前行解救,而是清一色的作壁上观,就连张耳的儿子张敖都畏缩不前。试想一下,连自己的老爹被困在城内、危在旦夕都能不管不顾,这除却亲情淡漠之外,也从侧面说明了诸侯军对秦军的恐惧,以及秦军强大的战斗威慑力的确名不虚传。

所以,这些援赵的诸侯军才采取了进而不前的做法。

但是,他们可以这么做,而楚国却不可以。因为楚国是反秦的主力,是合纵之长,是目前为止名义上的诸侯领导者。

只有战胜了秦国,楚国才能继续领导诸侯,让诸侯臣服。如果不出兵或者战败,那么楚国的国际地位也将一落千丈。不等秦军消灭他们,各路诸侯恐怕都会起来消灭他们,又何谈反秦呢?

看着满朝大臣,虽说楚怀王很是满足有人能这么赞同他的决定,但这人却是他最不希望领兵打仗的那个人,项羽。一旦项羽真的入关,那可真就是得不偿失了。因为他也深深忌惮项羽的军事才能,以及其在军中的影响力。

但忌惮归忌惮,可接下来,选择谁去阻挡秦军,又由谁来推动西进呢?

就在这时候,一群楚国宗老走了出来。

"大王,项羽不仅剽悍,而且狡猾奸诈,前番攻打襄阳,却把那里的军民都活埋了,所过之处,寸草不生,太残暴了!不能用他啊。"

楚怀王很愿意听到这样的话,而楚国宗老似乎也是懂得他的心思,便继续说道:"我们听说沛公素有仁义之名,是一个仁义有德行的人啊。以前我们总打仗,但是却失败了几次。看来,不能迷信武力了,要派遣有德行的人前往,施行仁义,招抚秦人啊。"

楚怀王笑了,只要压制项氏,什么都好说。至此,刘邦捡到了另一个"大便宜",西进的名额被刘邦得到了。

刘邦也知道这么做可能会得罪项羽,但是没办法,这都是我努力得来的。而现在,项羽也没心思管刘邦了。因为他的状况依旧很是不妙。

当援赵大军已定,准备救赵时,又一个问题出现了:派遣谁为领兵大将呢?

没办法,最能打的就是项梁,但他过早归西了。项羽固然勇武,但年岁太轻,加之楚怀王的猜忌,是断然不会派他的。这可急坏了楚王,难道我堂堂楚国,竟无可用将才?

就在这时,齐国的使者高陵君显说道:"大王,宋义曾论断武信君必然兵败,没过几天,果然失败了。在行军之前就看出了失败的征兆,这可了不得啊。"

楚怀王听到齐国的使者都这样称赞宋义,便召见了宋义。几番交谈后,楚怀王再次一拍大腿:就你了。

秦二世二年(公元前208年)后九月(闰月),楚国援赵大军出发。宋义任上将军;项羽为鲁公,任次将;范增为末将;率军六万余进军赵境。

与此同时,刘邦率领部属正式西进,奔赴关中。

此时的项羽虽然很怨恨楚王的人事安排(仅仅是次将),但他的心中只想要复仇。因为在他看来,只要让我复仇,我便暂且听从。

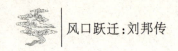

重掌军权

楚军浩浩荡荡地向西进军。这时,各路诸侯也都前往救援,并隶属于宋义指挥。联军各部从几千到几万不等,联合起来,也是一股不小的力量。大军就这样一直走到了安阳(今山东省曹县东)。刚刚到达安阳,大军便安顿下来,决定暂且休整。

对此,大家也都没有啥意见,毕竟吃饭睡觉必不可少。可是这一安顿,竟然足足休整了四十六天!

当时天降大雨,气候寒冷。士兵们既挨饿又受冻,苦不堪言。众将对此也是颇为不解,难不成上将军有什么安排?

可是一来二去,众将发现,根本不是那么回事儿。如今宋义只是整天大会诸将,饮酒作乐,似乎早已经忘记了遥远的巨鹿城内,赵王歇和张耳正一边喝着西北风,一边眼巴巴地望着东南,默默地祈祷着楚军从天而降。

这样一来,再傻的人也能看出来了:他们的上将军是不打算快速前往救赵啊。虽说大部分人都看出了宋义的用意,可这又何尝不是他们的心思?现如今谁不知道秦军在章邯的率领之下兵锋正盛、势不可当?

就凭他们这几万人马,怎么会是巨鹿数十万秦军的对手?

更何况,那喝西北风的又不是他们,早一会儿晚一会儿去巨鹿,在他们看来,也就不重要了。

但项羽实在是看不下去了。此刻他的内心可谓是既愤怒又焦急。因为他深知当今各支队伍的实力,赵国是断然挡不住秦国的攻势的。赵若灭,秦军的下一个目标就会轮到楚国。唇亡齿寒之理已经相当明显了。

更何况,宋义迟迟不进军,他又哪里有机会来为自己的叔父报仇!

但是愤怒焦急过后,他的内心隐约地有了一种松动。因为他意识到,自己一直在等的机会,可能出现了。

之后项羽找到了宋义："秦军把赵王围在巨鹿,当务之急,我们应该立刻渡过黄河,楚外赵内,联合夹击,秦军必破!"

　　但宋义却说:"我看不是这样啊。将军难道没有听过这样的一句话吗?能够叮咬牛的牛虻却伤不了小小的虱子。如今秦攻赵,胜了,我们正好趁其疲惫,打败秦军。不胜的话,我们就率领部队西进,掏他老巢,一举歼灭秦军。所以现在反倒不如让秦赵相争,到时我大楚坐收渔翁之利,岂不妙哉?将军,若说是两军拼杀,我不如你。可是运筹决策,你不如我啊。"

　　于是宋义立刻下达了一条军令:"凶猛如虎、违逆像羊、贪婪如狼、倔强不听指挥的,一律斩。"

　　宋义的这一观点就是典型的作壁上观,看似好像很有道理。但是项羽却是深知这一观点的致命弱点。不过此刻,他并没有选择当面反驳宋义。

　　就这样,他离开了宋义的大帐。

　　你不出兵,那就我替你来。而且,这个时间,不会太久。

　　就在此时,宋义还做了一件惹怒众将士的事情。他为了给儿子宋襄也安排个差事,决定派其到齐国去与齐国结好。毕竟鸡蛋不能全部放到一个篮子里,狡兔三窟,他宋义也要多准备几条路。

　　这还不算,宋义还亲自把宋襄送到无盐(县治今山东省东平县东南),大会宾客。可他不知道的是,这正是项羽期待已久的。

　　当初项梁败亡,虽说是因为自己麻痹轻敌,但是还有一个重要的原因,就是齐国的田荣并没有派兵支援项梁。所以,田氏一族是项羽的另一仇人。而此刻的宋义竟然派遣自己的儿子当着项羽的面公然结好于齐国。在项羽看来,这是对他叔父、对他项家最大的嘲讽!所以,他必须要有所行动了。

　　看着宋义如此作为,加之所受到的侮辱,项羽召集了将士们。因为经过几次的试探,他知道,现在已经是时候了。现在只需要按照自己的计划一步步进行就可以了。

　　"将士们! 我们戮力攻秦,可是却久久不前。如今正赶上饥荒,咱们连饭都吃不饱,还要忍受寒冷! 宋义却吃好的喝好的,完全不想着过河。弟兄们,只要到了赵国,我们就能得到粮食! 我们应该和赵国一起攻秦,并打败他们! 宋义却还说要等到秦军疲惫! 兄弟们,强大的秦军去攻打刚刚建立的弱赵,那么其结果一定是弱赵被灭。赵国一旦被灭掉,秦军势必更加强大,到那时,还谈得上什么利用秦国的疲惫?简直是胡说八道!"

项羽越说越激动,将士们也越来越气愤。紧接着项羽又详细阐述了当前的形势和救赵的好处,最后,为了彻底点燃众怒,项羽又说道:"我军新败,王上坐不安席,集结所有士兵交给宋义。可他不仅不安抚士卒,还派自己的儿子去齐国任相,谋求一己私利!国家安危,在此一举。王上能忍,我也忍不了了!"

最后,项羽还给宋义扣上了一顶不是正直贤臣的帽子。说这么多的项羽预示了一个行为,他准备杀人了。

可怜宋义正在暗自得意,却不想项羽突然冲进了大帐,宋义根本就没来得及问怎么回事儿,就被当场斩杀了。

那个妄自吹嘘运筹帷幄的"上将军"就这样归去了。这个过程很暴力很直接,史书上也没有记载项羽遇到了什么像样的阻碍。

原因无他,宋义这类角色充其量就是个龙套,那个时代没有给他过多的话语权。杀了宋义的项羽很是明白除恶务尽的道理,连夜派人追杀其子,一直追到齐国境内杀了宋襄。

项羽拎着宋义的头颅走出大帐,面对着将士们说道:"宋义和齐国同谋谋反,王上密令我处死他。"

众将见状,既害怕又服气,因为项羽的勇武大家有目共睹。现如今这种局势,要么服从,要么死。而跟着项羽干,酣畅淋漓地挥洒豪情壮志,也正是他们所希冀的。

于是在几轮眼色交换后,诸将一起说道:"首先恢复楚国的,就是将军家。如今又是将军诛灭了叛乱之人。将军才是真正的上将军啊。"

事到如此,诸将的态度已经很明显了,他们选择了服从。

但是不论如何,军队里发生这么大的事儿,怎么能不报告楚王呢?况且顶着代理上将军也着实没面子。于是,项羽选派了桓楚作为使者回禀楚王。

听到桓楚报告,楚怀王心都凉了。他感觉到了满满的恐惧,他没有想到自己的一番防备举措在现实面前竟然是如此的不堪一击!

恐惧,此刻楚怀王的内心只有恐惧。但片刻后,他的眼神里涌上了一抹坚毅之色,这种眼神决定了三年后他的做法。

　　无奈的人生,并不是只能无奈地度过。他依旧可以有自己的选择。

　　就这样,项羽真正地成了楚军的上将军。这一刻,楚国的命运已然掌握在他的手里了。

第五章

孤王关中　万世成空

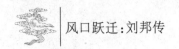

决战之前

秦二世三年(公元前 207 年)十一月,正式成为楚国上将军的项羽立刻率军马不停蹄地开赴赵地。他知道楚军的速度一定要快,巨鹿周围的赵军断然是坚持不了太久的。现如今,赵军最需要的也许并不是援军到来立刻解救他们,而是有援军肯真正出击秦军! 那样的话,困守巨鹿的赵军就会知道,他们并没有被人抛弃,依旧有人愿意为救助他们而奋力一战! 这对于赵军的士气提升无疑具有莫大的好处。深明此点的项羽没有丝毫犹疑,很快,气势高昂的楚军开进了赵地。

来到了赵国的项羽并没有急于进攻,而是一方面休整楚军,另一方面仔细地分析了当前敌我双方的情势。

诸侯军方面,此刻汇集在赵国的军队除去项羽手下的六万楚军以外,比较强大的有燕国臧荼、齐国田都、齐国田安、魏国魏豹,以及巨鹿北部的陈余、张敖等六支人马,除去已经知道陈余的军队拥兵数万、张敖的手下有着万余人之外,其他人的部队人数一概不明。

但实际上,诸侯军的人数还是能够大体推算出来的。根据《史记·秦楚之际月表》所载,巨鹿大战之后,项羽确立了在诸侯之中的地位。那时他所率领的诸侯军总兵力在四十万左右。而《史记·项羽本纪》记载鸿门宴前夕项羽亦拥兵四十万。另一方面,《汉书·陈胜项籍传》对于此时项羽手下诸侯军兵力的记载则为三十余万。其实这里的四十万人、三十余万人,除去并不是完全隶属于项羽的之外,还应该有大战之后新吸收、新招募的大批士卒。所以,除去这些新招募的人数,再在一定程度上恢复战损人数,再加上当时困守巨鹿的赵王歇和张耳,因此,保守估计,在巨鹿大战前夕诸侯联军的总人数很可能已经超过了二十万。

此刻各路诸侯军虽然并未进击秦军,但是他们并非无所事事,而是在自己大营的周围筑造了坚固的壁垒,用以抵御秦军,等待时机。

而秦军方面,主要分为两大支。一支由王离率领涉间、苏角,以及边防军死死围困巨鹿城;另一支由章邯率领司马欣、董翳和剩余大军驻扎在巨鹿之南。在为围城秦军运送粮草的同时,对各地诸侯军施加强大的军事威慑,令他们不敢轻举妄动。

但是在这里有个问题需要注意一下,那便是秦军的总人数是多少? 一直以来,我们习惯的说法都是四十万人。但其实无论是从《史记》还是《汉书》,甚至是《资治通鉴》关于这一段的记述,都是很难确切考证出详细的总人数的。只有东汉末年荀悦的《汉纪》明确地写出了当时秦军拥有四十万众。

所谓的《汉纪》,指的便是记载西汉历史的编年体史书,共计三十卷。此书以《汉书》为主要参考对象,效《左传》之编年体例,于建安三年开始编纂,至建安五年书成。其可信度还是相当高的。

而在武国卿所著的《中国战争史》第二卷中,作者认为秦军的总人数当在二十五万到三十万之间。另外还有人数三十余万、三十万等多种不同说法,其多依据《史记·蒙恬列传》《史记·匈奴列传》等文献来推测王离所率边防军的人数。至于章邯部下的总人数,则是根据他手下的兵士来源,以及之后秦军投降后的二十余万人来进行合理推测的。

因此,对于秦军总人数大致可以确定在二十五万到四十万之间。而笔者很幸运得以借鉴前人以及众多学者们的研究成果,在这里取秦军总人数近四十万这个数字。

对比现如今两军的实力,诸侯军这一面虽然也是人数众多,但是项羽也明白,这些诸侯军到此时日早于楚军,却并未进击秦军,那是因为他们要在看不清局势的情况下选择自保实力。

试想一下,连张耳之子张敖都没有出击秦军,其他人又怎么会这么积极呢? 所以,此刻的项羽根本不指望自己进攻秦军的时候这些诸侯军队会提供怎样实质性的帮助。但他的确需要这些军队的帮助。

章邯,他是一定要打败的。但项羽并非鲁莽之人,他并没有率领手下这六万楚军去硬拼。很显然,对面总共有四十万秦军,在这种情况下,若是想取得胜利,除非楚军战士以一当十,发挥超人的战斗力。但就目前条件来看,先不说楚军能否发挥这么强大的战斗力,就连粮草都无法持续供应。

楚军缺粮,可秦军未尝不是。虽然秦军现在士气高涨,但是,对于六国故地来说,他们终究是客。他们的家不在这里,脚下的土地是如此的陌生,但碍于军令又不得不驻守于此。因此,这个时代的秦军在此地战斗,也仅仅是为了交差。早已经不是几十年前的征服。锐气,似乎已经不见了。但六国故地的各国后代就不同了,他们的家在这里,前面是虎狼,后面是深渊,他们已经没有退路了。因此,他们的选择就是向前进,与虎狼一搏!

这是诸侯军对秦军的一大心理优势。因此,面对着章邯、王离最为得意的甬道,项羽也胸有成竹地笑了。因为,那将是他的突破口。

项羽仔细分析了章邯的战术。自周文以来,一个又一个的起义军将领以自己的失误成就了章邯的威名。大意轻敌,这是起义军败退的一大重要原因。但章邯的确通晓将略,尤其善用奇兵突袭,那真是一打一个准儿。戏亭的周文、临济的田儋、定陶的项梁均是败在了这一战术下。这一切令项羽不敢大意。

章邯,用兵善奇谋,擅奇袭,长于速战。那么在项羽看来,击败章邯,所能用的最好的办法,就是章邯最引以为傲的速战。因为他要击溃的是章邯的斗志。

十二月,思虑已定的项羽开始动手了。他调集猛将英布、蒲将军,率军两万,先行渡过漳水。一方袭扰,一方迷惑,为的就是骚扰粮道,挑战秦军的耐心,让他们疲于奔命。

英布不愧是猛将,渡河之后与秦军短兵相接,连战连胜,对秦军甬道造成很大的袭扰且游刃有余。围困巨鹿的王离军开始出现了军粮不稳的状况。这时候,原本作壁上观的各诸侯救兵也全部陈兵四周。尽管他们依旧不会轻易出手,但是帮个忙镇镇场子、壮壮气势这一方面做得还是相当不错的。

这一刻,数十万大军云集在这一地区,就连天空的空气似乎都因即将到来的大战而凝固了。

破釜沉舟

探听到楚军到来后,陈余高兴了。这下子终于有人冲锋陷阵了,于是他派遣使者来到楚军大营请求项羽出兵救援。也正在此时,英布的战报传回:秦军粮道受到威胁,章邯正在组织兵力应对。

天生的军事敏感让项羽知道,决战的时机来临了。

擂鼓,聚将!

很快,一位位将军从项羽的大帐中走了出来。

看着他们的勇武将军,那一刻,楚军众将士无所畏惧,遵守着军令,很快便开始组织有序地渡河。

正当楚军刚刚登临对岸集结的时候,他们听到了很大的敲击声音,仿佛是在凿打着什么。他们回过头去,却惊讶地张大了嘴巴。因为他们发现,原本还在自己身后的船只、炊具等一系列军用物资全部被摧毁了。一时间大家面面相觑,不明所以。

就在此时,项羽出现了,他并没有进行过多的战前动员,他的做法很简单。

他发布了一条军令:每人只带三天的干粮。之后就再也没说什么,而是转身纵马挺枪向前冲去。

杀!

楚军在犹豫了一刻后,便相视点了点头,咆哮着毅然决然地冲了上去。

那一刻的楚军已然了无牵挂而无敌于天下。因为他们相信前面的那个人。这一刻起,这支无畏的军队必将名留史册。

接下来的事情,史料的描写很简短,但每一个字里都是勇气的较量、霸气的彰显。

当守护甬道的章邯发觉楚军这种不要命般的进攻之后,立刻统帅大军,

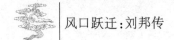

进行拦截。在他看来,楚军不足为虑,歼灭眼前的这几万人,轻而易举。

可是这一次,他错了。因为他的对手是项羽。见到云集而来的黑甲秦军,所有的楚军将士在项羽的带领下直接冲杀了过去。一时间,旌旗飘摇,鲜血飞溅,战马嘶鸣,乌云蔽日。

楚军将士的喊杀声震动云霄。在这样的几万人面前,章邯麾下的秦军彻底害怕了,他们看到的不是楚军,而是万千的下凡神兵。就这样,项羽九战九捷,大破章邯,彻底击溃了章邯对甬道的控制,迫使他不得不率军龟缩起来。

但是此刻的章邯虽败,实力犹存。在他看来,项羽虽然勇武,可是也只能是暂时击溃自己。长久较量下去,胜者依旧会是他。但这一次,他又错了。

击溃了章邯的项羽并没有停止进军。短暂的休整之后,于秦二世三年一月,他竟然直奔巨鹿城外而去!这个时候,原本作壁上观的各路诸侯军也都坐不住了。他们发现,眼前的楚军就是一群疯子!是一群不要命的疯子!他们竟然只以几万人击溃了章邯,而且还直扑巨鹿的王离军而去。因此,综合考虑了各方面的利益,各路诸侯军决定了:追随楚军,进击王离!

就这样,楚军在项羽的率领下,加之诸侯联军的加入,直扑巨鹿城外的王离而去。这一次,大秦帝国当时最精锐的一支军队也招架不住了。一战下来,项羽以闪电战法击溃了王离的边防军。秦军大将苏角战死,涉间自焚,主将王离被俘。

到了这一步,各路诸侯被楚军的表现彻底折服了,他们开始出兵截杀秦军。巨鹿外围到处是秦军的尸体,鲜血浸红了一切。

赵王歇和张耳结束了几个月的喝西北风的生活。当他们从巨鹿城出来以后,感慨万千,当真是患难见真情啊。赵歇、张耳接连拜谢各位诸侯,以示对他们不远千里不畏艰险前来搭救的感激之情。

无奈的章邯

　　这个时候的章邯只得收缩兵力固守棘原(今河北省平乡县南)。项羽用章邯曾经最引以为傲的突袭在光天化日之下击垮了王离,对章邯的斗志造成了很大影响。他只知道这将是一次棘手的战斗,但他不知道,棘手的还在后面。

　　得知秦军在前线的失利状况后,一向不关心关外大事的胡亥坐不住了。枉我那么信任你,四十万大军却让几个"盗贼"打得不敢出击。他派出了使者来到前线责问章邯。当看到皇帝陛下的使者时,他的内心已经开始忐忑。这是皇帝陛下对他不满意的表现,已经不是单纯的暗示了。

　　章邯害怕了,他自出道以来,即使是面对势力庞大的敌军,也未曾感到过害怕。但现在,他很是疑惑,同时他的内心真的生出了恐惧。

　　因为朝中已经变天,以前那位丞相走了。现在的丞相是那个专权祸国的阉宦赵高。章邯也知道,大秦帝国可能要完了。他曾经鼓起勇气发誓要守护这个帝国到底,可此刻,他真的有些力不从心了。于是他派遣随军长史司马欣回朝请示,探视之意明显。

　　司马欣就是当年曾经救过项梁的那位。他到了咸阳,被滞留在宫外的司马门三天。赵高竟不接见,显然是心有不信任之意。司马欣非常害怕,他预感到危险离他已经很近了。于是他二话不说赶快奔回棘原军中,都没敢顺原路走。赵高果然派人追赶,只不过没有追上而已。司马欣就这样胆战心惊地回到了军营,面对着一脸希冀的章邯,司马欣叹气着说道:"赵高在朝廷中独揽大权,下面的人不可能有什么作为。如今仗能打胜,赵高必定嫉妒我们的战功。打不胜,我们更免不了一死。希望您认真考虑这情况!"

　　听到司马欣这么说,章邯久久没有说话。他所担心的事情终归是出现了。到了此刻,他内心里即便是再不敢违礼,也是要骂胡亥了。章邯想不明

101

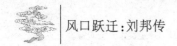

白,一个好端端的大秦帝国,为什么到了胡亥的手里就变成了这个样子。自己满怀一腔热血,难道要落得凄惨的下场? 难道武安君和蒙恬的事情还要再次发生在我章邯的身上?

也正是在这时,陈余再一次出现了。他给章邯写了封信,开篇便问了章邯一个问题:为什么白起、蒙恬战功显赫,可最终却悲哀落幕? 当然陈余也是知道,章邯并不能回答他,于是他自己回答了:"就是因为他们战功太多,秦廷不可能对每个人都予以封赏,所以就从法律上找借口杀了他们啊。"

紧接着,陈余过渡到了当前形势,继续写道:"如今将军您做秦将已三年了,士卒伤亡损失以十万计,而各地诸侯一时并起,越来越多。赵高一直蒙骗胡亥,时日已久,显然兜不住了。如今形势危急,他也害怕胡亥杀他,所以想从法律上找借口,杀了将军来推卸罪责,让别人来代替将军,以免去他自己的灾祸。将军您在外时间长久,朝廷里跟您有嫌隙的人很多,有功也是被杀,无功也是被杀啊。"

这话不久前章邯刚刚听到过,此时他的内心应该已经做好决定了,至于之后陈余的一系列关于天道的论述看不看也是无所谓了。但当章邯就要陷入沉思时,信中一句话再次吸引了他:"将军您不如率兵掉转回头,与诸侯联合,订立和约,一起攻秦,共分秦地,各自为王,南面称孤。这跟身受刑诛、妻儿被杀相比,哪个上算呢?"

至此,章邯的心意更加透彻了。

的确,他已经对大秦帝国彻底心凉了。这样的昏君,这样的江山,保他还有何用? 所以,他也要另寻出路了。

但正当他决议已定,问题再次出现了。现在他要投降的是项羽。那个人与自己可谓有着不共戴天之仇,自己投降后究竟能是什么样的下场? 自己手下的二十万兄弟怎么办?

犹豫不决的章邯决定先进行一下试探,他秘密派军侯始成到项羽那里去,想要订立和约。但是想什么来什么,项羽真的拒绝了他的求和。

在这之后,项羽命令蒲将军日夜不停地率兵渡过三户津(渡口名,今河北省磁县西南),在漳河之北驻扎下来。紧接着又与秦军交战,再次击败从上到下已经失去斗志的秦军。而项羽更是亲自率领军队在污水(源头处于今河北省武安县西太行山)击溃秦军,把秦军打得大败。到了此时,形势更加有利于项羽,他已经将一切完全掌握在了自己手中。

章邯坐不住了,此刻他的心已经乱了。作为二十万秦军的主将,他首先想到的不是整军备战,而仍旧是订立和约。面对残酷的政治环境,他失去了信心。无奈之中,章邯又派人来求见项羽,想要投降。这一回,项羽答应了。

项羽这么做的理由是粮草不多了。若是粮草充足又会如何?要知道,楚军的粮草一直不稳固。而楚军战士却发挥出了超人的战斗力,靠的是什么?意志。但战斗力再强的人,也是要吃东西的。所以说,现在的楚军已然是强弩之末了。再打下去,难免会有变故。因此,项羽接受了章邯的请降。

项羽和章邯约好日期在洹水(今河南省安阳市北安阳河)南岸的殷墟上会晤。双方认真地总结了几年以来的交战,回顾了彼此之间纯真的"战斗友谊",以及具体规划制定了未来的发展道路。前景简直是一片光明坦途。章邯更是感动得不得了,禁不住流下眼泪,向项羽述说了赵高的种种劣行。看着情绪激动的章邯,项羽也是表现出了自己的宽容大度和知人善任。他当即封章邯为雍(县治今陕西省凤翔县南)王,安置在项羽的军中。

这个时候,章邯停止了哭声。项羽依旧笑着,这是多么和谐的一幕啊。几个月前还势同水火的两人此刻竟然相处得如此融洽。

可是,人生如戏,认真你就输了。

项羽封王章邯,一来是为了笼络章邯,二来是要夺走章邯的军队,至于将章邯安置在军中,更是为了监控他。这一切,任何人都心知肚明,不过这个时候,剧本已经定了,章邯所能做的,就是继续演下去。很显然,他的演技也还不错。除此之外,项羽还任命司马欣为上将军,统率秦军担当先头部队。

民国学者蔡东藩曾评论道:"章邯一去而秦无人,安得不亡!谁谓冥冥中无主宰乎?"

不仅是大秦,对于那个时代的一切来说,冥冥中皆有主宰。

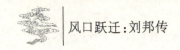

一路向西

正当北方打得如火如荼时，刘邦率领众弟兄也是在浴血奋战着。他自是知晓此刻的天下大势对于他来说意味着怎样的机遇。所以，必须要紧紧地把握住。

秦二世三年二月，他来到了栗县(今河南省夏邑县)。一路走来，他收拢着当初陈涉、项梁手下被打散的士卒，队伍也是渐渐地壮大。而且在栗县，刘邦一举夺得刚武侯的四千正规军，实力大增！在友军魏国的将领皇欣、司徒武蒲的帮助下，刘邦一举打到了昌邑(今山东省巨野县东南)。可是这一次，因为昌邑秦军顽强抵抗，刘邦没能打下来！

打不下来不要紧，那就再打其他地方！决议已定的刘邦开始继续前进，不久后，他的队伍到了高阳(今河南省杞县西南)。

按理说，刘邦此刻的战术就是以最快的速度西进。路上遇见不得不拔除的城池，就玩命打下；遇见可拔可不拔的城池，若是有时间，就打他一下。打得下就赚一笔，打不下就继续赶路，这也是两不耽误。所以，在刘邦的眼里，这高阳也只是个"客栈"而已，补充休息后，还要继续赶路的。但这一次的停留，他却是赚了，只因为此处有一位能人。这便是大名鼎鼎的郦食其。说起来，二人的见面还颇具戏剧性。

听说了当地有这样一位有狂生之称的郦食其，刘邦决定召见。注意，是召见而不是自己去请。郦食其也很听话，得到刘邦的召唤，便动身前往。可是一到旅舍，郦食其却一下子愣在了那里。因为此刻的刘邦正舒服地坐在板凳上让两个女子给他洗脚。

郦食其看到这一幕，第一反应并不是急忙遮住眼睛说"不好意思走错了，您继续"之类的话，而仅仅是做了个长揖，并没有下拜，之后便是不卑不亢地站立在了那里。

要知道,当时的高阳已经是刘邦的地盘。你一个儒生见到当地首脑居然仅仅是作揖,也真是有个性。这个"狂生"果然名不虚传,正当刘邦暗暗吃惊的时候,郦食其又说了一段话,还有点儿训斥的口吻:"你是想要帮助秦攻打诸侯,还是想要率领诸侯推翻秦朝呢?"

刘邦一听,立刻就不高兴了:"你个奴才儒生,天下苦秦久矣,所以诸侯陆续起来反抗,你敢说我帮助秦国攻打诸侯?"

可是面对刘邦的怒火,郦食其并没有慌张,而是缓缓地说道:"你如果真的想聚集民众、召集义兵来推翻暴秦,就不应该用这种无礼的态度来对待长者。"

刘邦听到他这么说,随即沉默了一会儿。他从郦食其开始进来的时候,就一直在观察。他刘邦虽然性格不拘一格,但也不至于无礼到在外人面前洗脚。只不过长期以来,"无礼"这种方式已经成了他最好的招牌。

所以,当听过郦食其的话后,刘邦收起了以往的痞气。他立刻停止了洗脚,把衣服穿戴整齐,请郦食其坐到了上宾的座位。这还不算,随即他还郑重地向郦食其道歉。

那么接下来,便是请教郦食其老先生高论的时候了。

很快,经过一番谈论,刘邦也是真正了解了,郦食其,并不单纯是儒生,他,是纵横家。一套合纵连横谈论下来,刘邦顿时喜出望外。两人谈得非常投入,可是投入归投入,这饭还是必须要吃的。因此,兴致正浓的刘邦决定边吃边聊。

酒过三巡后,刘邦便继续问道:"先生您看现在我们要怎么办呢?"

郦食其听到刘邦的询问,也是放下了筷子,直截了当地说道:"您的散乱人员乌合之众,总共不满一万,与秦军对上,必死无疑。"

刘邦听到此处,也是出奇的冷静,没有因此而破口大骂。因为刘邦知道,郦食其说的是实话。现在他的队伍,不仅实力弱小,甚至连一块属于自己的地盘都没有,就这样孤军深入西进,前途凶多吉少。

所以,他很平静地等待着郦食其的下一句话。郦食其似乎也是明白刘邦所想,随即开口道:"陈留乃天下要冲,四通八达,而且城内粮草颇多,若是取得,大有可为。"

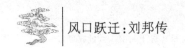
　　刘邦也是缓缓地点了头。但随即,他的眼神便有些黯淡下来。陈留的好处他当然知晓,其实不仅是他知晓,全天下的人都知道。但陈留的守备防御势必相当森严,贸然前去攻打陈留并非易事。

　　就在此时,郦食其又开口了。他对刘邦说了自己与陈留县令关系如何如何铁,决定前去劝说其投降刘邦。他还让刘邦紧随其后,陈留县令若是配合还好,若是不配合,刘邦便率众进攻,他做内应,如此一来,陈留唾手可得。

　　这一次,刘邦笑了。商讨过具体作战计划的刘邦立刻吩咐下去:全军准备进击陈留。

　　去"探望"好友的郦食其,自然应当先行,奔赴陈留。在其身后,则是刘邦带领的大军,随时准备着发难。

　　自古以来,投奔某方势力总要先送一份厚礼,所谓投名状是也。没办法,既然想要受到任用,就得拿出点真本事儿。这一次,郦食其成功了。因为事情的发展果然如同他所说,刘邦成功拿下了陈留,补充了军需。心情不错的刘邦直接将郦食其先生封为广野君。

　　但善用刀剑者,死于刀剑下,纵横家的宿命似乎自他们选择的那一刻便已注定了。郦食其自然也是如此。

　　就这样,攻下陈留后,郦食其的弟弟郦商也带领了一支人马来投奔刘邦。一时间,刘邦的心情是相当好。接下来,他便准备再次西进攻秦,因为,在这场竞赛中,他可不能落后啊。速度与激情还将继续上演。

入关计划

　　调用了陈留的军需之后,刘邦先后与秦军交战了几次,也算互有胜负。

　　就在此时,有一个人回来了,他的到来必将使得刘邦这支队伍的整体素质获得极大提升。同时,他也看出了刘邦队伍的一大弊病。既然是想要西进,自然就要快于其他诸侯。然而现在刘邦的速度甚是缓慢,几乎就是在一片区域内来回活动。

子房,你回来了!

当初张良与刘邦一起去见项梁时,看到诸侯各自复国,这对张良那颗沉寂了的心再次造成了强烈的震撼。复韩,再次成了他的目标。也许是为了报恩吧,他暂时离开了"天授"的刘邦,前往劝说项梁,希望能够凭借他的力量,立韩国王室之后为王,重振韩国。项梁一直欣赏张良,便答应了他的请求。张良找到了韩国王室的后人公子成,率领着项梁分派的千余人马,开始了复韩之战。

但一来二去,却成了打游击。张良虽然擅长谋略,但是打仗毕竟是个体力活儿,对此他似乎也并不太擅长。因此,韩国的国势一点也没有起色。张良后来或许看到了,韩国真的是气数已尽了,他也应该用另一种方式来一展心中抱负了。

张良来到刘邦军中后,刘邦军在韩国故地的活动也是方便了起来。帮助韩王攻取了一些地盘后,刘邦听从了张良的意见,换一条路线,继续西进。

看着张良为自己规划,刘邦感觉到,他的目标离自己越来越近了。

这一刻,时间比任何东西都要珍贵。而要与时间赛跑,最好的办法就是提升速度。既然要毫无副作用地提升速度,就目前来说,选择一条正确的行军路线至关重要!

此时,刘邦的眼光看向了南方。

商议之后,他决定:全军南下,攻取宛城,西入武关(今陕西省丹凤县东南),以破咸阳!

就在刘邦准备进军南下时,突然有个消息传来,说是赵国的将军司马卬有率军渡河入关的趋势。很明显,这人是来抢饭碗的啊。

得知司马卬的确切位置后,刘邦立刻率军攻下了黄河上的重要渡口平津(今河南省孟津县东北),而后彻底封锁了黄河渡口。这一刻,河对面的司马卬就算是恨得牙痒痒也没有办法。

而刘邦看了看河对岸后,并没有任何的犹豫,便是转身南下。

就这样,这一场进军咸阳的马拉松一直进行着。虽然说选手很多,但人们都看好的冠军自然是在河北与章邯大战的项羽。

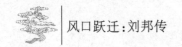

至于刘邦,似乎在人们的脑海里,这人并不重要。但刘邦用行动告诉了他们,比速度,他简直就是打遍天下无敌手!

当解除了司马卬的威胁后,刘邦军疾速南下。可是当他走到洛阳(今河南省洛阳市东北)的时候,与秦军交战却没有讨到好处。不过没关系,刘邦也就是在这里试试,打不过咱可以换个地方接着打。与此同时,在屡次战斗中,刘邦对于自己军队的战斗力也有了一个重要的认识。

因此,在阳城(今河南省登封市告成镇)休整期间,他特别集中了军中现有的所有马匹,组建了一支战力相对强悍的骑兵部队。做好了准备,那么接下来,便是按照既定方针行动了。

没过多久,刘邦率领军队来到了南阳郡。秦昭王三十五年,大秦武安君白起攻楚,而后在所辖楚地设置南阳郡,治所宛城。数十年来,南阳郡一直是当时天下数一数二的大郡。

此地物产丰盈,人口充足。更重要的是,此地的地利,打开地图便可发现,一旦控制了南阳,那么秦的东南边界,武关,也就彻底暴露在刘邦军的视野里了。

秦地自古以来便有"雍州之地,崤函之固"的地理优势。这里的"崤函之固"便是指秦通往东方的必经之路,函谷关。只要守住函谷,真可谓一夫当关,万夫莫开。

秦楚交界处,同样有一处战国时期秦国的重点防御地带。而此处的险关,便是武关。经过秦惠王与秦昭王几十年的打拼,秦人在这里彻底赶走了楚人的势力,将此处变成了东向争霸的另一处要地。

因此,从关东想要进入关中,只能从函谷关和武关前进。而刘邦选择武关,显然是一个高明的选择。

任谁都知道,函谷关历代以来有重兵把守,属于秦人腹地。凭借刘邦的实力,进去就是送死。与函谷关相比,武关附近秦军兵力相对薄弱。秦军重点防御的是北线,在这里突击能够令秦人意想不到,具有很强的突然性。而且,还有很关键的一点。因为刘邦知道,项羽,一定会进入关中的。那么他会走哪条路呢?

所以,函谷关,是他留给项羽的。既然你那么勇武,多打几仗应该没有问题吧?

招降宛城

就这样,刘邦军到达南阳。正当南阳郡守吕齮为天下大乱而心惊不已的时候,突然发现,自己的地面上居然也来了一股势力较强的起义军。

这不是欺人太甚吗! 造反都来到我的地界了,给我打!

可是一战下来,南阳郡守发现对方还颇具战斗力。没办法,他只能被迫退入宛城坚守,企图依靠坚固的城池来阻挡刘邦军。

看着宛城那坚固高峻的城墙,刘邦的内心里出现了疑虑。如此坚城,想要攻下,势必要耗费大量的时间。越是这样想,刘邦就愈发想要绕过宛城,继续向西前进。他似乎已经管不了太多了,速度、时间才是最重要的! 也许连他自己都没有发现,这一刻的他,过于急迫了。

但好在,就在刘邦军继续西进不久,张良出现了。

"古人云,欲速则不达。您现在虽然想要快速入关,但目前秦军实力犹存,况且还凭借坚城进行抵抗。如果现在攻不下宛城,宛城的敌人从后面夹击,前面的秦军又阻挡我们,这太危险了。"

听到了张良的话之后,刘邦一下子抬起头来。这就像是迎面而来的一盆冷水,瞬间浇灭了他内心的急躁,令他再次恢复了理智。

这是一个十分重要的建议。正如张良所说的那样,如果刘邦选择放弃攻打宛城,那么等待刘邦军的很可能就是灭亡。

现在他距离宛城还不远,最好的办法就是立刻率军连夜返回宛城外围。如此,才是上策。很快,所有将领士卒接到了一条命令:"全军匿旌旗,人衔枚,马束舌! 回攻宛城!"

刘邦之所以如此,原因并不难理解。困守在宛城的南阳郡守必然知晓刘邦军已经离开了。就算他会派遣细作暗地跟随刘邦军,探察动向,也不大可能想到刘邦会再次率军折回来。但谨慎起见,为了防止宛城秦军发现,还是必须要做一番准备的。因此,便有了以上的那条军令。

就这样,刘邦军急行军快速而隐蔽地赶回了宛城。凌晨时分,鸡尚未鸣,便再次包围了宛城。

南阳郡守刚刚还沉浸在逼走起义军的喜悦中,也许还随时准备着在背后给他来一闷棍。但谁想到,才睡了一个安稳觉,对方居然又出现了!将宛城围了个里三层外三层。

看到这一幕,南阳郡守的心彻底凉了。打,肯定不是对手。投降,生死亦未可知。经过一番慎重的考虑,郡守大人做出了一个英明的决定,自刎。这样好歹能得到一个忠臣的名声,毕竟也是尽了力的。

可就在这时候,他的门客中有一个叫陈恢的人出现了。陈恢看着心力交瘁准备抹脖子的郡守大人,胸有成竹地走过来劝阻了他。

之后,陈恢越过城墙,来到了刘邦的军营。那年代干游说的基本上和上战场的是一个待遇。说得简单点,就是将脑袋别在裤腰带上。而陈恢自然也是明白这个道理,所以当他面对刘邦军队的斧钺刀枪的时候,并没有畏惧,只是对着刘邦平静地说道:"我私下里听说您和诸侯约定先入关的就让他在那里称王?"

"是的。"

"现在您停下来攻打宛城,而宛城是个大郡的治所。人民众多,物产丰盈,您知道为什么大家如此坚定地抵抗您吗?"

刘邦思索片刻,示意他继续说下去。

陈恢看了看刘邦,随即说道:"因为在他们看来,投降肯定会被杀死啊,所以才会据城坚守。"

刘邦没有说话,因为他已经隐隐猜测到了陈恢的来意。而这,对他来说又何尝不是一件好事。

"现在您停留在这里攻打宛城,士兵伤亡惨重;而一旦率军离去,宛城的军队一定会从后面偷袭你。这样您就会错过先进咸阳并在那里称王的机会啊。前进受阻,腹背受敌,局势不妙啊。"

"依先生之见,该当如何?"

"替您考虑,倒不如约定条件让郡守投降,进而封赏他,让他留下来镇守南阳。那些据城抵抗的城池,听到这个消息,一定会抢破头似的争着投降啊。这样的话,您的西进道路就可以畅通无阻了,还有什么可担心的呢?"

刘邦听到陈恢的建议后,点了点头。因为这正是缓解目前这种局势的最好的办法。之后的洽谈、交接工作十分顺利。刘邦也很是够意思,封宛城太守为殷侯,而陈恢由于功不可没,特封食邑一千户。

就这样,秦二世三年七月,刘邦得到了南阳郡。因为在南阳郡守的表率下,刘邦所过之地的城邑没有不投降的。

面对如此大好局势,仅仅一个月之后,刘邦军便一路高歌打到了武关。在刘邦看来,关中已然是他的囊中之物了。

但就在这个时候,他停住了脚步。因为他得到了消息,项羽在巨鹿大捷!章邯率二十万秦军投降。此刻的项羽也正在向关中赶来。

越是这个时候,刘邦越应该快速西进啊,为什么要暂时停下脚步呢?其实,暂时停下脚步,正是为了再一次加快脚步。

到了这个时候,对于秦中央的一些内幕消息,刘邦也是掌握得相当透彻了。所以,思来想去,他的脑海里浮现出了一个人。同时,一个想法也出现了。

很快,魏人宁昌匆匆离开了刘邦的大营。他此行的目的地,正是当时秦帝国的都城,咸阳。而刘邦要他去见的人,竟是那个臭名满天下的赵高。而他此去,就是要向赵高传达刘邦的意思:咱们平分关中之地。

你没有看错,的确是如此。但刘邦此举真的是要与赵高平分关中之地吗?答案是显然不可能。那么他这么做就只有一个目的,欺骗赵高。

赵高若是同意,那刘邦便可趁机畅通无阻地进入关中之地。就算是赵高不同意,此举也必当起到麻痹赵高的作用。任谁都看得出来,此刻秦廷的真正掌权者就是赵高。

所以,在刘邦看来,赵高会仔细想想的。一旦赵高想明白了,那么,属于刘邦的机会就来了。

事实证明,果然如此。

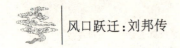

指鹿为马

此刻,秦廷。面对着关东日益危险的局势,胡亥真的慌了。他没有想到两年前还威震四海的大秦帝国如今却面临着土崩瓦解的局面。

与此同时,有一个人,他既慌张又激动,此人便是赵高。自从取代李斯成为丞相后,他的权力欲越来越重。胡亥是个昏君,而咸阳城内已经没有了能够对他造成威胁的人物,所以,一个念头在他的心里逐渐萌生了。

谋反,自己当主宰。

于是乎,他决定了,杀了胡亥,自己做皇帝!

可是关外的局势越来越乱,他似乎已经无法统治整个帝国了。可转念一想,做一个秦王还是不错的。因此,一个针对胡亥的计划出现了。

只不过在这之前,他还要做一个试探。虽然说凭借他目前的权势,朝中绝对没有几人敢直接反抗,但是难保没有几个老秦人会联合起来对付他。所以为了万全起见,他必须要进行试探。

因此,秦二世三年八月二十日,这个阉宦自编自导、自导自演了一幕大戏。那就是,指鹿为马。而通过让胡亥和大臣们陷入眼前的动物到底是鹿还是马的论证泥潭,赵高得到了他想要的答案。

不久后,赵高就找了个借口把那些说鹿是鹿的官员全部解决掉了。大秦到此,也许唯有悲哀,仅此而已了。

此刻的赵高尽管已经掌控了大部分朝政,但是他的内心还是有些忐忑。可是为了他自己,他必须要进行个了断。

想当初,陈涉等人刚刚起事,他为了蒙蔽胡亥,独掌大权,一味地对胡亥说关东的盗贼都是小鱼小虾,根本成不了什么气候。

可事到如今,不仅大秦帝国最后的军事支柱自身降敌,还带走了帝国最后的精锐部队!而且诸侯尽皆挥兵西向,之前他们眼中的盗贼马上要打到他们的腹地了。函谷关以东已经基本上都是诸侯的地盘了！

一旦胡亥得知天下乱成这个样子，怎么还会有他赵高的好日子过？

恰恰在此时，刘邦派出的使者宁昌来了。当赵高得知了宁昌的来意之后，他的内心恐怕是既激动又恐惧。

他激动的是有人竟然有着和他相同的考虑，一旦自己联系上刘邦，甚至交到了刘邦这个朋友，就算将来是诸侯的天下，他赵高应该也会有一丝立足之地。

但同时，他又是恐惧的。万一胡亥得知刘邦竟然与当朝丞相存在秘密交易，就算他再傻，也一定会宰了赵高的。而以后的发展证明，的确有人知道了此事。

想来想去，赵高开始犹豫起来了。

于是，他派人跟皇帝请了假，说是身体不适，这几天就不上朝了。实际上，这只不过是个借口而已，他丝毫没闲着。毕竟再等下去，可能会出乱子。所以，计划必须要尽早提上日程了。

就在此时，胡亥的使者来了。赵高的内心一颤，他不敢大意。难道是胡亥得知了自己与刘邦存在联系？

当他听过了使者传达的指令后，冷汗直冒，因为使者此来只为一件事，那就是转达胡亥的意思，斥责赵高：关东乱成这个样子，盗贼都打到家门口了，你个奴才还敢忽悠朕！

但没过多久，赵高就明白怎么回事儿了，还是因为"指鹿为马"。

胡亥虽然平庸荒淫、无德无道，但当他身处大殿中仔细看着那只鹿的时候，大臣们的表现让他开始疑惑了。根据他多年以来声色犬马的经验看，那匹所谓的马定然是一只鹿。但是大臣们仍旧说是马，这如何让人不怀疑？

但就算如此又如何？他对赵高不满，就派人责备赵高，可也仅此而已，并无下文了。

原因很简单，他根本不是治国的料。更何况，现在的他最关心的，不是大秦，而是他自己。

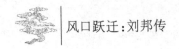

胡亥之死

胡亥此时因做梦不祥,"虔诚"地移驾上林去斋戒了。美其名曰斋戒,实则每日游猎,纵情声色。当他在上林苑打猎时,碰巧有行人路过。一时"兴起"的胡亥张弓搭箭,一箭便射死了那位路人。一朝之君,没有任何理由,便是如此随意地杀人取乐。而这样的君主,只能用一句话来形容。无论怎么死,都是死有余辜,没有任何人会同情他。只能说,大秦遇见这种皇帝,是一种悲哀。

另一方面,当赵高看到胡亥的使者的时候,他终于决定了,动手!

于是他找来了自己的女婿(不要惊讶,前文说过他有女儿)咸阳令阎乐和自己的弟弟赵成。尽管是谋反,但总得需要个冠冕堂皇的理由和说辞。否则那便是"师出无名"。

没过多久,时任咸阳令的阎乐和赵成来到了赵高的面前。赵高说道:"皇上不听我的劝告才使得形势这么危急啊,可现在皇上居然要把这罪责算到我们的头上。我想废了胡亥,更立子婴。子婴仁义节俭,百姓们都听从他的话。二位意下如何?"

果然,深谙赵高心意的阎乐、赵成没有任何意见,那么,这个计划就这么愉快地定了。

虽然计划如此,可现在还有一个问题。那就是胡亥正在"斋戒",怎么把他弄回到赵高的势力范围呢?

就在某一天,咸阳令阎乐突然发布文书给上林令,说是有人杀死平民,这可是大事儿,必须要查!否则,怎么对得起百姓?他这么做就是想让胡亥知道,他杀人于上林苑的事已经被人知道了。看你怎么办?

当时的朝廷,赵高一手遮天,一切自然都逃不过他的耳目。所以,突然有一天,赵高"惊慌失措"地找到胡亥。胡亥也是知道,完了,露馅了。他用一种求救的眼光看着赵高。这个时候的赵高显得很有正义感，又很能替主上分忧，他劝谏皇帝道："天子无故杀害平民，是老天所不允许的，您即使在这里斋戒，鬼神也不会接受您的祭祀，而且上天还会怪罪您啊。为今之计，您还是远远地离开皇宫才能躲避灾难啊。"

听到赵高这么一说，胡亥只能乖乖听从了。于是，他搬到了望夷宫，就这样，赵高完成了计划的第一步。也就是说，现在的胡亥在赵高的眼里已经是一个跑不了的猎物了。

时间过得很快，三天后，赵高动手了。一切都按照计划进行。首先统领天子侍卫的郎中令发现了一个十分严重的问题，有贼人进入皇宫了！这可怎么办？必须围剿，否则这就是对天子的莫大威胁啊！而这个郎中令，是赵高的人。

为了"保险起见"，郎中令决定联合咸阳令阎乐一起进宫缉拿。就这样，阎乐带领千余人马来到了望夷宫殿门，二话不说就绑住了宫门守卫的卫令仆射。之后，他又带领士兵径直冲入望夷宫。阎乐的举动十分嚣张，视宫内防卫于无物，用史料原话说就是"行射"，意思就是边走边射。

宫里顿时大乱，一干人等纷纷四散逃命。而侍卫们也是慌乱了起来，有的奋勇抵抗后被杀，有的便直接逃跑了。可叹大秦帝国的宫廷守卫，到了此刻，竟是如此不堪一击。

要说阎乐也是胆子不小，虽说有个老丈人撑腰，可一旦在宫廷里受到抵抗，或是有军队闻讯前来救援，那么他的下场可想而知。事实上，他也是不得不这么做。因为赵高这个阉宦对他的女婿也不是太放心。就在阎乐发兵出击的时候，他得知了一个消息，他的母亲被老丈人赵高请到府里去了。

老母亲掌握在别人手里，他还能怎么办呢？阎乐一咬牙，就这么办吧！

在阎乐的攻势下，惊慌失措的胡亥躲进了内宫，这个时候，他的身边只剩下了一个老内侍。

树倒猢狲散，不久前的他还威风凛凛，梦想着享尽尘世一切繁华。他还记得那个曾经对他唯唯诺诺、言听计从的赵高。可是当他看到阎乐时，纵然他再昏庸，也是明白了。

此刻，他几乎成了真正的孤家寡人，他很是感慨悔恨地对老内侍说："你　　115

为什么不早告诉我，竟然到了这步田地啊。"

"老奴不敢说才得以保住性命，如果说了，我们早就被你杀了，又怎么能活到今天呢！"

听到老内侍这么说，胡亥沉默了。

这段描述十分精辟，在胡亥临死之际，太史公他老人家安排了一个老内侍来讽刺胡亥。内廷的内侍尚且早就看清楚一切，可他这帝国统治者，却直到如今才想起了悔恨。还来得及吗？已然晚矣。

胡亥看着阎乐，他也想听听到底有什么理由可以杀死他这个九五之尊。

阎乐上前指责道："足下骄横放纵、肆意诛杀、不讲道理，天下的人都背叛了你，怎么做你自己看着办吧。"

这是赤裸裸的侮辱与威胁，尤其是用"足下"来称呼尚为君主的胡亥。面对这样的侮辱与讽刺，刚刚还有些悔恨的胡亥转眼间就又怂了。

原因很简单，他不想死。

他知道，是赵高想要杀他，只要见到赵高，事情或许会有转机。于是他恳求道："我可以见丞相吗？"

"不行！"

"我可以得一郡而为王吗？"

"不可以！"

"做个万户侯呢？"

"不可以！"

"那我和妻子儿女一起做个普通百姓，像我的其他兄弟那样，可以吗？"

"我奉丞相之命，为了天下人来诛杀你，你就算说破天，我也不敢替你汇报。"

胡亥彻底死心了，因为他已然无计可施了。面对着逐渐近前的士兵，他选择了自杀。可能在他的心里，这还可以保存一点点可怜的尊严吧。

再一次也是最后一次使用他的年号，秦二世三年（公元前207年）八月，这个昏君被扫入了历史的尘埃。

最后，他被赵高以平民的规格葬于杜（今陕西省西安市长安县西南）南宜春苑。

《韩非子·人主》有云："人主之所以身危国亡者,大臣太贵、左右太威也。所谓贵者,无法而擅行,操国柄而便私者也。所谓威者,擅权势而轻重者也。"

胡亥和赵高之间的权力关系大概就是这样吧。

赵高的结局

终于杀了胡亥了,此刻的赵高可谓心情大好。因为距离自己称王的目标更近了。只要拿到传国玉玺,凭借他在众大臣心中的"威望",称个王还不是水到渠成?

把玩着手中的传国玉玺,这个激动不已的阉宦终是将其佩戴在了自己的身上。可是就在此时,左右的文武百官没有一个买他的账。

赵高没有管他们,继续佩戴玉玺走向大殿。可是这个时候,异象出现了!

赵高一进大殿便是山崩地裂、地动山摇。这一次,可是吓坏了赵高,他的一颗黑心扑通扑通地狂跳着。

至此,赵高也明白了。看来老天都不会同意他做王,于是赵高很"识趣"地解下了玉玺,因为"天弗与、群臣弗与"。

我们并不知道当时的宫殿是否有过类似地震的征兆,但是"百官莫从"这应该是的的确确存在的,而这也正是赵高暂时放弃称王的原因之一。他再怎么有能力,也经不起百官集体罢工。

于是,赵高召集了诸位大臣,并且交出了玉玺。他对大臣们说:"秦国本就是个诸侯国,始皇帝一统天下,所以称帝。现在六国各自拥立后代,秦国的地盘越来越小,却依旧称皇帝,这不合适啊。应该像过去一样称王,才合适啊。"

百官也只好顺从。虽说赵高现在是和他们商议,但保不准他会突然　　117

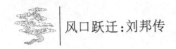

发难。

可是,立谁为王呢?

赵高早已经物色好了人选,那便是子婴。

至于子婴到底是谁,历来颇有争议。因为《史记·秦始皇本纪》记载为:"立二世之兄子公子婴为秦王。"

但是《史记·李斯列传》对于此处却是这样记载的:"乃召始皇弟,授之玺。"

这里就出现了矛盾,根据这两处的记述,后人对于子婴的身份得出了以下几种推测:

第一种观点认为,子婴是秦二世的侄子。似乎自汉代以来,大家便多沿用这种说法。而且南宋郑樵在其《通志·秦纪》里更是明确地写道:"秦王子婴者,始皇之孙,公子扶苏之子,扶苏、婴父子皆有贤德,百姓爱之。"

除此之外,《史记索隐》《汉书·高帝纪》《汉纪》等也一致认为子婴是胡亥的侄子,认为子婴就是胡亥兄长的儿子。

第二种观点认为子婴是秦始皇的弟弟,但是这种观点似乎不攻自破。因为据《史记》记载,秦始皇只有一个弟弟,叫成蟜,但是他死于秦始皇称帝前。而另外两个赵姬和嫪毐的私生子也早就被杀,所以,这种说法支持者很少。

第三种观点认为,子婴很有可能是胡亥的哥哥。因为在《史记·六国年表》里关于这段史料的记述为:"高立二世兄子婴。"但胡亥的众多哥哥早已被杀,却又哪里来的哥哥?

所以,笔者在此采用第一种说法,认为子婴是胡亥的侄子。

其实对于子婴其人,比诸他的身份到底是什么,更受人重视的是其政治智慧与见识。可以这么说,其远见卓识绝非胡亥可比。

在这之前,他曾经出现过一次。那是在胡亥准备听从赵高的挑唆杀害蒙恬的时候。

蒙恬者,帝国重将也。怎么能如此轻易地听一个宦者的挑唆而除掉帝国的支柱呢?心急的子婴便找到了胡亥劝说。当时胡亥始立,秦宗室的诸公子避之犹恐不及,谁又会有心思管其他人闲事?这不可不谓之颇有魄力和能力。

因此，当子婴得知自己要被拥立为秦王的时候，一个大胆的计划在他的心头萌生了。

他的首要目标，便是除掉赵高。只有除掉他，才能重掌实权，才可有所作为。

决议已定的他叫来了自己的两个儿子和内侍韩谈，因为只有这几个人才可以委托以心腹之事："赵高杀害先帝于望夷宫，之所以没有自立为王，是怕群臣诛杀他，所以才假装要拥立我。况且我听说赵高与楚军密谋，要灭我宗族，在关中称王。而之所以让我去祖庙继承王位，也是要趁机杀了我。"

赵高没有想到，他的一切如意算盘竟然如此轻易地全部被人看穿。

听过子婴所言，二子与韩谈都深以为然。那么，既然如此，则赵高不得不除。可是赵高权倾朝野，又怎么能够轻易地除掉呢？

"大典当天，我称病不去，赵高一定会亲自来。他若敢来，就趁机杀了他！"

果然，就在大典当日，子婴等人一切按照计划进行。久久不见子婴的身影，这可急坏了守在祖庙的赵高。他多次派人前往"催促"，但子婴就是不去。

没有办法，赵高只得亲自前去。可他没想到的是，发生在胡亥身上的那一幕即将发生在他的身上。当他见到虔诚斋戒的子婴之后，虽说很是不屑，但是也必须要装模作样地询问一番。

"即位登基、奉祀宗庙此等国家大事，大王您为什么不前往呢？"

可是赵高并没有得到回答，因为就在此时，埋伏很久的韩谈等人一跃而出刺杀了赵高。

这个不可一世的大秦第一奸佞就这样结束了他的罪恶生涯。

同年九月，灭杀赵高后，子婴屠灭赵高三族，震惊整个咸阳。

人们没有想到的是，不可一世的赵高居然是这样的脆弱。他们感叹并惊讶于秦国竟然会再次出现一位贤王！难道大秦会再一次兴盛起来吗？

可这一切，只是这个垂垂老矣的古秦的回光返照。

因为就在子婴重掌政权，决心重振大秦的时候，他接到战报，刘邦军已

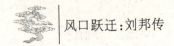

经突破武关了!

子婴久久不语,这一切终究还是到来了。他刚刚除掉了赵高,正准备中兴大秦,却已经没有机会了。

天命也?

但是,他不想放弃。

他还要做出最后的努力。

破咸阳

前文说过,刘邦曾派遣魏人宁昌去联络赵高。没过多久,他果然收到了赵高的信。

此刻的赵高已经杀掉了胡亥,因此,他以为所有的事情都会按照自己之前的设想来发展。所以赵高在信中表明了一个意思,那就是想要和刘邦一起平分关中,各自称王。

但刘邦是何许人,先不说他并不会也并不希望与人平分关中,就算是要平分关中又怎么会和赵高同列?另外,谁知道赵高的这一说辞是不是一个陷阱?更何况,当初他派遣宁昌前往联络赵高,很大程度上就是为了忽悠赵高。所以,谨慎的刘邦决定了,关中不用你赵高和我平分。现在,当朝丞相干掉了本朝天子,大秦的内部不混乱才怪。所以,这正是一举突破武关、进军咸阳的绝佳时机!

因此,秦二世三年八月,刘邦一举突破武关,进军到峣关(今陕西省商洛市西北)。至此,只要突破峣关,那么大秦的腹地将彻底暴露在刘邦的视野里。而在那不远处的尽头,便是他此行的目的地——咸阳。

这一刻,饶是刘邦再怎么冷静,他的内心都有一种火热,似乎要立刻喷发出来。

项羽,我终究比你快。

话虽如此,但是若想顺利地突破峣关,似乎也并不容易。

因为得知了刘邦军具体位置的子婴也准备拿出最后的家当,与刘邦决一死战!

很快,秦军开进了峣关,前来迎战刘邦,试图做殊死一搏。这支军队也许是大秦能够调动的最后一支精锐力量了。此刻的这支秦军,可以说,他们的身上寄托了子婴救国的希望。子婴真切地希望,这支军队可以扭转乾坤,可以创造奇迹!

面临峣关的秦军,胸有成竹的刘邦制订了一个大胆的作战计划,那就是选派两万精兵直接出击,横扫过去。

从砀郡、昌邑,到洛阳、南阳,这一路走来,无论是野战还是攻坚战,刘邦对自己的军队都是信心十足。

但就在他准备行动时,张良的一席话,再次阻止了他的这一鲁莽行动:"沛公,秦兵现在还是有一定战斗力的,不能轻敌啊。我听说秦将是屠夫的儿子,对付这种人最好的办法就是利诱。咱们这样,您先按兵不动,然后派人先去布置五万人的炉灶,并且在周围的山上多布旗帜,作为疑兵,在心理上震慑住对方。"

说到这里,张良的目光便落在了郦食其的身上,似有深意地点了点头。郦食其也是明白了,而刘邦自然也是领会了。

张良的意思就是派遣郦食其携带着金银财宝前往游说秦将归顺刘邦。同时为了给秦将造成心理威慑,增加己方的游说筹码,故而使出刚才说的疑兵之计。

既如此,此计成功了吗?

只能说,有钱能使鬼推磨,财宝的力量是无穷的。加之郦先生的三寸不烂之舌,秦将果然被收买了。

这还不算,郦食其还带回来了秦将的诚意,他表示愿意与刘邦联合一起袭击咸阳。

对于刘邦来说,这是件好事,多了几万生力军,何乐而不为呢?可就在刘邦打算回信秦将如何如何的时候,张良又阻止了他:"沛公,这只不过是秦将自己想要叛变而已,恐怕那几万秦军不会同意,这么做的话会有危险,不如趁秦将懈怠无防备时攻击他们,一定能够取胜!"

当此之际,秦将还沉浸在郦食其口头上许诺给他的种种好处,却不知道他被那个老头儿给耍了。

于是,在这一计划安排下,刘邦率军猛攻秦军,秦军大败而逃。接下来的战争是一边倒。之后双方在蓝田(县治今陕西省蓝田县西南)又打了一仗,秦军又大败。

咸阳距离自己越来越近,刘邦却一点点地冷静了下来。一路走来,四处战火,满目疮痍。百姓流离失所、苦不堪言。他刘邦虽非圣贤,却也有一颗仁爱之心。

很快,刘邦的军队接到了一条命令:"诸所过毋得掠卤。"

就这样,原本一路高歌的刘邦军更加势如破竹。因为良好的军纪深得人心,刘邦军在关中地区很受欢迎。各个关隘驻守的秦军也因此毫无斗志、防备松懈。

这一次,子婴心凉了,因为他已经无兵可派了。只能眼睁睁看着刘邦军飞速前进。

没过多久,咸阳真的就在刘邦的眼前了。可是这时候,刘邦军却停止了前进的脚步,驻扎在了霸上(今陕西省西安市东南)。难道,他是不想攻城了吗?

当然不是。

为了使百姓免于战火,也为了节省时间、保存力量,刘邦决定派人劝子婴投降。到了现在,摆在子婴面前的只有两条路:要么拼死抵抗后自杀殉国,要么投降。

权衡利弊后,他选择了第二条路。这时,距离他称王仅仅过了四十六天。

两千多年后的我们并不知道子婴当时的内心是何等的悲凉。他虽身为亡国之君,可国亡,却并不是他的过错。因为他已经尽了自己最后的努力。

历代先祖,筚路蓝缕,血泪浇灌,终成大秦。可如今,大秦却是亡在了他的手里,身为嬴姓子孙,他又有什么脸面去面对列祖列宗?

生在了这个时代,他注定是一个孤独的悲情者。他丢了自己的社稷,却赢得了我们的同情。这对于历史人物来说,是幸还是不幸?千载之后,依旧有人评说。

至此,大秦终究还是去了,那样的决绝,似乎没有一丝的留恋。

计议已定,公元前206年十月,秦王子婴"素车白马,系颈以组,封皇帝玺符节,降轵道旁"。

五百余年前秦襄公,初为诸侯,秦立。

四百年前秦穆公,大会诸侯,终成五霸。

一百五十年前秦孝公,变革古制,君臣相佐,秦复强。

十五年前秦始皇帝,横扫宇内、一统八荒,秦至极。

秦王子婴四十六日,沛公刘邦兵临城下,秦亡。

每个朝代达到辉煌所历经的艰辛,并不是枯燥的文字所能表达的。俗语云:打天下易,守天下难。几十字、几百字,一个朝代也就亡了,仅此而已。

公元前206年十月,刘邦军第一个入咸阳,秦亡。而从这一天起,华夏大地上的纪年不再以秦为号,而是更之为,汉元年。

看着近在咫尺的咸阳城,看着俯首在自己身边的秦王子婴,看着一班沉着头的秦大臣,这一刻的刘邦一定思绪万千。

就在几年前的咸阳街道上,他还在既羡慕又忐忑地观看着那高高在上、威严无尽的帝国主宰。可当真是造化弄人,现如今,刘邦却是以一个收割者的身份再次来到这里,来取回那似乎早就为他所准备好的一切。就连那高高在上的秦王都跪在他的面前。命运就是如此的奇特,只要你努力,似乎梦幻之中的存在也有变为现实的可能。

至于子婴,刘邦并没有为难他。虽然诸将都想杀了子婴,但刘邦却说:最初怀王派遣我,就是因为我能够宽容容人,况且子婴已经投降,杀之不祥。

就这样,子婴多活了一阵,直到那位的到来。

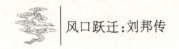

约法三章

不久后,刘邦军开进了繁华的咸阳。

当刘邦到达皇宫后,映入眼帘的是金碧辉煌的建筑、数之不尽的财宝。当然,也有着无数的美女、稀奇的珍玩。这一刻,刘邦心动了。

原因很简单,他只是个人而已。

作为第一个跑到终点的选手,他认为,这个时候是该好好享受了。

在他看来,自己就算享受这一刻也并无大碍。另外,自己手底下的弟兄们也是劳苦功高,大家都不容易,整天风餐露宿,有一顿没一顿的,也是时候该犒劳犒劳他们了。

就这样,"诸将皆争走金帛财物之府分之"。

这一刻,刘邦的军队包括刘邦本人都已飘飘然了。千百年以来,批评刘邦的声音会借此大做文章。

错,就是错。不可夸张,也绝不允许淡化。不尊重百姓、不懂百姓疾苦的人,必将为百姓所抛弃。

知错能改,善莫大焉。改过之后则必须要尽量地弥补百姓,道才可成。这样,才对得起他的承诺,才对得起普天下的百姓。

刘邦还是做到了。

而要把刘邦拉出温柔乡,自然少不了张良的劝谏。但在张良之前,还有一个人劝谏了刘邦,那便是樊哙。

纵观樊哙在为刘邦打天下过程中的表现,可能大家会认为他绝对是一员虎将。正是因为他是武将,所以樊哙在权谋方略上可能就会比文官弱上一截了。

但樊哙此生,却几次在重要关头救了刘邦。而且他所拥有的智慧也一度让人怀疑是张良在指点他。这种观点自然也有证据,那就是似乎每逢重要事件,樊哙的背后总有张良的影子。

看到刘邦迷恋秦宫殿的一切,樊哙出马了。至于他说的什么、怎么说的,我们便不得而知了。虽然刘邦并没有听从樊哙的话,可樊哙的话和举动却给刘邦留下了深刻的印象。

看到樊哙出去后,张良正了正衣襟,来到了大殿内。

张良:沛公,您知道您为何能够进入咸阳吗?

刘邦:为何?

张良:那是因为暴秦无道,天下共叛之啊。

刘邦:继续。

张良:现今为天下除恶,理应节俭朴素。可现在您刚刚进入咸阳,就要安享其乐,这就是人们所说的助纣为虐啊。忠言逆耳利于行,良药苦口利于病。希望您能够听从樊哙的意见啊。

说过后,张良静静地等待着刘邦。他知道,沛公会听从他的。

听到自己手下第一谋士的话,刘邦沉默了。张良说的对,到达咸阳,并不是路的终结,而是新的征程的起始。刘邦要走的路真的还很长。于是他立刻传令下去:封存府库,撤出咸阳,不得扰民,回军霸上。

就这样,刘邦入咸阳后所犯的第一个错误及时得到了纠正。

但他所犯的第二个错误,险些令他遭到致命的打击,只不过此时还没有显现罢了。

刘邦的当务之急,是一项重大的考验:如何处理关中?

而对这个问题的处理,也显示了刘邦高超的政治水准。就在刘邦回军霸上的时候,他给秦国的父老乡亲们发了一个通告。内容很简单,找大家共商大业。

秦人本以为这次商讨定然会是一边倒,哪里会有他们反驳争辩的机会;可当他们听到刘邦的话以后,他们发现自己错了。

"父老乡亲们受苦啦!在此,我谨代表全体人员对你们表示诚挚的慰问!秦法严苛,诽谤者灭族,偶语者弃市。但我要告诉你们的是,从今以后你们再也不用为此担心了。我要废除所有的秦法!

"我和诸侯约定,先入关中者可以在这里称王。如今,我首先推翻暴秦,进入关中,我当在这里称王。现在,我正式与父老约定,杀人者必死,伤人者,偷窃者必治罪!原秦朝的官吏,愿意投入我帐下的,一应官复原职。大家不必担心害怕,我刘邦之所以来此,就是为父老除暴来了,并不是来侵略、掠夺的。大家都不要怕!"

在这之后,刘邦还派人到关中的郡县乡邑仔细宣传解读这份声明,使得几乎每处每人都明了此事,并且接收任用了一批秦朝官吏。秦人十分喜悦,争着拿牛羊酒食犒劳刘邦军队。面对父老的热情,刘邦又说了:"我们物资都够用,不缺少,如今年景不好,就不麻烦大家了。"

于是秦人更高兴了,关中百姓一致认为,刘邦就是他们的保护者。

其实仔细研读刘邦的话,不难发现,在安抚百姓上,他除了体现了高超的政治水平之外,还在秦百姓心中树立了一个形象,那就是:我是关中王,无论如何,关中归我,这是法定的、合理的。

《史记·高祖本纪》记载的这一段文字,在描写百姓心理时,连续运用"大喜""益喜""唯恐",所反映的除了刘邦的举动高明之外,更多的是民心的归属。

经过一系列的措施,刘邦在百姓心中的地位确立了。

但前面说过,刘邦在进入关中后,还犯了一个更大的错误。而恰恰是因为这个错误,才上演了一出流传千古的角逐。

第六章

宴饮鸿门　喜得贤臣

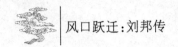

低级错误

自从约法三章后,刘邦的军队的军纪再次严明起来。对关中百姓,可谓是秋毫无犯。而秦人父老自然亦是沉浸于喜悦之中,因为似乎从现在开始,他们的生活就会再次步上正轨。从此以后,天下也再无纷争。

另一方面,虽说对于秦国的问题处理得很是妥当,举措方针也甚是赢得人心,但此刻的刘邦集团看起来似乎没有了之前的警惕。在他们看来,称王关中也就是个时间问题。只要等诸侯到来,那时候把楚怀王的明文规定搬出来,不怕有人不遵守。

所以现在他们要做的,就是等。

前文曾经说过,当楚怀王许下了"先入关中者王之"的承诺的时候,或许连他自己对这一计划都没有太大的把握。可刘邦竟然做到了。对于刘邦来说,他已经完成了楚怀王的任务,而且得到一个法定的关中王的称号。

但另一方面,对于项羽来说,经过长时间的矛盾积累,他也是明白了,叔父所拥立的楚王,与他之间,势必不能共存。更何况,此刻的他早已经不把楚王放在眼里。而那位楚王,也早已奈何不得他。

这个时候的刘邦还并不知道,他差一点就先于楚怀王成了第一个挡住项羽去路的人。

这一切,只因为他的一个低级错误。

时间倒回到不久前,当刘邦刚刚安抚好关中百姓的时候,突然出现了一个人。

至于这个人叫什么名字,就不得而知了,因为在《史记》上只是说"或曰"。《楚汉春秋》记载说此人唤作"解先生"。他对刘邦说道:"秦地比天下富裕多了,而且地形险要。现在我听说章邯投降项羽后,项羽声称将要封他为雍王,在关中称王。这样一来,如若让他们入关,那么关中就不是您的了。

现在不如迅速派兵把守函谷关,不让诸侯联军进入,并且征调关中的士卒来增强自己的实力,这样才能挡住诸侯啊。"

听到这话后,刘邦的内心很是不平静。因为他说的是实话。刘邦似乎也是听说了章邯被封为雍王的消息。如此说来,项羽一旦入关,那么关中不就真的会失去吗?自己拼死累活地走到今天,怎么会眼睁睁地看着煮熟的鸭子又飞走呢?

因此,刘邦毫不犹豫地派兵关闭封锁了函谷关,犯下了一个极其低级同时又十分致命的错误。

所以,他现在要做的,就是等待着不久之后参加精心为他准备的饭局了。

项羽之怒

之所以说刘邦的这一举措是个错误,是因为他过早地暴露了自己的意图。此举可谓是高估了自己,看错了诸侯。

此时的项羽绝不允许刘邦这样做。

汉元年(公元前206年)十一月中下旬,项羽终于到达了函谷关外。此时,秦都咸阳近在咫尺,按理说项羽应该是相当的兴奋。可是此刻的项羽却不高兴了。

因为他猛然发现这函谷关居然有人把守!

就在这时,他又听到了一个消息,那就是刘邦已经攻破了咸阳!

于是,项羽"大怒"。这是项羽来到函谷关后的第一次大怒。我们先来看一下项羽为什么大怒。其实项羽的这一大怒是一步一步积累之后爆发的。

巨鹿之战以后,项羽一跃成为诸侯联军的盟主。

这不仅体现了项羽地位之崇高,更重要的是,这使他的虚荣心得到了很

129

大的满足。长此以往,一种凌驾于诸侯之上、凌驾于天下之上的霸道之念也就产生了。

所以说,在项羽看来,此刻的函谷关应该像其他各地一样,望风而降。现如今这般岂不是在愚弄他?

所以,当他看到有人把守函谷关,不高兴也是正常的。可接下来当他听说刘邦已经攻破咸阳的时候,就不单单是不高兴了。如果刘邦已经攻破了咸阳,那么很明显,函谷关的军队是刘邦的。刘邦你难道不知道自己几斤几两吗,居然敢如此对我?如今天下诸侯无人不惧怕我项羽,你这样做难道是在挑衅我刚刚得到的至高无上的权威吗?

可以说,刘邦此举是对项羽的虚荣心的巨大冲击。这势必使得项羽在诸侯面前很没面子。

可在此刻,在闻知刘邦已破咸阳之后,对他来说,还有比面子更重要的事情,那就是灭秦的首功。

在项羽看来,当今之世,谁人不知是他项羽巨鹿一战打败章邯,从而才有了诸侯联军今天的这一局面。可以说,秦朝的军事根基是被他项羽一手摧毁的。

而刘邦,只不过是趁着项羽在河北牵制秦军,才得以顺利入关。换句话说,你刘邦之所以能够顺利入关,全是拜我项羽所赐。

可现如今看这模样,刘邦此举显然是在把项羽当作垫脚石,并且用过之后又一脚给踹开了。

所以,项羽在听闻自己的首功被抢走之后必然会生气,而且气得还不轻。

那么,项羽如此看重灭秦的首功,还有没有其他的考虑呢?

当然有。

在听说刘邦已经入关后,我们有理由相信,项羽的内心有些担忧。这一切,只因为楚怀王的那个约定。这个约定现在的项羽根本不想遵守,也根本不屑于遵守。最好就是这个约定真的成为一张空头支票、一句废话。

而想要达到这个目的,现在已经逐渐登临天下权力巅峰的项羽就必须再进一步,首先进入关中。

因为那样一来,在整个反秦道路上,任谁都能看清了,完全是由他项羽一路领导、一路奏凯的。到了那个时候,所谓的关中王根本不需要楚怀王来封,天下人自然会明白其真正的归属。

况且就算有人持反对意见,也不好再说什么。因为项羽的的确确是第一个进入关中的,符合当初楚怀王的约定。这样一来,想尽办法掣肘项羽的楚怀王就是搬起石头砸了自己的脚。

但是现在,事情很显然并没有朝着项羽所预判的方向发展。而是演变成了项羽最不想看到的一面。因为有了这个约定,似乎不论是刘邦还是李邦,只要是他先于项羽攻入关中,那么在名义上他就已经具有"关中王"这个称号了。

而只要让这个称号落在了别人的头上,那么项羽便是真正的骑虎难下。若是同意,就是证明自己也要遵从楚怀王的指示。可问题是,此刻两人之间早已经势若水火了,项羽怎么可能甘心同意呢?可若是不同意,他就不得不直接被扣上违抗楚怀王指示的帽子。那时候,他项羽势必在天下人的心里落下一个不忠不义的名声。

所以,一想到这里,项羽就恨得牙痒痒。因为此刻的他明显已经被刘邦架到了火炉子上。

于是在项羽的攻击目标中,刘邦的排名位置靠前了。

大怒的项羽立刻派遣英布攻击函谷关,很快便把刘邦的守关军打败。十二月中旬,项羽军团推进到戏西,此时距离刘邦约法三章已经过去近一个月了。

也正是在此时,一个人物出现了。此人是刘邦阵营里出现的第二个高级叛徒,左司马曹无伤。

当听说愤怒的项羽已经率领大军攻入关内,看这趋势,似乎是要和刘邦开战,精明的曹无伤就开始盘算了。

他早就听说项羽异常勇猛,连章邯的几十万大军都投降了,现如今刘邦似乎又开罪了项羽,那么,继续在刘邦手底下混,怕是已经不太安全了。所以,对于刘邦并没有信心的曹无伤决定投奔项羽。并且,身为刘邦军中的左司马,他掌握着刘邦军中的内情。如果把他所知道的相关内情添油加醋地

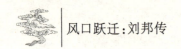
告知项羽,待项羽灭掉刘邦后,他岂不是有着天大的功劳?

决定之后,曹无伤立刻派人前去联络项羽。

那么曹无伤的使者对项羽说了哪些"秘密"呢?这些情报可以简要概括为以下三点:其一便是刘邦想做关中王;其二则为刘邦想任用子婴为相;至于第三点,就是劝项羽速速进军,否则咸阳的宝贝就都是刘邦的了。

听到这些情报后,项羽立刻又是大怒。这是自到达函谷关以来项羽的第二次大怒了。其实对于曹无伤所说的这三条,项羽最看重的便是第一条。因为这正是项羽最不希望看到的,既然刘邦阵营的人都这样说了,再联想刘邦封锁函谷关的事,那么刘邦想要称王关中似乎就是板上钉钉的事情了。

于是盛怒之下的项羽做出了一个决定。旦日飨士卒,给刘邦送终!

而这时,身为楚军阵营第一军师的范增也对项羽说道:"刘邦这厮,向来贪财好色,可是现如今,不要钱不碰女人,这说明了什么?他有大志向啊。况且我令人观察他的气运,竟是些五彩祥云,这是天子才有的祥瑞征兆啊。所以必须立刻铲除他。"

听了范增的话,项羽更加坚定了自己的决心。

项伯泄密

很显然,攻入关中后,刘邦的警惕性逐渐消失了。他迷信于楚怀王的约定,认为诸侯,特别是项羽绝对不敢胡来。

可以说,这一刻的刘邦最需要的就是有个人当头给他来一棍子,让他好好清醒清醒。

刘邦集团似乎就要在沉默中灭亡了,但是有一个人的存在,打破了这一短暂的寂静。

在这个人看来,刘邦灭亡与否不关他的事。但是有一个人,却必须要安然无恙。那个人,便是张良。

在那个年代里,张良算是人缘儿最好的人之一了,无论是敌人还是朋友,对其都是相当有好感。

那么,话说回来,此人为何如此关心张良呢?

因为这个人曾经受过张良的救命之恩。所谓"滴水之恩,当涌泉相报",项伯,你报恩的时候到了!

项伯,名缠,时任楚左尹。所谓左尹,便是相当于左丞相的职位。依照《史记》的记载,他是项羽的季父,也就是小叔父的意思。但是《史记》中又曾明确地提到,项羽的季父是项梁。所以,有人据此推测,项伯可能是项羽的堂叔。总之,我们只需要知道是他叔叔就好了。

当项伯得知了自己侄子准备进攻刘邦的消息后,立刻惊慌失措起来。

他对自己侄子的战斗力指数是丝毫不怀疑的。就现在的刘邦来说,无论是单打独斗还是混战一场,与项羽交手,败亡是他唯一的出路。可是刘邦可以死,张良是绝对不可以的!

于是,项伯趁着深夜偷偷地来到了刘邦军营,找到了张良,神色焦急地对张良说出了项羽即将发动进攻的消息,基本上是和盘托出了项羽的所有计划。

他还对张良说:要是再不走,就要死在这了! 赶快跟我一起跑啊!

项羽万万没有想到的是,他刚刚制订的作战计划,就这样被自己的叔父轻易透漏给了敌军。

但是面对项伯的告知,在如此危急的情况下,张良没有丝毫的慌张,他的脑海中浮现的第一个想法竟不是自己如何逃走,而是告诉刘邦。

聪慧的张良立刻对项伯说道:"我为韩王护从沛公,现如今情况危急,我独自逃跑,这是不义! 不可不告诉沛公。"

于是张良没有丝毫犹豫,立刻觐见刘邦并说出了项羽的军事决议。

听到了这个消息的刘邦,瞬间大惊。这一刻,他那些原本就不切实际的梦似乎一下子就醒了,是吓醒的。

"子房,这可如何是好?"

然而此刻,面对刘邦的急切询问,张良却并没有像以往那般直接对刘邦说如何如何,反而是反问了刘邦一句:"是谁给大王您出的主意反锁函谷关

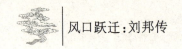

的? 大王您真的要和项羽对着干?"

　　在这种情况下,张良显然也是得知了事情的经过。因此,他首先要做的就是让刘邦自己先认识到自己此举做错了:如果你现在怕了,那么当初你派兵把守函谷关的时候为何不慎重考虑?

　　刘邦说道:"一个无知的小子告诉我说,封闭函谷关,不让诸侯进来,秦地就都是我的了。所以我才听他的啊。"

　　听着刘邦有些埋怨又有些惊惶的语气,张良继续问道:"大王以为凭借咱们的实力能够抵挡住项羽的军队吗?"

　　刘邦沉默了一会儿,神色平静地回答道:"本来就不如人家。现在该怎么办呢?"

　　张良一愣。让他愣住的是,刘邦这一次似乎没有刚开始那么急促了,而是很平静地在询问。这就是刘邦的过人之处,泰山崩于前而面不改色。

　　我们不可能知道刘邦当时的表情,也无法得知刘邦的语气,但仔细研读刘邦的话,我们看到的是一个在现实面前勇于正视自身不足而虚心求教的人物。

　　他是一个首领,在以往的思维定式中,似乎首领就不应该有如此做法。他们所展现的往往是盛气凌人,即使是有错误,怎么会在自己的臣下面前主动承认?

　　但刘邦做到了。

　　他没有因为自己不如项羽实力强大而怕虚荣心受损,因为在生死存亡面前,一点点面子又算得了什么。反观项羽,是绝不可能如刘邦这般洒脱的。

　　听了刘邦的话后,张良觉得,是时候让项伯出现了。他对刘邦说道:"请您对项伯说,沛公不敢背叛项王。"

　　张良让刘邦对项伯说自己不敢"背叛"项王,一来是奉承项羽为王,尽量消解项羽的疑惑;二来,何为背叛? 先有依附,才有背叛,这就证明刘邦要在名义上臣属于项羽。

　　为了性命,这点儿苦头又算得了什么呢? 刘邦自然明白,可是在听到张良要请项伯的时候,刘邦突然一个冷战。项伯? 他立刻反问张良:"你怎么会和项伯认识呢?"

在这危险的时刻,张良居然见到了楚军的人物,还是项伯,叫刘邦如何不起疑心。尽管他很信任张良,但是被人卖了还帮人数钱的事儿刘邦是断然不会做的。

这是他高度敏感的警惕性使然,在前段时间的"飘飘然"后,刘邦敏锐的警惕性再次回来了。

太史公在这里突然添加了这样一句问话,就是为了凸显刘邦的这种警惕性。而在这之后,项伯从刘邦军中返回楚营把刘邦的话告诉项羽时,项羽却丝毫没有刘邦的这种反应,只是单纯地听着项伯说,表现出一个毫无疑心的形象。而这,也是太史公他老人家常用的毫不起眼却又能反映人的本质的对比方法。

张良不得不长话短说地解释了一番,说是在秦朝的时候,项伯与张良一起闯过江湖。项伯杀了人,是张良救了他,因此在这个危急时刻项伯才来告知张良。

听到张良这样说,刘邦就放心了。

他又问道:"你与项伯谁要年长一些?"

"他比我大。"

"好,请你帮我把他请进来,我要像对待兄长那样待奉他啊。"

就这样,项伯在张良的邀请下,入见刘邦。如果说他偷偷来到张良处是完全出于个人交情和道义,那么,当他的脚跨入刘邦大帐的那一刻起,他的行为可以用一个名词来概括,叛徒。

虽然他自己和项羽都没有这样认为,但是,作为楚军的高级将领,在两军开战前夜,居然亲自将己方的行动透漏给了敌方首领,这种傻事也真不是一般人可以做得出来的。

但此时的项伯完全没有想太多,因为刘邦太热情了。刘邦不仅亲自给项伯倒酒,而且还抛出了一个重磅炸弹。他要和项伯结为儿女亲家!

也不知道刘邦是把自己的哪个女儿许配出去,还是为自己的哪个儿子讨了个媳妇,因为这事后来根本就没人提,也没有明文记载。但有一件事可以确定,项伯答应了。

看着高兴的项伯，刘邦透露出了他的"本意"："亲家，我入关以后，可是秋毫无犯。至于登记了关中户口，封存了秦的府库，还不是为了等待项羽将军前来定夺吗？而派人据守函谷关，是为了防止其他盗贼随意出入和发生一些变故啊。我刘季自从与项羽将军一别，日夜思念，翘首期盼，借我一万个胆儿，也不敢反啊，这绝对是个误会，希望亲家您能把我说的全部告诉给项王，我真的不敢背叛他啊！"

看着如此诚恳的亲家，项伯答应了。毕竟刚刚结为亲家，这点小事儿，不帮忙也真的有点说不过去了。于是他对刘邦说："亲家，明天早上一定要早点亲自过来和项王解释啊。"

言外之意是，我先帮你顶着，但解铃还须系铃人，这事还得你自己摆平。

"好的，多谢亲家！"

那么，项伯真的只是因为一桩儿女亲家的联姻便如此轻易地答应了刘邦的请求吗？

当然不止如此。项伯并不傻，因为他知道，其实刘邦的话是有根据的。如果他想要称王关中，为何要先退军霸上？明明封锁了函谷关，为什么又对前朝的东西分文不取？

这种做法在这一刻真的成了刘邦可以利用的一大现实条件，让人几乎挑不出一点儿毛病来。

就这样，事情似乎有了转机。而接下来，便全看项伯的了。

那一夜，当真累坏了项伯。一边是他的宗族侄子，一边是他的儿女亲家，打起来多不好啊，一家人还是要以和为贵啊。

因此，当项伯马不停蹄地从刘邦那里赶回来的时候，他也来不及歇息，便直接找到了项羽。

要说项伯此人倒也有些耿直，因为在见到项羽之后，他似乎也没有用什么铺垫，便直接告知项羽自己刚刚去了刘邦那里，并且把刘邦的话转告给了项羽。

但项羽对他没有丝毫的怀疑，他甚至没有追究项伯泄露军情之罪。看到项羽的反应，项伯继续说道："要不是沛公先攻破关中，咱们也不能这么轻松就攻进来啊。现如今人家有大功，咱却要攻击他们，这不符合道义啊。不如趁着这个机会好好善待他,也好借此来彰显您的仁德。"

人们常说,死要面子活受罪,此刻的项羽,在项伯的劝导下,其虚荣心已经逐渐得到了满足,面子上相当过得去。虽然他是得知刘邦或许并无称王关中之意后才暂时放心的,但是对于要争夺天下的霸主来说,这未免有些太过幼稚。

项羽为人,虚荣而爱君子,重义而有古风,他有着楚国八百年传承的贵族之风,其血脉流淌的是缺少阴谋变通的血液,因此这是一个高贵掺杂着自负、有三分热血、迷信武力而又轻信别人的人物。而刘邦,这是个起自平凡、混迹江湖,一路小心翼翼、摸爬滚打,根本不重视别人对自己的看法、不看重礼教束缚,甚至说得难听一些,是连脸面都可以不要的人。在政治权谋方面,项羽的性格使得他还是太过于稚嫩了。规矩可以立人,凡俗亦可缚人,对于刘项二人来说,唯有挣脱规则,方能问鼎中原!

听完项伯的这段话后,项羽的反应,太史公只用了四个字来说明:"项王允诺"。

这就证明,项羽已经逐渐放弃了攻打刘邦的念头。

因为他放心了。

至于刘邦说的是否是真话,在项羽看来这都不重要。因为在他的强大实力压迫下,刘邦只要做出让步,就是他项羽赢了。

那么接下来,就等着开宴了。

项羽的饭局

为了和项伯的约定,也为了活命,第二天一大早,刘邦就率领百余骑前往楚军军营。这个必将留名史册的地方就是鸿门(今陕西省西安市临潼区东鸿门堡村)。

当刘邦一行人来到楚军军营后,饭局自然还没有开始。不过这不要紧,　　137

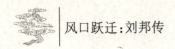

既然还没有开餐，那就先唠唠嗑、交流交流感情呗。双方短暂的寒暄过后，刘邦便亲自和项羽解释起来，直扣主题，声情并茂。

"将军，我和您一起合力攻打暴秦，您在黄河北，我在黄河南，但是我也没有想到自己竟然能够先入关破秦，而在这里再次见到您。可是现如今有小人挑拨离间，让您和我之间有了误会啊。这真是令我不胜悲伤啊。"

刘邦就是刘邦，在项羽还没有说话之前，突然来了这么一通，那么他这话说的到底有何内涵呢？

第一点是回顾他和项羽之间的纯洁的战友情谊，但这主要是为了铺垫下文，因为项羽再怎么重情义也是需要实惠的。

第二点，刘邦的话极大地满足了项羽的虚荣心。那就是刘邦进入关中似乎是碰巧，是偶然，就连刘邦自己都不敢想象，根本不是凭借他真实的实力攻打下来的。

这一段话给项羽的感觉就是刘邦之所以这么轻松地进入关中大地，那完全是因为项羽在牵制着秦军。而这种说法，又恰恰与项羽自己的想法惊人地一致，这是变相在吹捧项羽。

第三点，也是刘邦此行很重要的一点，那就是把整件事变成一个误会。误会不同于事实，只要是误会，总会解开。

这一段描述，可以说是《史记》中最为精彩的几处记述之一。历来史学家、学者、评论家对于刘邦的这一番话当真是赞不绝口。如清代的大学者吴见思就此评论道："一件惊天动地事，数语说得雪淡，若无意于此者，故项羽死心塌地，曰籍何以至此也。辞令之妙！"

几乎可以这样说，如此谦卑的语气出现在刘邦的身上，似乎是他生平以来的唯一一次。这也足以见得出，为了澄清这次"误会"，他下了多少的功夫。

那么，听到刘邦这么说，项羽又是怎样回答的呢？

"沛公说的哪里话，这是你的左司马曹无伤跟我说的，不然的话，我怎么会这样呢。"

项羽的表现似乎是生怕被人误会而急着为自己开脱，至于曹无伤什么

的，该扔就扔了吧。

到了此刻,听完项羽的话,似乎给人一种项羽理亏道歉的感觉。要知道,之所以有这一次"设宴",原本就是你项羽为了惩处或者威吓刘邦。无论是政治、道义等各方面,都应该是你项羽占据主导。既如此,何必要与刘邦"解释",又何必要让自己先行理亏呢?

　　基本上可以说,从这一刻开始,双方在心理对抗上,优势已经逐渐转移到刘邦这一边了。而在这之后,项羽的态度似乎一直很暧昧,甚至让人以为这一切真的只是一个误会。

　　但不论如何,在大家看来,今天是个会晤的好日子。双方更应该回顾彼此之间纯洁的战斗友谊,共商下一步的天下大计。自然不应该为了些许琐事而败坏了兴致,于是项羽便留下刘邦在此处吃好再走。

　　酒宴就这样进行着,看着态度暧昧的项羽和警惕四周的刘邦,有一个人可急坏了,那就是楚营第一军师范增。

　　因为在他看来,如果说这世间还有一个人可以阻挡项羽的脚步,那个人就一定是刘邦。

　　于是,迫不及待的范增举起手里的玉佩多次给项羽使眼色。可项羽就是假装没看见。

　　范增明白了:项羽恐怕是让刘邦给欺骗了。

项庄舞剑

　　于是,一心要杀掉刘邦的范增来到大帐外面找到了在那里等待已久的项羽的弟弟项庄。

　　事实上,范增早已经想好了解决刘邦的办法。于是项庄来到了大帐里面,只见他喝了酒,清了清嗓子,便对项羽说道:"军中无以为乐,我愿舞剑助兴。"

　　于是项庄持剑挥舞,虎虎生风。大家都叫好,刘邦起初也没有想太多,139

这项庄的剑术真是没得说，有两下子啊。可是一来二去的，刘邦也是感觉到有些不对头：这项庄怎么似乎总是对着我比画呢？

此刻，他隐隐感觉到这里有问题了。联想到范增刚出去后，项庄就进入大帐，果然是事有蹊跷啊。

但是就在此时，项伯也看出来了问题。他不顾自身体力不支，飞身而起，拔剑而出，毅然决然地与项庄这个小伙子上演了对手戏。他不时用身体庇护刘邦，就这样，一套动作一气呵成，引得众人叫好。

但这个时候，项羽在干什么？

我们前面说过，项羽已经逐渐放弃了攻打刘邦的念头。而且在刘邦到来时也没有过分责怪刘邦。可是范增却安排项庄去杀刘邦，那么项羽为什么没有阻止呢？难道说项羽看不出来项庄意欲何为吗？

事实上，项羽的态度，在这顿饭期间，一直处于暧昧状态。似乎刘邦可杀可不杀。这一点稍后我们会详细分析，现在先看看刘邦的反应。

此时的刘邦惊出了一身冷汗，他不觉抬头望向张良的方位，可张良不见了！这可急坏了刘邦，子房去哪里了？

张良是去救他的命了。不久之后，樊哙在张良的指示下冲进了大帐，只见他，"瞋目视项王，头发上指，目眦尽裂"，而后在受到刁难和项羽的赏识后，樊哙说道："秦王那厮有虎狼般凶狠的心肠，杀人无数，还唯恐杀不完所有人。用刑罚来处置人们，好像唯恐不能用尽各种酷刑。故而天下的人都叛离了他。怀王曾约定，先入关者王之，如今沛公先入关中，秋毫无犯，封存宫殿，还军霸上，等待大王，还特地派人把守函谷关，防止盗贼的出入和突发的情况。这等功劳没有得到赏赐，您却要听信小人之言，杀害有功之人，这是要重蹈前秦覆辙啊。我私下认为以大王您的英明是断然不会采用这种做法的。"

樊哙终于说完了。这是他人生中的一个精彩的闪光点。而且这话说得显然具有相当的水平，因为樊哙用秦朝的例子看似在劝谏项羽，实则是在警告。

若你和秦朝一样，那么即便刘邦死在你的手里，他日你的下场也不会好到哪去。另外，项羽既然自诩秦灭在了他的手里，又怎么会再效仿前秦的做法？紧接着，便是再次为刘邦开脱，最后再吹捧一下项羽：凭借你的英明一定不会这么做吧。

那么项羽是什么反应呢？

他只说了两个字："坐，坐！"

从最初的迟疑到现在的无言以对，既说明了整场宴会上，心理优势一直在刘邦这一方，也说明项羽的矛盾心理在此刻已经成功被刘邦一系列的后招所击溃。

这场宴会到这里已经基本快结束了，刘邦似乎是安全了。但是刘邦自己却不这么看，因为只要他还在楚营，就仍旧没有脱离危险。所以，在喝了一会儿酒后，刘邦起身说道："不好意思，喝得有点多，我要去方便一下。"

本来这也是正常的，但接下来就不正常了。因为他叫出了樊哙。去个茅房还要带一个杀气这么强的保镖？很明显，他是要跑。

但此时的项羽却毫无反应。

逃

刘邦出来以后，项羽继续宴饮。可是过了很久，刘邦还没有回来。

于是项羽让陈平去看看怎么回事。

陈平就来到外面寻找刘邦，那么，刘邦此时是否在上厕所呢？

当然不是，他在谋划逃跑。他对樊哙说道："现在我出来，都没来得及告辞，不太好吧？"

听到刘邦这样说，樊哙立刻劝解道："干大事的人不要在意这些细节问题，讲大节也不必躲避小的责备，方今人为刀俎，我为鱼肉，不跑就被清蒸或者红焖，还告辞个啥！"

于是刘邦也横下心，一不做，二不休，跑！

但毕竟一下子全走很不礼貌，还是要留一个人在这里应对。刘邦环视

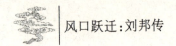

左右,似乎有能力胜任的只有张良。而张良对于这个安排也没有反对,似乎早就料到了,只听他平静地问道:"大王您没空手来吧?"

"没有,我带了白璧一双,准备给项王。玉斗一对准备献给亚父。正赶上他们发火,所以就没献上,您替我献上吧。"

"好的,大王。"

说完之后,刘邦奔向了自己的车驾。然而他并没有坐车,而是选择骑马,也没有多带人,只是领着樊哙、夏侯婴等四位大将。看着刘邦的背影,张良刚欲转身,刘邦就说道:"现在有一条小路,到我们军营只有二十里,要比大路近二十里,你估计我到了军营后再进去。"

真是小心啊,但在刘邦看来,小心点是没错的。

另外有必要交代一下刘邦是怎么跑的。前面不是说过了吗,他骑马,但是手下的四员大将呢?步行。万一敌军追上来,刘邦是骑着马早跑了,而樊哙他们……这也是刘邦。

就这样,估计刘邦已经跑到军营后,张良再次进入大帐。他对项羽致歉说道:"沛公酒量不行,喝得有点高,因此不能亲自来与大王辞行了,谨让臣下捧上白璧一双,恭敬献给大王。玉斗一对,恭敬献给亚父。"

"沛公去哪了?"项羽问道。

"听说大王有意责怪他,他就脱身一个人走了,这会儿应该已经到了军营了。"

听到张良的回答,项羽也没有多说什么,反而接过了白璧,放到了座位上。范增则接过玉斗扔在地上,拔出剑愤怒地击碎了玉斗,叹道:"唉,竖子不足与谋!夺项王天下者,必沛公也,吾属今为之虏矣。"

至此,刘邦成功从鸿门宴上脱了身。

顺便交代一下曹无伤的下场,史料上只有这几个字:"沛公至军,立诛杀曹无伤。"

有的时候,就刘项这种人物来说,相比于一切,还是有命活着才更为实在。一切的宏图霸业要以活着为基础,否则,一切都失去了意义。在绝对的实力面前,一时的隐忍,这算不得什么,能屈能伸方显英雄本色。在刘邦看来,务实胜过一切虚浮,而一切的伟业似乎也正是在山穷水尽的时候才开始的,更何况对于此刻的刘邦来说,还远谈不上山穷水尽。几十年的混迹江湖、几十年的受人白眼、几十年的胸藏壮志,他怎么可能因为这样小小的羞辱就耿耿于怀？此刻,韬晦是他的绝招,示弱是他的王牌,隐忍是他的秘诀,而他等待的,是他年给予项羽致命的一击！

相较于刘邦的隐忍洒脱,在这一刻,项羽的虚荣与自负、傲慢与骄狂彰显得毫无保留,这就使得他与刘邦相比完全落入了下风,甚至说将原本牢牢掌握在自己手里的主动权白白地送给了刘邦。性格决定成败,在这之后,项羽的这种不明不智并没有随着天下形势的变化而逐渐改善,反而愈发扩大,而他与刘邦之间的距离,自然也就越拉越远了。

霸王？ 魔王？

鸿门宴之后,项羽自然而然进入了咸阳。从他踏入咸阳的那一刻起,这位日后的霸王俨然变身成了一个魔王。

在他进入咸阳以后,太史公他老人家是这样描述的:"居数日,项羽引兵西屠咸阳。"

那么项羽都干了些什么呢？

首先,他杀了秦降王子婴。项羽的这一做法很不地道,毕竟人家好歹也曾是一国之君,即便是投降,也应该有合理的待遇。

但不论是谁,在他项羽看来,就是我想怎么做就怎么做,谁敢多言？

不地道的还在后面呢。

面对着如此富庶的咸阳城,项羽和他手下的诸侯军都动心了,这些自认为是救世主的人,开始无尽地向百姓们索要"补偿"。

于是,在项羽的默许下,各路诸侯联军纵兵掳掠！那一刻的咸阳,彻底变成了人间地狱。到处都在杀人、放火、奸淫、掳掠！这还不算,当这些人把咸阳彻底掀翻以后,又把所有的财宝、美女全部打包带走了。

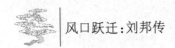

看着这座往昔异常雄伟壮阔、宛若人间天堂，而今残破不堪、犹如修罗地狱的咸阳城，项羽的表情很是淡漠。

烧了它。

就这样，一条条火龙冲天而起。白昼里烟雾遮天，黑夜中火光闪烁！大部分的民居、秦国的宫殿都消失在火焰之中，化作了一片片的废墟。

而这一次大火，竟一连烧了三个月才渐渐熄灭。

经过此番折腾，咸阳城内一片狼藉。百姓哀鸿遍野，苦不堪言，果真是"所过无不残破"。

种如是因，收如是果。项羽所犯下的错、欠下的债，终有一日，是要加倍偿还的！

《六韬·武韬·发启》有言：利天下者，天下启之；害天下者，天下闭之。

因为是否合乎人心永远是衡量一个帝王般人物事业成败的重要因素。

人心在，天下就在。

人心失，天下必失！

这句话，刘邦明白，项羽不明白。

不合理的分封

前面说过，项羽在诸将面前已经彻底与楚怀王摊牌了，但不论如何，明面上的工作还是要做好的。

所以，他尊奉楚怀王为义帝。

明知自己是个空壳义帝，可是此刻的楚怀王也当真是没有一点办法了。他的"如约"之命，就那样被项羽当作了耳旁风。

而把楚怀王解决好后，那所有的一切权力，自然就都是项羽的了。但是，这一刻，项羽开始要面子了。毕竟太过赤裸裸地表达出自己的贪欲，难免会让人诟病。所以，项羽还要克制。

他先分封了自己手下的一票兄弟，为自己称霸做铺垫。

对于这次分封，项羽还是下足了功夫的。

为什么如此说呢？首先我们先看看他都分封了谁。

雍王，章邯。

塞王，司马欣。

翟王，董翳。

西魏王，魏豹。

河南王，申阳。

韩王，韩成。

殷王，司马卬。

代王，赵歇。

常山王，张耳。

九江王，英布。

衡山王，吴芮。

临江王，共敖。

辽东王，韩广。

燕王，臧荼。

胶东王，田市。

齐王，田都。

济北王，田安。

汉王，刘邦。

以上就是项羽分封的诸侯，共十八路。

可是大家注意一点，这些有功之人，大多是项羽阵营的有功之人，那么其他阵营的有功之人呢？

前面多次出现的陈余，由于他放弃了将军印，没有领兵跟随项羽入关，而是选择自己创业去打鱼（此事后文会提到）。所以在项羽看来，这人没有成为自己的亲信，可惜了。但念在你才华出众的份上，我就封你三个县吧。

但这在陈余看来，不是别的，是施舍，是对他陈余的赤裸裸的侮辱。因为项羽还分封了那个陈余最恨的人！于是这一刻，项羽为自己埋下了一个

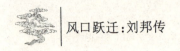

隐患。

另外,还有一个人,项羽给忘了。说是忘了,实际上就是压根儿没想封他,那就是田荣。作为齐国的实际掌控者,田荣与项羽的矛盾那是人尽皆知了。对于项羽来说,我不仅不封你,我还要瓦解你。这还不算,有空我还要灭了你。

因此,不久后,面对着项羽三分齐地的举措,田荣也是愤怒了。即使天下人都怕项羽,田荣也要和他对着干!项羽再一次为自己埋下了一个隐患。

而更大的隐患,便是刘邦。

只不过此刻的刘邦,称号已不再是沛公,而是,汉王。

汉王刘邦,封地是巴蜀之地。可是,这里是关中之地吗?

当然不是,首先项羽不可能让刘邦拥有关中。其次是尽管项羽现在没有动刘邦,但并不代表他对刘邦失去了应有的戒备。

所以对于刘邦的分封,项羽很是苦心谋划了一番。由于鸿门宴时他已经与刘邦"澄清"了误会,现在明面上不给刘邦关中之地就是违背约定。一个弄不好,就会大失人心。在这种情况下,他就要想一个既能堵住诸侯的嘴又能很好地防备的地带分封给刘邦。

对着地图思来想去,项羽终于决定了刘邦的封地,那就是巴蜀。为什么选在这里呢?

因为在当时的观点里,巴蜀之地似尚未开化。不仅交通不便,且人口稀少,经济不发达。而且还有重要的一点,那就是巴蜀之地多是些秦国遗民、不安定分子。把这样一个地带封给刘邦,先不说内部的矛盾能不能拖垮刘邦,就是从外部环境上讲,刘邦也是被关在了一隅,近乎封闭,与世隔绝。

况且,刘邦部下多中原人士,巴蜀绝不会是他们想要的归宿,刘邦阵营的分崩离析,仿佛就在项羽的眼前。

但分封巴蜀,也要正名。于是项羽与范增乃对外宣称,巴蜀也是关中之地。似乎这样,天下人就都不好说什么了。

那么,除去将刘邦分封到鸟不拉屎的巴蜀一带来防范他之外,还有没有其他针对刘邦的举措呢?

当然有。项羽把关中之地分给了三个前秦降将,他们便是章邯、董翳、司马欣,以此来防备刘邦!

就这样,汉元年(公元前206年)四月,分封完毕后,项羽马不停蹄地奔回楚地。

十八路诸侯的分封,是项羽的得意之作,但是他不知道的是,秦的灭亡,并非是天下动乱的终结,相反却是更大动乱的继续!因为短短三年间,天下由一帝国变成七王国,又从七王国变成了十八诸侯国,君主对郡县的约束力与大国对各地的控制力、天下霸主对各诸侯国的号召力是绝对不可同日而语的。此刻的天下犹如一块大蛋糕,十八路诸侯获得蛋糕的大小直接影响着各诸侯之间的关系。大家一同打天下,凭什么你得到的多我得到的少?更有甚者,还有什么都没有得到的,又怎么甘心?

所以,当项羽决定把天下划归十八路诸侯的时候,更大的动乱就已经开始了。原六国后代势必与项羽分封的诸侯开战,而不满项羽的其他诸侯也势必加入这一场大战。因此,原本秦灭之后的安定,转瞬间便是被新的暴风所取代,而这,也是项羽始料未及的。因此,十八路分封,似乎并没有给项羽带来任何的实际好处,而相应的负面效果,却是层出不穷,到后来,就算项羽有心悔改,也是来不及了。而项羽不知道的是,这样的分封,则恰恰是刘邦的绝佳机会!

这是一个更大的风口。

逐渐平复的心

汉元年四月,这一年,刘邦的称号不再是沛公了。现在的他,已经是名动天下的诸侯之一了。他现在的称号,是汉王。从这一刻起,他将为大汉帝国的四百年基业而继续努力拼搏。

但在刚刚得到"汉王"称号的时候,刘邦却并不高兴。相反,那时的他可以说是十分愤怒。

自己不仅没有得到应得的关中之地,还被驱赶到了偏僻的巴蜀之地,他项羽也真是歹毒! 不谈我的功劳也就罢了,驱逐我也先暂缓,把关中之地分给三个前秦降将也可先不提,但是你项羽居然还利用盟主的身份把我的军队削减到了三万! 这不是赤裸裸的欺负人吗!

那一刻的刘邦很是愤怒,火气十足,准备发兵攻楚。但最终,他在萧何的劝说下喜笑颜开,放弃了攻打项羽的念头。

得知了刘邦的作战计划后,又见到了刚刚因劝谏刘邦停止攻打项羽而被他骂出去的周勃、灌婴、樊哙等人,萧何皱了一下眉头。

他只是淡淡地问了刘邦一句道:"你想去送死吗?"

此时刘邦阵营里,敢这样同刘邦说话的,似乎只有两个人。而其中一个,便是萧何。

"你什么意思? 怎么就是送死呢?"刘邦没好气地反问道。

"现如今打不过人家,百战百败,怎么会不死?"

听到萧何的话,刘邦猛然间看向了他。

而萧何则依旧在那里,静静地注视着刘邦。

就这样,片刻过后,刘邦那颗暴走的心逐渐平静了。他知道,萧何说得对。

当初自己拥兵十万,尚且要在项羽面前那般低声下气,而今自己只有三万日夜思归的士卒,又怎么会是项羽的对手?

更何况,项羽正愁没有机会彻底铲除自己,如此一来,岂不是恰恰给项羽提供了一个一口吃掉自己的机会?

这样一来,之前三年的努力,就全都白费了! 还谈什么大业、帝业! 自己一时冲动,竟险些坏了大事。

心情逐渐平静的刘邦又听到了萧何的后话:"况且《周书》有言,天与不取,反受其咎。人们总说天汉,把天和汉归结到一起,是莫大的吉兆啊。能够暂时隐忍,而使得万民拥戴、伸张自己的志向的人,这是商汤和周武这样的人物啊。"

他亲历了大秦的臻至极盛与转瞬烟消云散,见识了陈胜的骤然突起与猛然溃散,目睹了众多的英雄豪杰异军突起却又短时间身死道消、一切成空! 这一切无一不在深刻地警醒着刘邦。鸿门一宴、萧何之语,使得他的内心再次醒悟:自己要学的、要做的,真的还有很多。要想在这风云乱世成就属于自己的帝业,他的路,真的还很长。

因此,拂去心中的疑惑,接下来要做的,便是脚踏实地,眼望东方! 因为他知道,汉王,绝不是他的终点! 项羽,阻挡不住自己的脚步! 他的跃迁之路已经初现端倪。

他还有一群相依相知、无比忠心且极具智慧的兄弟与臣下。刘邦相信,加上他自己的领导,要突破眼前的困局,不会难的。因为在这之后,他得知了三个好消息。

那么,究竟是什么好消息呢?

大汉第一相——萧何

看着逐渐平静下来的刘邦,萧何又提出了他的具体战略。而这一战略,也将是在楚汉战争第一阶段里刘邦的具体行动方针,对于刘汉集团此后的发展,具有极其重要的作用。只听得萧何说道:"臣愿大王王汉中,养其民以致贤人,收用巴蜀,还定三秦,天下可图也。"很简单,就是利用巴蜀之资源先增强自身的实力。当实力充足后,再北定三秦。刘邦若想要争夺天下,就必须占据三秦。否则,连自家门口都出不了,又谈何争夺天下? 可以说,这一策略十分适合当时的刘邦。而刘邦也是深知,尽管项羽处处防备、挤对他,更不惜违背盟约把他驱逐到巴蜀,但是这对他来说,未尝不是一个暂时退出诸侯视线的机会。

只要利用好这段时间,提升自身的实力,那么到那时,我若出关,三秦之地,必为我有。就连天下,也会是我的。于是刘邦回答道:"善。"

如果说,刘邦此刻的自信很大一部分来源于萧何,那么萧何的自信则是来源于自己对巴蜀之地的了解。此时的萧何早已将天下各地的人口、图籍、

149

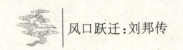

物产等信息烂熟于胸,而巴蜀之地自然也不例外。

那么,在项羽、范增眼中荒僻落后、罪犯聚集的巴蜀真的就是这样的不堪吗?

公元前 316 年,秦惠王派大将司马错率军,一举定蜀,进而灭巴,彻底将巴蜀纳入秦国版图。此后通过近百年的开发、移民,以及封建化的改革,到了秦朝末年,巴蜀之地不仅风俗习气得到改善,文化发展也是进步迅速。

尤其是李冰父子主持修建的都江堰,使得蜀地农业发展迅速。而蜀人本来就擅长养蚕,又擅长手工业,尤其是名闻天下的蜀锦。这一切,都使得巴蜀之地的整体实力更进一步。

就这样,一系列的发展措施,使得巴蜀逐渐变成秦攻伐六国的重要兵源地和粮产地。

《史记》上对秦夺得巴蜀之地后的评价是这样的:"得其地足以广国,取其财足以富民缮兵。"宋朝郭允蹈在《蜀鉴》里也曾提到:"秦并六国,自得蜀始。"

由此,巴蜀地位可见一斑。而且自战国以来,巴蜀之地几乎未曾遭受战火,与外界相比,这里的人民所过的,可以说是世外桃源般的生活。

也许在项羽看来,巴蜀之地多流放罪犯,难于管理。但真实情况却恰恰与此相反,因为大量的外来人口与当地人口结合,使得巴蜀之地很快从荒僻野地变成了农居天府。大量的粮食生产便是由这些人耕作而出。纵观日后楚汉相争,可以如此说,巴蜀之地的粮草支撑、兵员支撑虽然并不是日后刘邦实力的唯一保障,但其所发挥的作用却是相当巨大的。如此,果真如古言:塞翁失马,焉知非福。

收获汉中

而在得知巴蜀之地的优势后,刘邦还对两件事情感觉很欣慰。前文刚说过,他得到了三个好消息。这第一个来自萧何,那第二个好消息,来自于谁呢？

自然是大汉第一谋主，张良。

因为就在不久前，张良刚刚替刘邦再次求得了一块封地，汉中。实际上，项羽最初分封刘邦时，只是封给了刘邦巴郡、蜀郡这两个郡，根本就不包括汉中之地。那么，为何汉中之地又到了刘邦的手里呢？

事情是这样的。

当刘邦刚刚被封为汉王的时候，张良也要暂时离开他了。现如今"革命"已经取得了成功，而韩成也被封为韩王。张良曾经追求的复国之志到此刻，似乎也已经实现了。毕竟他当初是以韩国大臣的身份跟随刘邦的，现在韩国草创，他又要回去辅佐韩王了。

可是，对于张良的即将离去，刘邦的内心很不是滋味。如此不世出的大才，刘邦怎么舍得让他离去？但是转念一想，刘邦却又找到了一个说服自己的理由。那就是，张良总有一天会再回来的。而且他相信，这一天不会太久远。

这一路走来，张良在他心中的地位，所有人都有目共睹。尤其是在鸿门宴上，刘邦对张良很是感恩。而张良，也是深明这一点。因此，此番既然要离去，他就一定要为刘邦做出最后的贡献！

当刘邦被封巴蜀之地以后，张良自然也是看出了个中优劣。所以，在临走前，张良更加觉得有必要再为刘邦做几件事，尤其是当他看着刘邦送给自己的礼物时。

他张家祖上相韩五代，说之为家财万贯也不为过。珠宝于他来说，不过过眼云烟而已。但他也是明白，刘邦深知张良不重宝器，只不过，一到分别，刘邦也是着实想不出送给张良什么了。

此刻，看着这些珠宝，张良的脑海里浮现出了一个身影。一个计划也产生在了他的心里。

不久后，张良携带着刘邦送给他的所有宝物出现在了项伯的大帐里。

他之所以这么做，恐怕有着两点考虑。一来答谢项伯之前相救的情谊；二来，他希望帮助刘邦取得汉中之地。

当刘邦得知这个消息以后，也是明白了张良的用意。随后他便大力支持张良贿赂项伯。而刘邦的这位亲家倒也好说话，毕竟拿了人家的钱财，不能不办事儿。于是,在项伯的劝说下,项羽大笔一挥,汉中就给刘邦了。

看上去项羽很痛快。的确,在将汉中分封给刘邦的时候,他确实没有犹豫。原因无他,虽说他在将刘邦封到巴蜀之地的时候已经做了一系列措施来堵住天下人的嘴,但问题是,这一系列的举措连他自己都无法说服。天下人又不是傻子,到时候又该如何看待他项羽?

恰巧在这个时候,刘邦通过项伯表达出了自己想要得到汉中之地的念头,加之项伯的劝说,项羽也就正巧做个顺水人情,把汉中划给了刘邦。

看我多大方,不仅给刘邦巴蜀之地,还将汉中之地划给了刘邦。

但事实上,在项羽的眼里,汉中和巴蜀一样,不毛之地而已,划给刘邦又能如何?

但事实真的如此吗?

当然不是,否则张良这位大汉第一谋主,怎么会积极地为刘邦谋得汉中之地?

四百年以后,大汉益州牧刘璋管辖下的汉中被五斗米教张鲁占据。这可吓坏了刘璋,因为对于巴蜀腹地来说,汉中之地,攻,是一个前沿阵地;守,则是一个缓冲屏障。一旦被人占据,就是把自己的心脏暴露在敌人的刀剑之下,这样的情况,谁能够高枕无忧?

在这之后,刘备占有巴蜀,面对掌控汉中的曹操大将夏侯渊、张郃,他毅然出兵夺取汉中。即使是面对来援的曹操大军,也不曾退却,最终夺取了汉中之地。

从那以后,汉中之地,直到蜀国灭亡,都是蜀国进军中原,同时也是防御来自中原的攻击的一大优势地带。

在刘邦这个时代,汉中也具有这样的优势。就这样,刘邦得到了一个日后出兵三秦的前沿阵地,也算是得到了一点补偿。

在帮助刘邦取得汉中之地以后,张良也不得不离开了。在离开之前,他又送了刘邦一段路程。可天下没有不散的宴席。

在临走之前,不放心刘邦的张良又一次给刘邦出了个计策。而这一计策,则是刘邦得到的第三个好消息。

那就是鉴于刘邦集团目前的局势,张良提议烧绝蜀中通往外界的栈道。

这样就能麻痹项羽和天下诸侯,让他们以为刘邦不会再返回中原争夺天下。另外也可以防范诸侯趁机偷袭和侵犯。

对于张良的建议,刘邦同意了。

有萧何、张良这样的贤臣辅佐,大事终可成!

就这样,刘邦一行人也是开始前往南郑(今陕西省汉中市)。走着走着,自己的身后竟然多了数万人跟随!

原来这些人久仰刘邦仁义之名,更是受其贤德的感召,自愿前来跟随刘邦。

就这样,看似在项羽精密安排下被逼到绝路的刘邦,却得到了一个天堂。有些时候,命运真是有趣。因为不久之后,刘邦就会依靠着这鸟不拉屎之地,重返关中,争夺天下。

《墨子·修身》有言:"志不强者智不达,言不信者行不果。"大概,就是此意。

萧何月下追韩信

当刘邦到达南郑以后,以萧何为汉丞相,令诸将各安其营,开始熟悉并管理这块地带。起初,大家倒也都没有多说什么,干劲儿也是十足。

但是不久后,问题还是出现了。

尽管刘邦的战略目标已经制定,也有着数万人慕从而来,但还是不断有将领士卒逃跑。原因很简单,那就是将士们想家了。

他们一起唱起故乡的民谣,想起故乡的种种,都不禁泪如雨下。

望我故土兮怀我旧人,思我曾游兮有泪伤痕。

这一切,刘邦都看在眼里。他理解,他无奈。因为此刻他的内心又何尝不是如此?

回首看去,似乎已经不识来路。向前眺望,前途又是一片渺茫?想他一

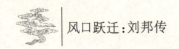

路走来,所为的又是什么?

　　他不能倒下,他的兄弟、部下、士卒们都在看着他! 他是弟兄们的依靠,而他所能依靠的,也不只有自己,还有兄弟们!

　　就在刘邦正在为如何应对部队思乡、逃亡的情况而发愁的时候,他突然接到了一个足以令得他大惊失色的消息。

　　只听得手下慌张地说道:"大王,不好了! 丞相萧何跑了!"

　　这个消息就好像是一个晴天霹雳直接在刘邦身边炸开!

　　这时,刘邦是什么反应呢? 对此,太史公他老人家是这样记述的:"上大怒,如失左右手。"

　　能够被看作是左右手,这也足以说明萧何在刘邦心中的地位和他在汉阵营的重要性。因此,当听到手下禀报的时候,刘邦是既吃惊又怀疑。

　　他不相信这个和自己一起从沛县打过来的老兄弟会在这个关头背叛自己。如果连萧何都逃跑了,那么新造之汉又将会陷入何种境地呢?

　　就这样,刘邦在煎熬中度日如年,一两天过去了。这日,手下再次急匆匆赶了过来。只不过这一次与上一次的慌张大有不同,似乎有些喜悦显露出来。

　　"大王,萧丞相回来了!"

　　"嗯? 真的?"

　　听到这个消息的刘邦当时大概会突然间站起来,而后满心期待地看着殿外,但同时,他也一定会是满心疑惑的。

　　他现在要做的,就是不动声色,等萧何来给自己一个说法!

　　很快,回到汉营的萧何也是第一时间来拜见刘邦。当他见到刘邦的时候,表情很是兴奋。

　　看着激动的萧何,刘邦应该也是逐渐放下了自己那颗悬着的心,最起码有一件事已经明了了,那就是萧何绝对没有背叛自己。但他还是必须要斥责一番:"你不是跑了吗? 干啥去了?"

　　萧何自然明了刘邦的性格,于是他回答道:"我没跑,怎么会跑呢? 我是去追逃跑的人去了。"

　　"那你去追谁了?"

"啊,是韩信。"

本来听到萧何非但没有跑,反而是去追逃跑的人,刘邦心里应该是一喜。既然能让萧何亲自去追,想必是个重要将领。可是当他听到萧何追的是韩信的时候,他不禁又要怒了:"你傻啊!诸将逃跑的数以十计,你不去追,而去追一个韩信。他是谁啊?你是在欺骗我吗?"

对此,萧何只是淡定说道:"逃跑的其他将领都是平庸之人,跑就跑吧,但是韩信不同啊,这个人厉害啊,普天之下找不出第二个人啊。"

"你接着骗吧。"

"好,大王您如果想要一直称王汉中,有无韩信无所谓。但是如果想要争夺天下,除了韩信,没有人能够帮助你。这就看您怎么决定了。"

这一刻,原本有些生气的刘邦一下子愣在了那里,紧紧地盯着萧何。

他知道,自己的这位丞相绝对不是在和自己开玩笑。只要他这么说,那么,韩信这个人就必定有他的过人之处!

于是他对萧何说道:"我是一定要东向争夺天下的,怎么会长期待在这里?"

"大王既已决议争夺天下,若能够重用韩信,韩信就会留下来。如若不然,他终究还是会跑的。"

在听到萧何如此的"危言耸听"之后,刘邦也是好奇了起来。这人是谁啊,这么大的架子?不过,即便是如此,在没有亲眼见识到韩信的真正本领之前,即使有萧何如此的说辞,刘邦也还是有些疑惑的:"那我看在您这么极力举荐的份儿上,就任命他做个将军吧。"

不过,刚说过这句话的刘邦,就看到了摇头的萧何。

"即使做个将军,韩信也是不会留下的。"

这一刻,刘邦对于这个韩信更加感兴趣了。

"那就做大将军!"

没有丝毫犹豫地对萧何说出了自己的最终考虑。

"太好了!"

看到了刘邦如此,萧何也是松了一口气。因为自己的一番努力,终究是没有白费。

　　同时，他也是回想起三天前，当他得知韩信逃跑时，连汇报刘邦都没有来得及，便自己直接骑马去追赶。因为他相信自己的眼光，当年的刘邦，现在的韩信，都是如此。

　　历史证明，萧何都看准了。由此，两千年前那一晚，萧何策马而出这个故事也就逐渐流传至今，成就了一段千古佳话——萧何月下追韩信。

　　另外，萧何也是佩服刘邦这种用人不疑、疑人不用的气魄。因为这才是一个帝王所必须拥有的魄力。

　　片刻后，看着满意兴奋的萧何，刘邦开口了："你去把韩信叫过来，我跟他谈谈。"既然你都已经把韩信夸上天了，我也答应你任用他，那么叫过来谈谈，先让我摸摸底儿，这总可以吧？

　　但是这一次，萧何却回绝了他。

　　"大王，您向来对人轻慢。现如今要拜大将，却像呼唤小儿这样草率，这就是韩信离去的原因啊。大王如果真的想拜韩信为大将军，就要选择良辰吉日，沐浴斋戒，建拜将台，一切依照礼数而行，这样才可以啊。"

　　至此，刘邦也是彻底明白了。因为他还从来没有见过萧何能为哪一个人讨价还价如此长的时间。萧何之所以让他如此的郑重其事，甚至一改以往不愿受礼数限制的习惯，不就是为了突出他知人善任、求贤若渴的一面吗？

　　于是，在这之后，史书上是这样写的："王许之。"

　　就这样，三杰中的第三位韩信，也即将正式登场。

第七章

汉有三杰　回师老秦

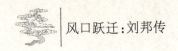

韩信其人

于是,秦季汉初屹立在兵道造诣上最巅峰的存在出场了。

他便是韩信。韩信者,淮阴(今江苏省淮安市)人也。在他正式登场之前,我们先来看一些后世对他的评价:

"国士无双,略不世出。虚实莫测,绝代兵仙。韩信是也。"(楚汉之际人们的评价)

"信之用兵,古今一人而已。"(南宋文学家陈亮)

"予览观古兵家流,当以韩信为最……而韩信,兵仙也,然哉!"(明学者茅坤)

"胆力绝众,才略过人。是谓枭雄,白起、韩信是也。"(《人物志·卷上·流业第三》)

好了,暂且举例到这里。以上的这些评价,看上去褒奖有点过了头。

但这一切,实至名归。

其实这还不算,因为除却这些,韩信还是一位"王侯将相"都当过的人物。简单地说,他这一辈子,做过将军,拜过国相,得封为侯,进位为王。

要知道,这四类职业,在秦季汉初只要做过其中的一种,那都绝对是一个人物。而韩信,竟然四种职业全都做过!

但是这些,在一开始,韩信是并不知道的。确实,他也没心思去想这些。因为当时的他每天都会为了饭食而忧虑不已。

太史公他老人家是这样说年轻韩信的:"始为布衣时,贫无行,不得推择为吏,又不能治生商贾,常从人寄食饮,人多厌之者。"

也就是说,韩信年轻的时候,贫寒而多不检之行,因此没能被推举为吏。按理说,没能被推举为吏,这也没什么的,你可以经商啊。但是问题是,他又不擅长经商。一来二去,连饭都吃不上了,只得到处蹭饭吃,搞得人见人厌。

您还别不信,有例为证。那就是韩信曾多次去南昌亭长家里蹭饭吃。要说吃个一两顿也就得了,可是当年的韩信显然没有这样的思想觉悟,一连在南昌亭长家里吃了数月。

毕竟谁家都要生活,都不容易。你韩信一个大小伙子,总来吃白食,这实在是说不过去了。久而久之,亭长的妻子不耐烦了,于是她想出了一个办法,那就是之后每天她都早早地做饭,而后到内室去吃。如此一来,到了原来开饭的时间,韩信一去,就自然没有饭吃了。于是乎,见到这一幕的韩信也是明白了:敢情这是嫌弃我了! 于是,"信亦知其意,怒,竟绝去"。

韩信的表现也着实说不过去。人家不给你饭吃,你也没必要发怒啊。毕竟南昌亭长也没有义务一直免费给你提供饭食。更何况,他一个小小的亭长,养活自己家人尚且捉襟见肘,而今还要每天供着你饭食,也着实有些困难。

所以,韩信的如此表现着实有点儿不近人情。可是他现在要考虑的,已经不是人情什么的了,毕竟吃饱肚子是头等大事,而今既然蹭不到饭,就只好自己想办法了。于是聪明而又饥饿的韩信想出了一个好法子,那就是到河边钓鱼!

可是不知道韩信是没有找好地方,还是根本就不会钓鱼,一来二去的,却连个鱼影儿都没有见到。

这时一位在河边洗衣服的老妇人看见了他。老妇人几乎每天都来这里做活洗衣物,因此也就总能看到韩信。其实老人家根本就不认识韩信是谁,只不过看他挺可怜。因此,她每天都给韩信带来饭食。这一带,还不是一顿两顿,而是一连几十天!

而韩信,自然也是每天都去河边钓鱼,或者说等饭。

那么,这个时候有饭吃的韩信是什么反应呢?

太史公曰:"信喜。"

看到了这里,恐怕大家对于韩信此人的性格多少有些了解了。毕竟太史公他老人家把他"怒"与"喜"的对比显现在这里。

就这样,心怀感激的韩信郑重地对着老人家说道:"大娘,将来我一定会重重报答您的!"

可谁知,听到韩信的话后,老人家却是生气了:"大丈夫养活不了自己,

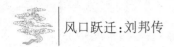

我是可怜你才会给你饭吃,难道是希望得到你的报答吗?"

说过这话后,老人家便离去了。韩信看着老人离去的身影,久久不语。

但韩信没有忘记自己的承诺,日后韩信为楚王后,他真的寻找到了那老人家,并且重重地报答了她,尽管那个时候的老人家已经忘记了他。

时间一点点溜走,似乎,那时候的韩信真的变成了一个无业游民。在接下来的一段时间里,他几乎每天都游荡在大街上,稀奇的是,他竟然还是背着一柄剑。

要知道,在那个年代,凡是背着剑的都是有身份的人。先不说宝剑的造价很贵,一般人根本就用不起,而且这东西属于危险物品,秦始皇当年更是将藏在民间的六国兵器收集起来,全部熔掉。当时对于民间的武器拥有那可是控制得相当严密。可现如今,韩信竟然背着一柄剑!

所以说,这小子绝对不简单! 他的祖上一定不简单,要么是官吏、将军,要么是贵族。

因此,有人认为,韩信是韩国王室的后代。韩国灭亡之后,王室诸子孙散落各地。而韩信这一支就流亡到了淮阴。而且韩信本来就身材高大,加之背着一把剑,就更有几分贵族之气。所以,有很多人愿意相信,韩信就是韩国王室之后。

但先不管韩信到底是不是韩国王室之后,问题是树大尚且招风,像韩信这般,整日背着剑乱逛,自然也是有人惦记。

淮阴当地有一个少年屠户,这人有点类似于《水浒传》中镇关西郑屠一类的角色。他看韩信就很是不爽,也由于欺负人欺负惯了,因此,有一天他当着众人的面,拦住了韩信。

看着这个屠户,韩信没有说什么,只是想绕过他继续前行。可是,这屠户就是不让韩信过去。他看着韩信,有些痞子般地说道:"你虽然人高马大,还喜欢佩带宝剑,其实这都是假的。你只不过是个胆小鬼而已! 你要是真有种不怕死的话,就一剑刺死我;要么,就从我的胯下钻过去。"

这一刻,所有人都跟着起哄。他们也想看看,这人高马大又有贵族之风的韩信,究竟会如何抉择。人群中就开始有人叫喊,让韩信杀了屠户;同时也有人开始取笑韩信,让他还是乖乖地钻过去。

此刻的韩信依旧很平静。

他仔细地打量这个屠户一番（孰视之）。而后，做出了一个科学决定——钻过去。

就这样，从此以后，满街的人都笑话韩信。所有的人都认为他只是个地地道道的胆小鬼。

可不论这些人如何嘲笑，对此，韩信是丝毫没有在意。他只知道，自己要做的是大事。这芸芸众生、普罗大众，又有几人能懂呢？

以上的记述出自《史记·淮阴侯列传》。司马迁在韩信传记的开篇便记述了三个这样的故事，难道仅仅是来写出韩信年轻时的落魄吗？仅仅是单纯地写出韩信年纪轻轻时就胸有大志吗？还是说此时韩信真的就是个"吃啥啥不剩、干啥啥不行"的人物？

实则不然，其实只要仔细去看，我们就会发现，这种记述，似乎已经预示了韩信的一生。

为什么如此说呢？因为开篇最生动的描写便是三件事中韩信的态度。

"怒，竟绝去。"

"信喜。"

"孰视之。"

这三点，也可以称为韩信的三个人生观。其一者，怒而不能争。其二者，有恩则必报。其三者，忍而终不发。

这种人，低调，会有很大的成就；但这种人，注定是个悲剧人物。怒而不能争，争则不待其时。有恩则必报，报则不明其理。忍而终不发，发则为时晚矣。

找工作

但不管怎么说，有大志的韩信终非池中之物。因此，项梁起事后，韩信仿佛看到了自己建功立业的契机。秦二世二年二月，他毅然决然地仗剑投

161

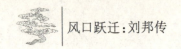

奔项梁。

可韩信如此热情,换来的结果是什么呢?

默默无闻,不受重用。

这还不算,因为仅仅七个月后,项梁败殁定陶,项家的领导人换成了项羽。此刻的韩信,本以为项羽要比项梁更加渴贤,因此,在项羽接班以后,韩信依旧保持高亢的热情,屡献计策。

但项羽依旧没有把他当回事。

这一次,韩信彻底愤怒了。你们项家就这样的有眼无珠?不识我这般天下大才!不用我,绝对是你们的损失!

于是,在刘邦入蜀的时候,瞄上了刘邦的韩信便转而投到了他的麾下。

但是这一次,他的待遇与之前在楚营无二,此刻的韩信还是不受重用。只做了个管理仓库粮饷的小官(连敖)。

这时,韩信彻底郁闷了。想我韩信,仗剑来奔,却依旧不受重用!

于是乎,郁闷的韩信便不甘寂寞了。而不甘寂寞的他不久后就犯事儿了。至于他具体干什么了不得而知,反正是没干好事儿。因为和他一起的竟有十三个人,而他们的罪责竟然已经到了问斩的地步。不一刻的功夫,那其他的十三个人便都被斩了。看着那大砍刀跟砍瓜切菜一样地挥舞着,眼看着就要挥向自己的时候,韩信着急了。

正巧在此时,慌忙的韩信抬头看见了一个人。当时他便灵机一动,心生一策!

此人不是别人,正是刘邦的沛县亲信之一的夏侯婴。却说正当夏侯婴监斩的时候,突然间听到了一嗓子暴喝:"大王不想要得到天下吗?为什么要杀掉壮士呢?"

这一嗓子可不得了,成功地吸引了夏侯婴的注意力。可以说,就是这一次狮吼救了韩信。

夏侯婴认为这小伙子不仅嗓门洪亮,而且长得还不错,更重要的是,这小子还有这种胆识和言论!于是,夏侯婴便就此放了韩信,还与他交谈起来,这一谈可不得了。夏侯婴几乎可以拍着胸脯保证,这是个人才,这绝对是个人才!

夏侯婴也是爱才之人，因此，这一激动之下，便跟刘邦推荐了此人。

刘邦见是夏侯婴推荐的，想来此人也是有着两把刷子的，于是，便任命韩信为治粟都尉。

那么，治粟都尉是干啥的呢？大概就是管粮食供给输出的。

虽说治粟都尉执掌粮饷，对于一军来说极其重要，可是在韩信看来，却根本不是如此。因为在他看来，刘邦依旧没有把他当回事儿！

而恰恰此时，韩信的顶头上司萧何也发现了韩信，并且与他多次交谈。于是乎，继夏侯婴之后，萧何也再次拍胸脯保证：这绝对是个人才！

可是不知怎的，刘邦就是不用他！

至此，韩信自己便开始揣摩了。如果说夏侯婴推荐自己，得到个治粟都尉的官职还勉强说得过去，可是连丞相萧何都如此推荐我，我却还只是个治粟都尉！由此可见，这刘邦也是个废物，跟着他混，也绝对不会有什么发展！

那为今之计，似乎就只有一个办法了，走！

此处不留爷，自有留爷处。

于是，赌气的韩信再一次一溜烟儿跑了。

但韩信不知道的是，命中注定，他韩信这辈子，与刘邦是有缘分的。

汉之大将军

就这样，当刘邦要拜将的消息传出后，汉军众将乐得简直是合不拢嘴了。因为现在汉军阵营里的将军彼此之间可谓都是知根知底。在他们看来，这个大将军，就是在这现有的几个人里面选，很有可能就是自己。

那么事实果真是这样吗？

话说这一转眼，便是到了登坛拜将的那一天了。这一天，每个人都很激动，无论是曹参、樊哙，还是周勃、灌婴，都激动地等待着汉王的任命。

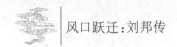

看着刘邦缓缓地出现,所有人都是屏住了呼吸。

"三军众将,即日起,寡人拜韩信为我汉之大将军!诸所号令,皆行寡人之意,众军莫有不从!"

可以想象,当刘邦的话落下之后,所有的人尽皆瞪大了眼睛。尤其是曹参、樊哙等人,那绝对是懵在那里,眼睛里一片难以置信的疑惑之色。

而刘邦似乎是没有看到众将的表情,只是在上面等待着韩信。听到这个任命的韩信,理了理衣衫,自然也没有理会其余人等。似乎这大将军就必须是他的。

于是,他一步一步登坛还礼,拜见刘邦。经过一系列程序之后,这汉军大将军之位,也就板上钉钉是他韩信的了。

任命韩信的仪式结束后,刘邦就座。看着眼前这个身材高大的男子,刘邦也不确定他是否真如萧丞相所说,果真是不可多得的人才。

虽然大将军的印信已经给了他,但是一个单独的面试还是必须要走的程序。因为刘邦要做到的就是对他彻底了解。

于是刘邦首先问道:"丞相多次称道将军,寡人不知将军用什么计策指导我呢?"可以说,刘邦的这次询问,话语十分得体,不仅合乎礼仪,而且十分谦虚。

韩信一听,这与之前传闻中的刘邦不太一样啊。当下也不敢无礼,连忙谦让了一番,紧接着,他便开始展开自己的逻辑。他并没有直接回答刘邦,反而趁势反问了刘邦一句道:"如今向东争夺天下,难道大王您的敌人不是项羽吗?"

听得韩信如此询问,刘邦也是很有兴趣。当即回答道:"是啊。"

"您自己在勇敢、强悍、仁厚、兵力方面与项羽相比,不知大王如何估计?谁更强呢?"

听到韩信这样询问,刘邦沉默了片刻。因为在不久前,他所信赖的帝师张良也问过他同样的问题。那么,这一次刘邦的回答依旧不会改变。

"不如他啊。"

看着态度认真的刘邦,韩信拜了两拜。似乎对刘邦的回答早有预料,而这自然也很符合他自己的判断。

"我也认为大王比不上他呀。"

这话要是刘邦自己说出来也就罢了。但是一个臣子而且还是一个连面试尚未通过的臣子,居然敢这样对刘邦说? 想不想要饭碗了? 想不想要命了?

其实,这是韩信的一次试探。他在试探刘邦到底是不是人们所说的那样,能够勇于认知自身的不足,到底是不是一个虚心纳谏有容忍度量的人,是不是那个真的值得他韩信为之效忠一生的人!

事实证明,刘邦的确是一个度量高于项羽的人。但是,也仅此而已。因为你时刻不要忘记,他是一个古之帝王。他有他的自尊,一旦功成为帝之后,你的这些话他是不会忘记的。而韩信引以为傲的试探最终也会让他自己付出代价。但在此刻,一切都还很平静,于是韩信继续说道:"尽管如此,但我曾经侍奉过项羽,所以请让我说说项王的为人吧。"

鉴于韩信所说话语过长,这里就简单把他的话归纳为以下几点:

一者,在韩信看来,项羽一怒,万众俯首不敢动丝毫,但他不能放手任用有才能的将领,这是典型的匹夫之勇。

二者,项羽待人可以说是非常有讲究的。有人生病,他都会心疼得流泪,把自己的饭给他吃;但是等到有的人立下战功,该加官晋爵时,项羽却有些任性了。具体表现为他即使把用来封赏的大印玩磨得失去了棱角也舍不得给人。

三者,项羽现在虽然很猖狂,诸侯都怕他,但他放弃了关中而建都彭城,又违背了义帝的约定,将自己的亲信分封为王,诸侯们对此可以说是尽皆愤愤不平!

正是因为项羽不守为臣之道,把义帝迁移到江南僻远之地,因此,各路诸侯纷纷效法,回国之后全部照做,自立为王。更何况,项羽此人,残暴不堪,所过之处寸草不生。现如今,虽说天下看似安定,可是这只不过是百姓们迫于威势勉强服从罢了。

也就是说,他项羽虽然名义上是霸主,实际上却早已经失去了天下的民心。所以说,他的优势很容易转化为劣势。

因此,韩信的话大体可以这样理解。首先是说出了项羽的弱点,而项羽这种弱点刘邦都不具有。以此观之,刘邦显然要强于项羽,这无疑吹捧了刘邦,为的也就是下文继续好说话。

紧接着,韩信便指出了在他看来项羽的一系列失误,而他的话语里最重要的便是民心!

《墨子·尚贤上》有言:"不义不富,不义不贵,不义不亲,不义不近。"

项羽不仅不义,而且失去了民心。而这,正是刘邦的机会。于是,听过韩信对当前形势的分析,刘邦真正正色起来了。

到了这一刻,他开始真正相信了:韩信,是真的有两下子的。

"那我该怎么做呢?"刘邦虚心地问道。

面对刘邦的询问,胸有成竹的韩信给刘邦出了一招。简言之就是反其道而行之:项羽在哪方面做得不好,您就在那方面干好。也就是说刘邦一要选贤任能,放手去用有才能的勇武之人;然后就是不要像项羽那样小肚鸡肠,要舍得分封有功之臣,须知舍不得孩子套不着狼;紧接着,就是利用将士急于东归的心理,发兵三秦。如此这般,什么敌人不能击溃?

最后,韩信又向刘邦分析了夺取关中、灭掉三秦的优势,而这种优势便是人心。在韩信看来,灭掉三秦异常简单,也就是写封信的事儿。

其实刘项二人从天下群雄间脱颖而出,走到今天这一步,靠的,不单单是军事权谋,更在于其自身逐渐发生的变化。天下讻讻,民不聊生。刘邦本就为民,所以他一路走来,知道普通百姓最关心在意的是什么。而通过对赢秦、张楚兴衰的借鉴,他更知道,给予百姓什么才会获得百姓最大的支持,也就是得到更多的民心。他坚信,民心若在,天下迟早会有! 因此,依靠着这样的想法,他从一介布衣、腾升九天,与贵族出身的项羽有了平等地位,甚至让项羽不得不对自己抱以足够的重视。这是刘邦莫大的成功、华丽的跃迁。

而这种跃迁的一大构成要素,便是与项羽的刚愎自用恰恰相反的知人善任。刘邦知道,哪里是自己的长处,短板又位于何方。他固然有着自己的自尊心,但是现在为了打败项羽,他可以抛下一切负担,直到最后的胜利! 因此,此时的韩信,才会得到真正的表演空间,千里马常有而伯乐不常有;而此刻的刘邦,则恰恰成了能够发掘韩信这匹千里马的伯乐。从历史发展来看,这的确足以对项羽造成致命的伤害。

就这样,看着滔滔不绝的韩信,刘邦也是一阵激动,但心里总归还是有些担心。

三秦之地,重兵把守,写封信就能摆平的话,岂不是太愚弄了项羽的智商,怎么可能会这么简单?

韩信是这么对刘邦解释的:"章邯等人身为秦将,因他们而死的秦人不在少数,他们欺骗了信任自己的士兵,以至于让秦兵被项羽活埋。自己不以身殉国,却又依靠着项羽的实力称王关中,早已伤透了秦人的心,秦人恨不得食其肉,喝其血! 还怎么能替他们卖命呢?"

另一方面,鉴于刘邦在关中的一系列爱民表现,当初刘邦没能成为关中王,秦地百姓是十分遗憾的。汉军真要是回师三秦,百姓的心,一定是向着汉军的。

所以,这种情况下,拿下关中,岂不是轻而易举?

听过韩信的话,此刻的刘邦终于彻底放心了。他拉着韩信的手说道:"咱们相见恨晚啊!"

至此,楚汉之际乃至中国古代历史上堪称最强大的一个组合基本成立了。其中的首领是汉王刘邦,第一谋主是帝师张良,第一管家是丞相萧何,第一战神是大将韩信。而对于这个神话般的组合,历史将书写他们的传奇,书写下那只属于他们的神话!

汉王令:"传令下去,依大将军之令,各军积极准备,不日出兵关中! 丞相萧何留守巴蜀,供给军需,治理民政,不得有误!"

长达四年的刘项之战,即将拉开序幕了。

蓄势备战

在与韩信议定之后,刘邦为兵发三秦,做了如下准备。

首先,将大汉内政通通交给萧何。萧何的首要任务便是收取巴蜀的租

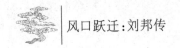

税,充实府库,填补军需。否则的话,还拿什么去跟项羽打?

也正是在这一刻,萧何的政务能力和巴蜀殷实的民力得到了很好的体现。短短几个月时间,汉军的兵员便是得到大量补充,军械粮草可以说是一应俱全,支持一场中期战役绝对不成问题。

基于这个基础,才能更好地进行下一步准备。

那就是练兵。

可以说,从沛县一路走来,刘邦直属军的战斗力得到了很好的历练。他们的战斗素质、技能与三年前简直不可同日而语。但是,此军虽雄,可与当时冠绝天下的精锐军队——楚军相比,还是有着不小的差距。

那么,到底该怎样快速地训练出强大的战斗力呢?

而这一项任务,自然便是交给了刚刚被拜为大将军的韩信。自从投入刘邦军中,韩信便一直在关注着一件极其重要的事。

那就是:对于一支部队来说,到底什么才是最重要的? 是战斗力还是其他的什么? 想了很久,韩信得到了他想要的答案。

虽说现如今的汉军精锐只有刘邦带入汉中的那三万大军,而其他的士卒也大多为新近招募。看上去,此刻的汉军战斗力应该是相当低的。

但是韩信却知道,这一切,只是表面现象。

他很清楚那跟随刘邦进入汉中的三万大军的战斗力。这些人大多是跟着刘邦一路血战过来的老部下。汉军士兵与诸将之间,可以说是将深知兵,兵深服将。

另外,对于从巴蜀、汉中一带所招募的士卒,韩信也非常满意。因为,这些新兵看起来就如同地地道道的老兵。他们熟悉战法与武器的应用,对于军队训练的熟悉速度相当快,而且毫不避讳战争,作战也相当勇敢。

这些人前一秒还在田地里耕作,为什么只要一拿上戈矛,就立刻变身成悍不畏死的士卒呢? 别人不知,韩信却是知道的。这一切,他要感谢一个人。一个活在一百多年前的人物。

那个人,便是商君,公孙鞅。

想当年商鞅变法,所改革的不仅仅是废井田、开阡陌、什伍连坐等等。

这些都不是韩信看中的,韩信看中的是这一点,军功授爵! 因为想要得到爵位、地位,只有在战场上表现出色才行。

而要想在战场上表现出色,对于国家来说,就要有一套完备高效的兵役体系。只有拥有科学高效的兵役体系,才能够保证拥有源源不断的高素质兵源。而对于士兵个体来说,就是必须要具有过硬的军事素质和悍不畏死的精神。

所以,自从公元前 361 年起,直到大秦统一六国的前夕,在关中、巴蜀等秦国范围内,所有的男子似乎都有着一个共同的特点。那就是国无战事时,他们是耕作于田伍的普通百姓,可一旦狼烟四起之时,他们立刻就会变身成虎狼般的大秦锐士!

百余年来,这里的人们已经熟悉了这种生活。几乎可以这么说,他们是民,他们亦是兵。

所以,对于现如今的汉军队伍,韩信丝毫不担心他们的战斗力。

对韩信来说,他的第一要务便是将汉军焦虑思归的思乡心情转变为东进的动力。他知道,对一支军队来说,最重要的不仅仅是战斗力,还有灵魂!因为只有凝聚了全部人员的所思所想的灵魂,才能锻造出一支坚不可摧、勇往直前的虎狼一般的铁之军队!

的确,现在的汉军几乎可以说是人人思归,哪里还有什么心思训练?这天下谁当王、谁称帝和他们又有什么关系?

可是,韩信告诉他们,这一切与他们都有关系。而且有着莫大的关系!因为不论是谁当王、谁称帝,都离不开他们的血战与支持,在战场上,他们才是最重要的!

可是,现如今的他们,却无法遂了自己的愿,回到自己的家乡。为什么呢?因为有一个叫项羽的人分封了天下诸侯,故意将他们赶到了这里,不让他们与家人团聚!包括汉王也是被项羽赶到了这鸟不拉屎之地!所以,汉王与他们一样,时刻想要回到家中!

就这样,阻力成功地变为了动力,汉军的战斗力简直是飞速飙升。看到这一切的韩信,笑了。

韩信在笑的同时,刘邦也笑了。

看着内政军务都在有条不紊地进展着,他很是欣慰。他更加清晰地感 169

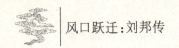

觉到了，这一切，定会是他争霸天下的倚仗。而他，也即将开始争霸天下！

明修栈道，暗度陈仓

这一日，樊哙走进了刘邦的大殿，来接受汉王的最新指示。但没过多久，他面色难看地从刘邦的大殿里走了出来。一众将领看到他如此表情，都是面面相觑。

身为汉军重将，这些人的军事嗅觉极其敏锐。连日以来的练兵、征调粮饷等，使得他们已经感觉到了，汉军，将有大动作了。

本以为今天樊哙被叫入大殿，是有什么作战任务要布置，可是看樊哙这表情，这是怎么了？

樊哙从他姐夫刘邦那里领到的旨意是：短时间内，修好栈道，为兵出三秦打开通道。

樊哙没有听错，没错，是修路，修的是李白走都不愿意走的路！千年之后，诗仙李太白在《蜀道难》开篇便发出了一句感叹："蜀道之难，难于上青天。"

难归难，命令还是要执行的，路是必须要修的。就这样，屠户樊哙摇身一变，成了包工头。那真是日夜加班地砌砖砍树，夙兴夜寐，殚精竭虑，绝不敢有一丝一毫的懈怠。

就这样，不久后，樊哙修路的消息传了出去。像他这般兢兢业业，自然也是引起了一些人的注意。

当章邯等人刚刚得知樊哙修路的时候，他们感觉到，刘邦可能要出来了。

可是当他们仔细考虑以后，顿时便安下心来。因为他们清楚，那是栈道！樊哙虽然相当敬业，可是就凭他那速度，就算是修个一年半载也未必能修好。所以，他们的时间很充裕。

可章邯毕竟是章邯。虽然他很相信所谓的天然障碍,但也是分毫不敢懈怠。他按照自己的判断,立刻调派雍军主力堵截在栈道出口,层层防备。现如今,一切都准备好了。刘邦,你若敢来,就叫你有来无回!

　　汉元年八月(公元前206年),刘邦在南郑举行了隆重的誓师大会。

　　誓师的目的只有一个,那就是准备出征。而他们所征讨的对象便是三秦,是那本该属于他们的关中大地。

　　可是,既然要出征,道路还没有修好,可怎么办啊?

　　就在不久前,刘邦与韩信发现了另一条抵达关中的小路。也就是说,他们回师关中,完全没有必要非走栈道这一条路。

　　可是,对面的三秦降将是否也知道这一条小路呢?其实,对于此刻的汉军来说,不论三秦降将知道与否,都必须要将他们的目光调离那里。那样,对于汉军来说,才能够做到绝对的安全。

　　于是乎,就苦了樊哙了。

　　因为韩信相信,刘邦的一举一动都足以令得章邯等人神经极度紧绷。如此说来,一旦汉军摆出从栈道正面出击的态势,那一定能吸引住章邯的注意力,这么一来,刘邦就可神不知鬼不觉地从这条小路直进关中,打章邯等人一个措手不及!而这,正是韩信拜为汉大将军以来的牛刀小试!

　　对于他的这一招,后世的我们早已经知晓。

　　其谓曰:明修栈道,暗度陈仓。

　　而这里,也提到了刘邦、韩信所发现的那条小路,陈仓道。

　　四百年后,蜀汉丞相诸葛亮为了汉室江山,鞠躬尽瘁,死而后已,多次北伐中原。而他的第二次北进中原的进兵路线,便是出汉中,奔陈仓。

　　陈仓,在今天陕西省宝鸡市东。此地历来是秦军的重要屯粮地,陈仓道也是连接汉中与关中的要道。一旦汉军出其不意地出现在没有重兵防御的陈仓城下,那么此地易主便不是问题了。

　　因此,决议已定,看着士气高昂的战士们,刘邦也是大喝一声:"出征!"

　　也正是从这一刻开始,刘项之争正式开始了。

　　此役,汉军出动兵力约为五万人。以猛将曹参、樊哙为先锋。刘邦以韩信为佐,亲将中军疾速前进。

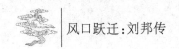

就这样,很快,刘邦便率军穿越林密崎岖的山路,出人意料地出现在陈仓城下!

由于汉军由刘邦亲自统帅,众军士气那是相当高昂,尽皆奋勇血战。很快,一番激战后,陈仓便到了汉军的手里。

到了此时,章邯才发现自己上当了!

可是事已至此,也只有奋力一战了。于是,仓皇之下,章邯立刻集结雍军主力两万余人,加之司马欣与董翳的援军三万余人,飞速驰援陈仓。

但是由于之前三秦军的防御主向在栈道出口处,所以当章邯率军马不停蹄地赶到陈仓的时候,面对着以逸待劳、等待多时的汉军,胜负基本就已经定局了。

果然,汉军将士在先锋曹参、樊哙的带领下,个个如狼似虎。因为一想到打败眼前这些人就可以回家,他们就好像打了鸡血一般无比亢奋!

汉军一通穷追猛打,就此大败三秦联军。

趁热打铁

章邯无奈,只得退兵废丘(今陕西省兴平市南)、好畤(今陕西省乾县西)。但是,韩信怎么会轻易放过章邯这样的战将。

更何况,雍军虽败,但其主力部队一万余人依旧掌握在章邯的手里。而废丘又是雍国的首都,必定城防坚固。若是不趁机而进,一旦章邯得到了喘息之机,后果不堪设想。

所以,章邯前脚刚到废丘,汉军就来了,丝毫不给他喘息的机会。

愤怒而谨慎的章邯派遣自己的弟弟章平驻军好畤南端,准备阻击汉军,给他们点颜色看看。

而章平所面对的,正是曹参。

曹参,是沛县元老中的一员,这一点大家都知晓,之所以说这绝对是员猛将,那是有足够的证据的。

　　刘邦称帝以后,计功封赏之时,曹参的功劳总计为下:凡下二国,县一百二十二,得王二人,相三人,将军六人,大莫敖、郡守、司马、侯、御史各一人。并且身负创伤近七十处!

　　这还不算,曹参此人不仅军功显赫,其政治才能也很突出,而他以后的称号便是"曹相国"。

　　这场战役的结果可想而知,在猛将曹参的冲击下,章平大败,溃逃进好畤。

　　好,既然你撤退,那我就接着追。

　　于是乎,曹参兵围好畤。紧接着,便又是一通猛攻,最终攻取了好畤。章平彻底败逃。

　　到了现在,章邯已经真正领略到了汉军的实力。无奈之下,他只得固守废丘待援。但直到章邯最后自杀,刘邦也没有给这位昔日的名将一丝机会。因为,此刻的司马欣、董翳也是在各路掠地汉军的打击下,全部失去了战斗力。

　　在打废了章邯以后,刘邦的目光再次看向了咸阳的周围。因为这一带,终将是他大汉的帝都。

　　看着眼前关中的大好局势,刘邦也是决定趁热打铁,彻底平定关中大地,让其真正地回到自己的怀抱。

　　随后,他便派遣诸将,分头行动。

　　曹参引兵围住章邯,困死他。周勃、樊哙、郦商等分别率军向陇西(郡治狄道,今甘肃省临洮县南)、北地(郡治义渠,今甘肃省庆阳市西南)、上郡(郡治肤施,今陕西省榆林市东南)等地进军。

　　就这样,到汉二年正月左右,刘邦已经打废了章邯,降服了塞王司马欣、翟王董翳、河南王申阳,俘虏了章平。同时派遣韩信(即后来的韩王信)击破了刚刚走马上任、拒不投降的韩王郑昌,不仅重新得到了关中大地,而且还在关外设置了河南郡。

　　而此时,距离项羽费尽心机驱逐刘邦仅仅过去了八九个月。项羽做梦也没有想到,他所布置的防线,竟是如此的不堪一击。

　　此刻,重新得到关中的刘邦心情大好。看着这本该属于自己的地盘,他也是非常细心地派人去"呵护"这片土地。

　　他派人整修与匈奴人交界处的边防要塞,分兵平定新定的诸郡。同时,他还将原来秦朝皇室的园林分赐给百姓们耕种,并且大赦天下。这一切的一切,已经深深地证明了一点,那就是,刘邦已经彻底地将这里当作自己的家了。

　　可以说,这一系列措施是继刘邦约法三章后又一次深得关中民心的举措。对此,关中百姓也是十分高兴。因为他们开始相信,从此以后,他们将不再遭受战乱之苦。

　　而对于刘邦来说,重新夺回了关中,距离实现自己的目标就又更近了一步。

　　此刻,他的内心踌躇满志,跃跃欲试。这样的形势,叫人如何不激动?

　　于是他昭告天下:我刘邦封韩太尉韩王孙韩信为韩王。另外昭告万民,各路将领诸侯,但有率领一万人或者以一郡之地归顺我大汉的,封万户侯!

　　拉开架势,他准备跟项羽战斗到底!

第八章

机不可失　直捣老巢！

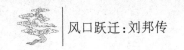

更立社稷

在安抚了刚刚夺取地区的百姓后,刘邦也是再次返回了关内。而这一次,他要做的则是正式给自己,也给自己的势力、统治区域换一个"正规执照"。

那就是正式昭告天下,废除秦社稷,更立汉社稷。

更立社稷,这可是一个大事儿。

其实所谓的社稷,在最初的时候,并不是一个词。而是社与稷各有含义。社,指的是土神。稷,则指的是谷神。远古时代,我们民族便有了对天地的崇拜,更有着"父天而母地"的说法。因此,对于土地神和谷神,我国古人向来是十分看重的。

再后来,几经发展,社稷又有了不同的含义。

《周礼·春官·小宗伯》有言:"建国之神位,右社稷,左宗庙。"

因此,可以看得出来,社稷也是一个政权朝代的标志,或者说成了一个国家的代称。

因此,一切准备妥当而又十分虔诚的刘邦激动地等到了那一天。

汉二年二月癸未(二月初五),汉王刘邦正式下诏:废除秦的社稷,更立汉社稷。从此以后,这天下间,再无嬴秦,取而代之的,将是炎汉!

那么,对于刘邦来说,是否向天神、地祇、人鬼、万民颁布这样一个昭告,就算任务完成了呢?

当然不是。

因为在刘邦看来,一心虔诚与否,只有天神、地祇、人鬼知道,而对于万民来说,若要天下归心,单单的虔诚是远远不够的。因此,就在更立汉社稷的同时,刘邦的汉王令再一次昭示于天下:

而今以后，大汉必将广施恩德、普惠万民，赐民爵位。兹念巴蜀之民苦于军需，负担繁重，特赐免租税两年。

又关中士兵不辞辛劳、从军征战的，其家中免除赋税一年。民间者，凡百姓年逾五十、德高望重而又与人为善者，命其为三老，执掌教化。此令务必落实到每一个乡邑！

另，从乡里的三老选一人作为县里的三老，与县令、县丞、县尉共治其县，且免除其役戍。

今天下战火未息、民生涂炭、万民疾苦，特以每年十月为酒肉慰劳人民之月，与民生息，不得有误！

很快，这封诏书的内容传遍了大汉的每一处角落。可以毫不夸张地说，从那一刻起，刘汉集团已经不仅仅在心理上安抚了百姓，而且在实际上也确实给了百姓照顾，并且初步提出并设计了基层建设的相应计划。

如此一来，不但是巴蜀、关中、汉中，就连一些刚刚夺取的地区都会有条不紊地发展下去。至此，刘汉集团后方的稳定，似乎已经可以预见了。

天下者，非一人之天下，乃天下人之天下。这个道理，嬴秦不懂，刘邦却很清楚。霸业者，非领土广狭、士卒多寡，实在民心归顺与否。这个道理，项羽不懂，刘邦同样很清楚。自沛县一路走来，刘邦一路成长，他掠夺过百姓、屠戮过城池，可这样过后每走一步他都会胆战心惊。因为他知道，现在的自己，远不如张楚与嬴秦，后两者的实力远远强过现在的自己。可是最终结果又怎样？还不是转眼之间就被扫进了历史的尘埃？所以，刘邦也会怕。这一刻刘邦所颁布的命令，绝不是政治作秀，他这么做是为自己不假，可是这样做，百姓确实得到了梦寐以求的实惠，而民心也会因此逐渐地汇聚过来。在当今天下之诸侯中，能做到这一点的，只有刘邦！这样高超的政治眼光只有他具有，因而最终跃迁成功的，就只此一人了。

而此时，做好一切准备的刘邦觉得，是时候东进了。

也正在此时，一个人的消息成了刘邦进军的绝佳助力。有了这个号召，那他就真的是师出有名了。

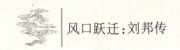

楚怀王的结局

前文说过,项羽迫于舆论,尊称楚怀王为义帝,但是怀王也是知道,项羽是绝对不会善罢甘休的。

因为项羽想要的,不仅仅是楚地、身份名义和权力,还包括他的命。

果然,项羽刚刚出关回楚,便派人对楚怀王说:"古代的帝王拥地千里,一定要处在河流的上游,一来显示尊崇,二来控制天下。"

所以,项羽给熊心选了一个好去处。

哪里呢?

长沙郴县,即今天的湖南郴州。

那个时候,南方尚未完全开发,而郴县在当时更是处于中原文化辐射的南部边缘地带。其一应环境可想而知。

因此,接到这个消息后,熊心也是明白了,该来的总会来的。看着貌合神离的大臣们,他只是随意地笑了笑。最终,他还是走了。

那一刻,他的心也许已经去了。是的,楚国八百年,想我先祖筚路蓝缕,以启山林;而今,到了我熊心之手,却还是亡了。

在得知熊心已经赶赴郴县的时候,项羽的屠刀便再一次高高地举起了。没办法,在他看来,熊心绝不能留! 多留一刻,都会对他有莫大的危害,必须要从速除掉!

因此,不久后,衡山王吴芮、临江王共敖、九江王英布接到了一条来自于项王的密令。

那就是,半路截杀熊心。

虽然是大逆不道,但英布等人还是不敢不从。尤其是九江王英布,很是勤快,派遣部将一路追杀熊心。

就这样,汉元年八月,英布的手下最终追到郴县,杀害了熊心。

至此,这位在反秦历史上本应该是颇具影响力的人物,就这样,唱着九歌去见湘君湘夫人了。

　　但是他,也绝对是一个人物,是一个悲哀的、受命运摆布的英雄人物。

　　那么,楚怀王死了,刘邦悲伤吗?

　　当然不,因为对于刘邦来说,楚怀王的死才是对他最大的帮助。这正是他现如今最需要的政治号召与出兵的理由!

出击

　　汉二年三月,当时刘邦正率军继续东进。一路上,很是顺利地收服了对项羽心怀不满的西魏王魏豹。同时,又俘虏了殷王司马卬。接着便来到了洛阳。

　　这时,他遇到了一个老头儿。正是这个老头儿带来了楚怀王的死讯。这个老头儿是新城(今河南省伊川县西南)的三老级别的人物,人称董公。

　　在告知了死讯后,董公又悲戚地说道:“王上,我听说,顺德者昌,逆德者亡。兵出无名,其事不成啊。所以啊,只有把敌人的罪行公布,才能消灭他们。项羽素来无道,弑杀义帝,是天下的罪人!已有仁,不必用勇而天下自服。已有义,不必用力而天下自定。而今,项羽弑义帝,请让三军为义帝戴孝,并且传檄天下诸侯讨伐项羽!说明这次讨伐是为了义帝被弑杀而东讨逆贼。这是追从三王的义举啊!请大王熟虑之!”

　　听到董公的话后,刘邦应该彻底心安了。因为,这正是他等待已久的机会。

　　“您说得太对了,没有您的教诲,我都不知道怎么办啊!”

　　只见他袒露自己的左臂,嚎啕大哭,声泪俱下,响彻九霄,这一幕,引得众人无不暗自伤悲,唏嘘不已。

　　紧接着,刘邦给楚怀王开了一个大型追悼会。大会历时三天,期间刘邦亲自主持。在会上,刘邦高度称赞了楚怀王为反秦灭秦大业所做的突出贡献,并号召全天下的人民歌颂其丰功伟绩。接着,他还历数了项羽的种种罪行,使得人群激愤,斗志高昂,俨然把追悼会变成了誓师大会!

最后,与会人员在刘邦的引导下,一致得出了结论:项羽恶行,人神共愤,必须消灭他!

那既然如此,咱们身为正义之师,讨伐无道,必须要给天下万民一个交代,同时号召天下万民来助,共击暴虐!

于是,效率极高的刘邦很快便发出了官方通知:"天下共立义帝,北面事之。今项羽放杀义帝于江南,大逆无道,寡人亲为发丧,诸侯皆缟素。悉发关内兵,收三河士,南浮江汉以下,愿从诸侯王击楚之杀义帝者!"

仔细看刘邦这封檄文,不得不佩服其个中奥妙。

首先,此文既将项羽的大逆不道与自己的做法形成了一个鲜明的对比,又表明了自己为义帝报仇的决心。但更重要的在后面那句,他表示愿意跟随在诸侯王的后面,而不是说要率领诸侯。这就在很大程度上消除了各地诸侯的疑虑。

另外,刘邦在檄文中提到了"击杀楚之杀义帝者"这样的字眼儿。那么,是谁杀的义帝呢?

虽说项羽是幕后策划者,但是英布、共敖、吴芮也都有份儿。可刘邦在檄文里提英布、共敖、吴芮了吗?

并没有。

现如今,天下人都已经知道了义帝是被项羽所弑,又怎么会不知道,是由谁具体执行的呢?

所以说,不难发现,檄文的内容,是有意避开了具体执行者。对于英布等人来说,刘邦想让他们明白的是,我已经给你们台阶了,没有针对你们,接下来怎么走,就看你们自己了。

所以,这又何尝不是一种分化瓦解项羽阵营的一种有效方法呢?这封檄文,包括英布在的内几个人应该都看懂了,后来的事实足以证明这一点。

而此刻,受到万夫所指的项羽又在哪里呢?

他正在齐地和田荣打仗呢。前文说过,项羽的分封使得田荣大为不满,因此田荣将项羽所分封的三齐大地的三位新王逐一驱逐，重新一统齐地，并且得到了彭越的支持，要与项羽死磕到底！而这，又是刘邦的机会！

此刻的项羽，终于尝到了自己分封的苦果，先是燕地辽东之地的原燕王韩广与新燕王臧荼，然后是赵地代地的张耳与陈余，这两者虽然对项羽自身实力并没有造成什么实质性的影响，但毕竟是打破了项羽分封的格局，更是对项羽霸权的一种赤裸裸的挑衅！而现如今的齐地，不仅公然打破了项羽分封的格局，挑战项羽的霸主权威，更是已经公开与项羽做对了，不排除发生军事冲突的可能性。才仅仅几个月的时间，怎么天下就再次风起云涌、战火四起了？因此，项羽不得不再次披挂上马，依靠自己所迷信的武力去平定战乱、熄灭战火！

然而，这样的大风口，却正是刘邦的绝佳机会。

彭城之战（上）

一个多月来，刘邦一直在为攻打项羽积极而忙碌地准备着。面对项羽那种战场霸主，他觉得，还是有必要多叫几个人一起上的。

于是乎，刘邦开始一个个地寻找帮手。这时，却出现了一点小插曲儿，这事儿，还是跟那位陈余先生有关。

在巨鹿大战的时候，陈余并没有亲自率军前去援救赵王歇和他早年的刎颈之交张耳。因此，张耳对于陈余那是相当不满意的。

这不，巨鹿大战结束以后，喝了许久西北风的张耳终于和陈余见面了。

可是先不管陈余到底说了什么，有一点可以确定的是，那就是看到了陈余的张耳，绝对是气不打一处来。

他必然会狠狠责备陈余：为什么不肯来援救他？当年的情谊都哪里去了？

正是这个时候，他想起了当初他派出突围去向陈余求救的张黡、陈泽两

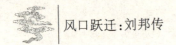

人。因为直到现在，张耳还不知道两人去哪了，于是又拿这件事来责问陈余。

陈余大声反驳道："他们二人以必死之心来责怪在下，我还给了他们五千人尝试着先去援救你们，结果全军覆没，两个人都战死了！"

"胡说！是不是你把他们杀了，然后故意找个借口来搪塞我！"

"没有想到你居然怨恨我如此之深！竟然这样看我陈余！你以为我舍不得放弃这将军的印信吗！"

当时陈余依旧是赵国执掌军权的大将军，说过这话之后，他便很干脆地解下了将军的印信，推给了张耳。

其实，陈余并不是真的想放弃那大将军的印信。但是当时他一是在气头上，二是也想真的试探一下张耳的态度，故而，才如此为之。

就这样，大殿内只留下了张耳两眼放光地看着那将军印信。这个时候，一个人出现了，他打消了张耳的疑惑。

"我私下里听说，天与不取，反受其咎，现如今陈先生既然把印信交给您，您若是推辞不受，这就是违背老天爷的意愿啊，这不吉祥啊，赶快接受它吧！"

此人是张耳的一个宾客。听了这位宾客的话之后，张耳一下子松了一口气。这是老天赐予我的，和陈余有什么关系？我这么善良的人怎敢违逆上天的旨意？

这印信，我得拿啊。

也就在这个时候，陈余回来了。眼看到原本属于自己的印信佩戴在张耳的身上，便大怒着拂袖而去。而他麾下的大军，自然也就成了张耳的囊中之物了。

大怒的陈余一气之下带着自己的数百个死党，走也！

干啥去了？"之河上泽中渔猎"。

是打鱼去了吗？但几百个人打鱼那得多大的鱼塘啊？说白了，就是主业强盗兼职打鱼而已，毕竟几百张嘴也是要吃饭的啊。

就这样，时间推移到项羽大分封时。张耳因为跟从项羽入关，又因为他擅长交际、人缘很好，所以很多人都在项羽面前为他说好话，以至于项羽都听说了张耳的大贤。所以，项羽一高兴，大手一挥，就把张耳封为了常山王。

可是张耳这个常山王的封地在哪儿？

在赵国。

那原赵王赵歇呢？这位在巨鹿喝了数月西北风的仁兄到哪里去了？

一向恩怨分明的项羽怎么会忘了他。他的分封办法就是把原来的赵国一分为二。一个叫作常山国给张耳，另一个则将赵歇徙封到代，这一点前文我们简要说过了。

不过这还不算，原本赵王歇住在信都城里。可是项羽说了，信都得给张耳大贤居住，还得改名，叫作襄国，你就收拾收拾搬家吧。

就这样，原本还是一个战壕的赵王歇和张耳彼此之间有了嫌隙。

当然了，不满的不仅仅是赵王歇一人，自然还有陈余。他与张耳功劳差不多，就是因为没有跟随项羽入关，加之项羽有点不太喜欢他，所以就算是有人替他说话，项羽也仅仅封给他三个县，本来就生气的陈余便是更加火冒三丈了。

可是生气归生气，你要让陈余操刀找项羽拼命，他还是没那个胆量的。当初连力拼章邯他都没有去，更何况是打败了章邯的项羽。不过这都不重要，重要的是陈余会忍耐，会等！

终于，机会来了。

当齐国的田荣叫板项羽的时候，陈余抓住了时机，派遣自己的亲信夏说(yuè)游说田荣。

只听得他对齐王田荣转达陈余的话道："项羽枉为天下主宰，太偏心了！他将自己的亲信诸将全部分封到好地带，将原来的各国之王徙封到鸟不拉屎的地方。你看看，现在那受苦受难的赵王歇就在代那个破地方，想想我就痛心啊！希望大王您能给我点人马，我愿以整个南皮的人马地盘听候大王调遣！"

田荣听了以后，思索片刻。他刚刚在叫板项羽，如果此刻多培植几个反对项羽的势力成为自己的朋友，自然在分散项羽注意力的同时又减轻了自己的压力，何乐而不为呢？

因此，得到了齐国援助的陈余立刻调动自己的全部兵力袭击常山王张耳。一战下来,没有准备的张耳大败而走。转眼之间,赵地就全部被陈余占领了,紧接着,他从代地迎回了赵王歇,重新拥立他为赵王。

而赵王歇也很是感激陈余,便册立他做了代王。大家真可谓是其乐融融。但陈余为了表示讲义气,并没有到自己的封国去当土财主,而是派遣亲信夏说以相国身份留守,自己留下来辅佐赵王歇。

用他的话说,赵王歇太弱了,得有他来照顾。

但真的是如此吗?

自然不是。实际上,陈余趁机逐渐再次控制了赵国。

不管怎么说,陈余成功了,而先与张耳共喝西北风而敌视陈余、现在又在陈余"辅佐"之下的赵王歇可算是个倒霉人物了。

没办法,在那个年代里,他注定受人摆布。

另一方面,败走的张耳在著名星象家甘公的建议分析下,认为天命所属的刘邦终能战胜项羽,恰好自己当年还照顾过刘邦,因此,便投奔了刘邦。刘邦也很是讲究,对他以礼相待。

就这样,时间再次回到汉二年。刘邦决定为项羽送终,在到处找帮手的时候,他找到了陈余这儿。

而陈余自然也知道,自己最恨的张耳在刘邦处,更何况现在他执掌赵、代两国,也很是有分量,面对着刘邦的拉拢,他自然要摆一摆谱。

因此,他对汉使说出了自己出兵的条件,也就是之前所说的"小插曲儿"。

"回去告诉你家汉王,斩了张耳,我就一起出兵。"

就这样,汉使回去以后,把陈余的话告诉了刘邦。只不过,听到这话之后的刘邦却是哈哈大笑了起来。

不过他这一笑,可是吓坏了张耳。这事刘邦似乎做得出来。可就在他心神不定的时候,却是得知了陈余已经答应出兵了。

这是怎么回事儿?

原来刘邦找了一个和张耳长相酷似的人斩了以后送给了陈余。就这样,陈余一看那人头,还真的挺像,也就没有多想,便回禀汉王,说他陈余愿率军与之共讨项羽!

因此，到了现在，在汉王刘邦的带领下，西魏王魏豹、常山王张耳、殷王司马卬，以及陈余掌控之下的赵王等都是聚集到了一起，人终于算是找齐了。

可以说，截止到汉二年三月末，在天下的政治舆论上，项羽已经彻底被揭露了丑陋的面目。几乎能够这样说，那一刻，连乡野的百姓都知道：项羽身为人臣，弑其君为不忠。身为主宰，袒其私为不公。身为王者，屠百姓为不仁。身为诸侯，伐人国为不义！既如此，天下人自当群起而攻之。

而另一方面，此刻的刘邦也已经逐渐地稳定了后方，使关中、汉中、巴蜀一带更加有力地融合与衔接了起来。而内政等一切也都有条不紊地进行着。

事实上，对于这一切，刘邦丝毫不担心。因为，在那后方，有着他的第一大管家——萧何镇守着。这足以令得他百分之百的放心。

与此同时，通过一番拉拢，刘邦也是逐渐扫清了关中周围，以及自己东进路上的一些障碍。可以说，到了现在，真的是已经准备得差不多了。

刘邦朝东方的齐地望去，因为项羽的精锐部队此刻正深陷于齐地无法自拔。

那么，这个时候，便是进击项羽的最佳时机。

接下来，就是决战了。

全军出击！

彭城之战（中）

汉二年（公元前205年）四月，刘邦率领五诸侯联军，会和彭越部三万人，正式大举伐楚。

这一次，联军总数多达五十六万人！想当初鸿门宴之际，项羽拥兵四十万威胁刘邦，可此次，刘邦比他还多了十六万，显然是想要一举灭掉项羽。

185

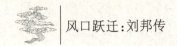

也许在那时的刘邦看来,项羽就算再能打,自己这么多人一人一口唾沫也能淹死他!一统天下指日可待,时间不会太长了。而这种思想,在一段时间内一直存在于刘邦的头脑中。

联军的进军十分顺利,几乎可以说是没有遇到任何像样的抵抗。而此时的项羽自然得到了刘邦东进的消息,可是在他看来,既然已经快要灭掉齐国了,那就等到完全灭掉后再去迎击汉军,到那时,似乎也为时不晚。

其实项羽之所以在此刻还能沉得住气,也是还有着另一个原因。那就是西楚的西方边境有大将龙且驻守定陶。龙且此人,向来为楚之骁将,与英布的水平不相上下。可以说,他是楚军中,除却范增、项伯等人之外,项羽最为倚重的人。故而,西楚的重镇定陶,项羽也是交给了龙且前去驻守。

另外,在项羽看来,自己的国境防御严密,以刘邦的水平,想要攻打进来一定会耗费不少时间。可是这一次,他失算了。

因为得知彭城空虚的刘邦,立刻将大军分为三部进攻。

首先是刘邦自将中军,且各诸侯王基本都汇聚在中路军,从曲遇(今河南省中牟县东)直插外黄(今河南省兰考县东),兵锋直指彭城。

其次是派遣曹参、灌婴率领北路军向前挺进。北路军的目标只有一个,那就是不惜一切代价,疾速击破驻守在定陶的楚将龙且,进而切断龙且部与彭城的联系,从北部防御齐地楚军回援,然后回师彭城。

这一次,曹参、灌婴再一次用行动证明了两人在汉军猛将中的地位。因为龙且虽然坚守城池、以逸待劳,但是在汉军的强大攻势下,最终不敌曹参、灌婴,败逃而去。

至此,北路军成功地完成了任务。

之后便是南路军了。南路军由薛欧等人带领由南阳郡出发。其战略目的一来是进一步扫除东进大军周围的障碍;二来是防范九江、临江等国军队的救援。

就这样,不到一个月,刘邦就顺利攻进了彭城。

这一次,胜利来得太轻松了。面对着西楚霸王的宫殿,刘邦的思绪回到了一年前的鸿门。那一次,在那他人预订的酒宴上受尽了侮辱!

当时,为了消除对方的疑虑,为了保命,他可以说倾尽了自己的一切手段。虽然消除了对方的疑虑,可是到最后,他依旧是狼狈地逃了回去!

　　尽管他对自己的表现很满意,虽然人们也惊叹于刘邦的演技,但是无论何时都不要忘记,任何一个人都会有自己的自尊心。可能在世人的眼里,刘邦是一个通于权谋、善于利用自身优点来为自己创造有利条件的人。但是,恐怕直到他驾崩的那一刻,鸿门宴一直都是他心里不愿提及的阴暗面。

　　可现在又如何,他还不是站在了项羽的宫殿里!

　　因此,这一刻的刘邦,身为一个争夺天下的领导者,他被曾经的侮辱、仇恨暂时蒙蔽了双眼。于是他下达了一条命令:把项羽的所有美女财宝统统带走,告谕各诸侯,开怀畅饮!

　　项羽率领诸侯军进入咸阳的时候所发生的一切,而今在彭城上演,这块地方,现如今成了诸侯眼中的肥肉。

　　几乎是一瞬间,诸侯军在彭城之内到处哄抢,真正到了无恶不作的地步。与一年前一样,在他们看来,这是自己应得的赏赐。各路诸侯军才不会在乎道德礼数,既然高高在上的王都有了指令,那么,他们又为什么不能像王那样,肆无忌惮地享受一番?

　　看上去,刘邦会这样一直堕落下去,但是好在他手下还有着一个豪华班底。

　　这一次,张良、韩信全都随军出征。刘邦糊涂,他们二人却清醒得很。他们知道,再这样乱下去,一定会出事儿! 身为大汉大将军与大汉谋主,他们必须在此等环境下做出最万全的准备,做好最坏的打算。

　　只因为,项羽还在。

　　于是,在统一调配下,诸侯联军将防御的重点设置在彭城的东、北两面。也就是今山东枣庄、邹县,江苏沛县、芒砀山一带。因为在他们看来,项羽一定会急切回援。既如此,舍远求近,东北两面最有可能是他的突破口。

　　做完这一切之后,大家都回去喝酒了。而他们的防备也仅止于此了。

　　可能有人会问:张良、韩信那等人物怎么只会有这样的布置?

　　他们二人可能想到了还存在纰漏,但是此刻的他们,也是心有余而力不足了。

　　原因就在于联军人数太多了! 而且虽然五大诸侯表面上听从于刘邦的

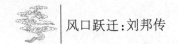

指挥,可是暗地里心怀鬼胎,韩信未必能有效地指挥他们。换句话说,他这大将军也许只能有效地组织汉军布置防御。所以,也只能走一步看一步了。

殊不知,此时的项羽已经在赶回来的路上了。

彭城之战(下)

当得知刘邦将要攻入彭城时,最初的项羽也是有些惊慌的。但是,在短暂的慌乱之后,项羽再一次展现了其过人的军事天赋和超人的冷静判断力。

他很快便找出了诸侯联军的弱点。一次惊天的作战计划在他的脑海中形成了。

那就是果断地将楚军的主力留在齐地,将指挥权交给部将,而他自己则亲自挑选了三万精兵,连夜回援彭城。

没错,他的的确确只带了三万精兵。而对面的刘邦呢?拥有着五十六万大军,足足是他的近十九倍啊!

但是,这些,都不是项羽所在意的。

我为项王,天下皆当俯首!

项羽不愧是勇气过人,只见得他率领三万精骑,沿途收拢散兵。首先便是兵过鲁(今山东省曲阜市),其次直插胡陵(今山东省鱼台县东南),而接下来出现在了萧县(今安徽省萧县)。

为什么在这里要简要地交代一下项羽的进军路线呢?只要大家把地图拿出来一看就知道了。

项羽的最终目的地萧县,基本上就在彭城的正西。这也就是说,兜了半圈后,项羽成功绕开了联军的布防重点,出现在了联军防御的薄弱处,彭城西!

《孙子兵法·计篇》有云:“攻其无备,出其不意。”

《孙子兵法·九地》有言:“兵之情主速。”

可以说,项羽此次的行动很好地诠释了以上的两点。

其实仔细想想,就会知道项羽这次军事决定的大胆之处。

要知道,诸侯联军的大本营一定是在彭城的西面。而现如今项羽所处的位置,也是西面。这就意味着,一旦战事陷入胶着,项羽已经切断了联军的退路,猛然进攻之下能够取得出其不意的效果。

但与此同时,他自己也被阻隔在统治腹地之外,况且对面有近六十万人,比例相差悬殊。此战的惊险可想而知。一个不慎,他可能就会被那五十六万大军在顷刻间消灭掉!

因此,这一仗,是项羽自巨鹿以来的第二次豪赌。项羽此生,精于兵行险招。像这样的豪赌,纵观其一生,可以说有三次。而这一次,天命,还是属于他的。

另外,这里要注意的一点是,项羽是否在刘邦攻入彭城以后才回救彭城?在这一问题上,《史记·高祖本纪》和《史记·项羽本纪》的记载显然有出入。

《高祖本纪》记载:"汉王以故得劫五诸侯兵,遂入彭城。项羽闻之,乃引兵去齐。"

《项羽本纪》记载则为:"春,汉王部五诸侯兵,凡五十六万人,东伐楚,项王闻之,即令诸将击齐,而自以精兵三万人南从鲁出胡陵。四月,汉皆已入彭城。"

在这两处记载里,似乎一处是说刘邦先入彭城,而后项羽回救彭城;一处是说项羽先回援,而后刘邦才入城。

在笔者看来,很可能是项羽先行回救彭城。

其一者,虽然项羽起初意欲先破齐,后击汉。但这种战略规划是建立在自己的西疆能够抵挡或者拖延刘邦的基础上的。但是在他得知刘邦已经进逼彭城的时候,这种设想便失去了价值。而且,彭城是项羽的大本营,更是西楚的政治中心。一旦国都陷落,对士气的打击可想而知。

所以,在得知刘邦将要进逼彭城之后,项羽立刻率军回救。

其二者,项羽一生作战,军略勇猛第一,兵道冒险居第二。巨鹿之战的打法虽然是迫于时势,但绝对堪称一个大胆的尝试。而现如今的彭城又何

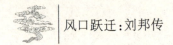

尝不是如此呢?

若项羽在回援彭城的时候,汉军还未攻入彭城,而项羽却已经决定绕过汉军,直插彭城西面,也就是说,他没有直接面对联军进行阻击,而是把彭城让了出去。

这说明了什么?

项羽深知双方兵力优劣,他之所以这样做,一是源自于自信,二是源于对刘邦军队成分的了解。

刘邦之所以拥有这么多军队,但多半是连要挟带欺骗的,显然不可能是铁板一块,况且战斗力强弱程度也是大为不同。对付这样的队伍,只要让他们乱起来,就足够了。

那怎样让他们乱起来?

答案是,以彭城为诱饵,诱使联军入城,放松警惕,松懈下来。彭城的财货足够消磨他们的斗志和警惕性。然后趁着这个机会,利用自己士兵对家乡的感情,率领一支士气高昂的军队,冒险一击,才有取胜的可能。

不得不说,这,正是项羽的过人之处。

于是,在这一天的早晨。项羽率领早已经蓄满斗志的楚军将士们突然对诸侯军发起进攻。一瞬间,三万楚军精锐如狼似虎般朝着联军冲杀过来。

与此同时,听到那战马嘶鸣、金鼓齐响之后,不仅汉军士兵是一片迷茫,就连高层将领都是一阵恐慌。

这项羽是打哪儿出来的!

他不是在齐地吗?就算他不在齐地,不也应该在东方吗?这是怎么回事儿?

但恐慌归恐慌,当务之急,是立刻组织军队抵抗。可是,这一刻,诸侯联军的弱点暴露无遗。由于他们各自心怀鬼胎,战斗力又不尽相同,在楚军的冲击下,立刻大乱起来,很快便一哄而散,四散逃命。见到这一幕,项羽定然不会错过这个机会。于是,精锐楚军趁势掩杀,联军死伤者不计其数。

战场上到处都是汉军的尸体,一片哀号声、惨叫声响彻彭城上空。

到了中午时,战斗基本已经分出胜负了。那就是项羽"大破汉军",一直把汉军追杀到彭城东面的谷水、泗水。

汉军大败,临阵的战死者竟然多达十余万!

这还不算,由于汉军一路败退,楚军穷追不舍,战场上的所有诸侯联军犹如惊弓之鸟,早已经吓破了胆子,失去了抵抗力。

另一方面,因为不看到、不抓到刘邦,楚军的追兵便一刻也不停止,于是在彭城一带上演了一幕惨烈的追杀场面。汉军要么是被同伴踩踏而死,要么是被楚军杀死,溃不成军。但是没办法,此刻的他们恨不得将手里的武器全部扔掉,不为了其他,只为逃命。于是,汉军继续溃逃着。他们先是跑到了彭城南的高山处。楚军再次追杀过来。没有办法,汉军只得继续拼命向前逃跑,可是跑了一阵后,他们停下了。

因为前面就是睢水,他们没有船,现在就是所谓前有堵截、后有追兵,也是兵法里提到的死地。该如何是好?

此时的汉军已经失去了抵抗的勇气,面对着磨刀霍霍的楚军,他们一致认为,面前的河水相对还是比较温和的。

于是,汉军士兵拼命向河对岸游去。就这样,下河的人越来越多。到了此时,无论是会游泳的还是不会游泳的,全部冲进河中,场面一片混乱。

而最后的结果是:"汉卒十余万人皆入睢水,睢水为之不流。"

那一刻,天空下一片血腥。但是,战争的场面就是如此的残酷。

与此同时,打了这么久,汉王刘邦的处境也是十分不妙。

用史书原话说就是:"围汉王三匝",也就是说,刘邦被楚军围得里三层外三层。

可就在此时,异象出现了!

只见此时,在整个战场的西北方向突然刮起了阵阵狂风。一时间,战场上飞沙走石,烟雾弥漫。刚才还好好的晴天突然间变成了黑夜。

这还不算,因为这股狂风正是朝着楚军这面吹过来,楚军大惊,以为神人下凡,于是阵脚大乱,四散而开。

这个现象就比较奇特了,大白天狂风竟然凭空产生,遮天蔽日、飞沙走石,这神话里的情景居然出现在了太史公他老人家的记述里。所以,很多人再次认为这是神话刘邦的描写。原因很简单,这种情况在他们的认知里是不可能存在的。

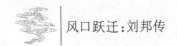

但这未免也太过武断了，一千六百年后，明成祖朱棣靖难之战时，也有过同样的经历。而没有必要神话朱棣的清朝修史者明知道这可能是胡编乱造，而且已经有人用过这个"典故"，却还是把它写上了史书。所以说，即使这种描写是神话，但却会让故事更引人入胜。

话说回来，有如神助的刘邦也是趁此时机，率领几十名亲兵趁乱杀出重围。此刻，跟在他身边的除了这几十个人以外，还有着一位能人。那便是楚汉之际第一驾车高手、沛县元老之一的夏侯婴。

事实证明，夏侯婴的驾车水平，绝对是超一流的。在他的帮助下，刘邦才得以顺利逃脱。

就这样，彭城之战到此基本结束。

项羽以三万兵力击溃了刘邦的五十六万大军，阵斩十余万人，踩踏、淹死者十余万人。而此战也成了我国古代军事史上以少胜多的经典战役。

经此一战，刘邦军的建制基本被打散，而项羽的楚军则又一次名满天下。

但是一个奇怪的现象是，这一次的彭城之战却并没有达到巨鹿之战那样的效果。因为在不久之后，刘邦再次重整旗鼓，与项羽对峙。而项羽此战的战果，也仅仅是收复了所丢失的土地，类似于彻底逼降章邯这种情况再也没有出现。

这是否已经说明了一个问题呢？

那就是，伴随着各种因素的掺杂，楚汉之间的战略优势似乎已经开始转变了，从此以后，项羽将更加被动。

弃儿逃命

话说从战场逃走的刘邦本来打算到沛县一游，接走自己的家人。因为前不久他派遣王陵等人迎接家人却被项羽阻拦而不得前进，这让他也是一阵苦闷。在这兵荒马乱的年代,太公、吕雉等汉王的家属,还是在项羽的地盘,毫无安全可言。现如今,虽说自己兵败,但好在还有几十个兄弟,何不趁此机会把家人接走?

一想到此,刘邦也是急忙来到了老家。可是到了家,刘邦才发现,自己的家人已经逃走了。

原来项羽也是下了狠心,早已经派人来抓捕刘邦的家眷。吕雉不愧是日后母仪天下的人,在得知这个消息后,立刻带领着刘太公等,在审食其的保护下,自行逃跑了。可是也不知是太过慌乱或是其他原因,他们居然跑错了方向,正好投入了楚军的怀抱。

就这样,没有接到家人的刘邦垂头丧气地继续向西撤退,毕竟现如今的他,那也是时刻处于危险境地。他刚刚没走多远,就发现后面的楚军追兵又跟上了!

可是就在这时,飞奔的刘邦座驾突然停住了。因为虽说车速很快,可是眼尖的刘邦依旧看到了前方不远处有着两个小孩儿。他越看越觉得熟悉,不仅仅是因为长相,更是来源于内心深处、血脉连接之中的悸动。

不错,那两个小孩儿正是他的儿子刘盈和女儿鲁元公主。

这是怎么回事儿?他们两个不是应该在太公和吕雉的身边吗?怎么会流落在这里呢?但此刻也来不及多问,还是逃命要紧。因此,刘邦带上两个孩子便再次坐车飞速逃跑。

夏侯婴依旧上演着自己的驾车神技,一溜烟的工夫便跑远了。

刘邦对于夏侯婴的神技那应该是相当的满意,虽然说逃命的时候心情难免很紧张。可是楚军就是追不上自己,你能奈我何?

但是这一次,似乎有点问题了。因为渐渐地,刘邦发现,自己的马车似乎速度总是提不起来。而此刻后面的楚军却是越来越近了。这是怎么回事?看夏侯婴,应该是超常发挥了。自己座驾的马匹也都是千挑万选的。可是,为什么速度却降下来了呢?

突然间,刘邦的内心出现了一个想法。这莫不是自己的马车超载的缘故?想到此处,中国历史上绝无仅有的一幕出现了。

只见刘邦的目光缓缓地移向了自己的两个孩子。他的眼里应该有着犹

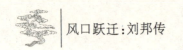

豫与不舍，但后面楚军的呼喊声却也是越来越真切。追兵离他已经不远了。

转瞬间，刘邦眼中的犹豫之色尽失，取而代之的是一抹狠戾。只见他抓起早已经吓坏的孩子"嗖"地就扔出了马车！

不妨想一下，在一辆飞速行驶的马车上，两个孩子就这么突兀地被扔了下去，摔伤那是肯定的了！而且后面全是追兵，两个从刘邦车子上掉下的小孩儿会是普通角色？楚军的追兵会放过这两个孩子？要知道，吕雉和刘太公现在已经被人家扣下了。此时的刘邦直系亲属就只有这两个娃，他们若是落入楚军的手中又该是什么样的下场？

可刘邦还没有来得及体味心中酸楚，便感觉到自己的马车居然停了！这是怎么回事儿！掀开车帘一看，居然是夏侯婴下车又把两个孩子抱上了车。看到这一幕，刘邦内心一动。既然孩子都已经抱上了车，也不好说什么。那就继续走吧。可是走着走着，刘邦眼看着楚军要追上来，就再次把自己的儿女扔下了车！

扔一次就够狠心了，而这一刻的刘邦，只能用更狠心来形容。

可是这一次，夏侯婴再次抱起了两个孩子。这可气坏了刘邦！

他便拔剑对准了夏侯婴。但是这次夏侯婴也是着急了，面对刘邦的威胁，他并不害怕。因为他知道，刘邦只是心中急切，却并不会杀他。毕竟让他自己驾车逃跑，成功的概率极低。

果然，刘邦只能认命了，没有再抛弃孩子。就这样，一辆座驾，四个人，继续飞速向前行驶。

顺便提一句，日后刘盈即位以后，夏侯婴获赐京城皇宫以北第一豪华高贵的宅院，而原因就是吕后和刘盈都对当年夏侯婴的搭救感激不已。

但楚军速度着实太快了，最终，还是追上了他们。

看着面前虎视眈眈的楚军，这该如何是好？硬拼的话，绝对不是对手。可是也不能束手就擒啊。到底该怎么办？片刻后，刘邦出马了。因为他已经想出了应对之法。同时也是因为他看到了楚军的将领不是别人，正是丁公。

那么这人到底是谁呢？他是楚军大将季布的舅舅。刘邦见到是他，也不管什么风度了，当即大喝一声道："好汉！大家都是英雄，何故苦苦相逼！"

当初韩信面临屠刀的时候,放开嗓子大吼了一声,而也正是那一嗓子救了他的性命。

现如今,刘邦的这一嗓子也是取得了同样的效果。丁公听过刘邦的话以后,琢磨了一会儿,转身就走了。

没错,他真的转身就走了。也就是说他把刘邦放了!而刘邦也趁机彻底逃脱了楚军的追赶。

那么,放了刘邦以后,丁公会有什么好处吗?熬过了楚汉相争,当刘邦登基称帝之后,丁公却因为当初放了刘邦一马,被刘邦当作不忠的反面教材,杀了。

但是丁公毕竟只是个过客而已。

而对于刘邦在这次奔逃过程中的所作所为,即多次推下自己的亲生儿女,还想要杀掉抱回孩子的夏侯婴,千百年来,最一致的看法便是:刘邦的心太黑太狠。但刘邦毕竟是一个政治人物,是日后的帝王。他的心并不是我们的正常人思维所能评判的。就这样,成功逃过一劫的刘邦一路飞奔,终于跑到了自己的地盘,下邑(今江苏省砀县东)。因为此刻,他的大舅哥吕泽(日后被封为周吕侯)正在此处安营扎寨,得知前线战败后,便就地收拢溃散士卒。

刘邦来到以后,也就接管了这里,继续整顿兵马。看着面前的老弱残兵,刘邦的心情也是颇为沮丧。

不久前浩浩荡荡的大军,几天前的尸山血海,十余万士卒因为自己的失误而命丧沙场,多少的父母失去了孩子,多少的妻子失去了丈夫。这一切,本不该发生的!

想到这里,刘邦便不由得仔细思考自己这一仗为何败得如此之惨!惨到居然不得不让萧何去征调关中的老幼来补充兵员,到前线战斗。

可以说,彭城一战,让刘邦再一次见识到了楚军的实力,也让他看清了所谓的诸侯联盟是多么的不堪一击。因为看到汉军大败,楚军势强,各路诸侯几乎全部归顺项羽,叛汉而去。在他们的眼里,那歃血为盟的兄弟之情,在性命和利益面前根本就一文不值。军事实力上不占优势,政治上又缺乏可靠的同盟。难道他刘邦真的奈何不了项羽?

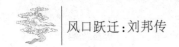

下邑神谋

那一刻,坐在自己的马鞍上,刘邦不由得自言自语道:"我要把关东之地作为助我打天下的封赏,可是谁能够帮助我啊?"

"有三个人,可助汉王。"这个时候,远方一个人缓缓地走了过来,开口说道。

刘邦抬起头看见了那个人,他笑了。

"子房,依你之言,不知所说的是哪三个人啊?"刘邦笑着问道。

"九江王英布,梁地的彭越",说到这里,张良停顿了一下,但随即便说道,"第三个便是韩信。"

听到张良的回答,刘邦很是疑惑,渐渐地,一抹凝重显现在脸上。先不说别人,就拿英布来说,他可是项羽的第一盟友,当年楚军的第一大将,项羽分封之际,更是将他封为九江王,称孤道寡,尊荣至极。天下谁人不知他英布是项羽的铁杆兄弟,可以说英布与项羽的私人感情很是深厚。要他叛楚归汉,这似乎就是天方夜谭。张良怎会如此说?

至于第二人彭越,此人巨盗出身,无所归属,带兵打仗很是有一套。更重要的是,他不但所居位置重要,而且由于项羽分封时对他不闻不问,使得他敢于反抗项羽。就冲这一点,彭越似乎还可以考虑。

但是当刘邦听到张良所说的第三个人是韩信的时候,一向果决的刘邦也是迟疑了。但他思了片刻,最终还是点了点头,因为他很想听一下自己的这位首席谋臣这么说的原因。

张良继续问道:"英布是楚军的枭将,作战勇猛,在天下人看来,是楚军的忠实盟友,可是彭城之战的时候,他出现了吗?"

刘邦猛然间抬起头,看着张良。是啊,彭城之战,那在外人眼中是项羽第一盟友的英布自始至终都没有出现!

如果说在汉军起初进攻楚军的时候，慑于刘邦所发布檄文的震慑，英布由于分不清战场形势走向，没有贸然出兵，倒还说得过去。可是当项羽回救彭城，并把汉军打得大败的时候，英布为什么依旧没有出现？

正在此时，张良补充说道："他与项羽不是一条心，两人之间早有嫌隙了。"

"子房继续讲。"

"我曾听闻项羽征讨齐国的时候，派人向英布征兵，若是按照以往，英布自当亲自率军前往相助。可是这一次，他却仅仅派遣偏将带领老弱四千前往楚军营地。依大王对项羽的了解，英布会好过吗？"

听过张良的话，刘邦的心中已经有了答案。

没错，就是英布。刘邦相信，一个囚徒出身的英布，之前他舍生忘死拼搏是因为他一无所有而无所顾虑，而一旦他拥有了自己的一亩三分地的时候，他就会逐渐畏缩起来。因为眼前的一切他从未拥有过，这种前所未有的感觉让他不愿意再失去。此刻的他，早已不是当年的英布了。这样的人，在利益与恩义面前，利益永远是第一位的。既然如此，英布必为我大汉所用。

解决了收降英布的疑惑后，关于重用彭越，刘邦与张良二人意见相合。那就是都是看中了彭越的梁地的重要地理优势，以及彭越敢于反抗的勇气。

可是让刘邦真正诧异的还是张良居然推荐了韩信。看着有些迫不及待的刘邦，张良对刘邦说道："汉王手下能够独当一面的将领，只有韩信了。"

韩信虽然是汉军的大将军，可是到现在为止，不仅还未经历过真正属于他自己的大战，而且他的战功也不够显赫，甚至是刚刚经历了彭城惨败。

但是张良依旧推荐了韩信，这说明，张良的内心也已认可了这位当初被人羞辱不得志的韩信。

记得前不久，刘邦的左手萧何，也对韩信给予了如此这般的评价。现如今，他的右手，同样认同了韩信。加之刘邦自己的判断，他相信，选择韩信，不会有错。

思虑已定，刘邦率军继续开拔。因为他早已经选好了与项羽对阵的战略要地。

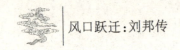

谒者随何

走着走着,便到了虞县(今河南省虞城县北)。在为张良给自己想出的妙计而喜悦之余,刘邦也在思考:计划没有问题,可派谁去执行呢? 谁去招降英布?

思来想去,刘邦把目光投向了身边的一群谋士。这些人在投奔刘邦的时候个个能说会道,吹嘘自己怎么怎么厉害,可是面对刘邦那询问的眼神,他们却一个个非常有默契地低下了头。那意思很明显,这活我干不了。

刘邦本来就看不惯儒生,当即便发作了,他对这群人说道:"像你们这类货色,也有资格谈论经国大业? 指望你们这群腐儒,永远也别想取得天下!"

之后他便开启了滔滔不绝的"演讲",手下的一干人也只得是唯唯诺诺,不敢出声。

可他们越是沉默,刘邦就越是愤怒。在经久不息的叫骂中,刘邦没发现的是,在这群人的后面,有一个人始终不卑不亢,甚至都没有低头。

但最后这个人还是站了出来,上前对刘邦说道:"不知大王你究竟是何意?"

刘邦也是惊讶,在自己"演讲"期间,居然还有人敢站出来发问? 定睛视之,此人不是别人,正是自己的侍从官随何。看着面前的一身儒生打扮的随何,刘邦冷静了一下,对他说道:"谁要是能替寡人出使淮南,招降英布,让他发兵背叛项羽,只要把项羽拖在齐地几个月,我就有百分之百的把握取得天下。"

"那就请派我去吧!"只听得随何很是淡定地说道。

刘邦仔细地观察了眼前的这个男子,可是从他的眼神里居然看不出丝毫的胆怯和戏谑。

相反,他却看到了一股正色之气,更是一种成竹在胸的气势。熟视良久,刘邦也收起了不屑,散了怒气,缓缓地对随何道:"我不能派军队保护你,只能给你一支使团,不知你可还愿意前往?"

"臣愿前往。"

"好。"

就这样,随何带着大汉的使团——二十人,出发了。他要去的地方是号称项羽第一盟友的九江王英布的地盘。而他要做的,是招降。

第九章

多方布置　再战项羽

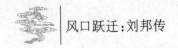

返回关中

刘邦在派遣随何前往说服英布的同时,也是火速率领军队进入荥阳布防。前文曾经提到过荥阳,那是陈涉刚刚起义的时候,当时镇守荥阳的是李斯之子李由。荥阳在楚汉之际出镜率是相当高,其实不仅仅是楚汉之际,在我国整个古代史上,其出镜率也是相当高,李世民虎牢一战擒窦建德而后平王世充,就是在此地,因此,有必要完整地介绍一下荥阳。

据《尚书·禹贡》记载,当年大禹治水的时候,将济水自温县引入黄河,而后汇集成一个水泽,便称之为荥泽。春秋之际,晋楚大战于此,战国时,韩国置荥阳城。秦帝国统一后,始皇在此设置三川郡,下辖荥阳、京等县,此地地势险要,重兵驻守,屯粮丰富,东连淮泗,南临嵩山,西接关中,北倚邙山,又有黄河环绕,有"三秦咽喉"之称,可谓是当时天下数一数二的要地。因此,刘邦选择了在这里驻军,和项羽长期斗下去!

当刘邦到达这里不久后,韩信等收拢的汉军也回到了这里,加之关中派来的援军,刘邦军威复振。在张良、韩信等人的调度下,形势很快稳定了下来。而楚军却只能在对面看着,因为此刻的他们根本打不下荥阳。

看着逐渐稳定的前线,刘邦陷入了深思。几天之前他跟随何说,只要英布拖住项羽几个月,天下就是他的了。可是现在,刘邦的心里却是很不平静。

一口尚且不能吃成个胖子,更何况是取天下。而且他的对手还是项羽。他的这一想法对吗? 自己的后方稳固吗? 一切都已经准备好了吗? 真的已经到了决战天下的时机了吗? 他有必要去完善这一切,否则,一切都是空话。

不久之后,韩信从刘邦那里走了出来,直奔城防而去。刘邦暂时将这里的防务全权交给了他。

汉二年六月,刘邦带着儿子刘盈返回了关中的栎阳。镇守关中的丞相萧何出城迎接。当看到了萧何的时候,刘邦笑了。虽然我们并不知道刘邦、萧何谈了什么,但是只要看看刘邦回去这段时间做了什么,就应该都明白了。

　　其一,立刘盈为汉太子,由丞相萧何辅佐镇守关中,同时将诸侯凡是在关中的子嗣全部集中到栎阳护卫太子,拱卫国都。太子者,国本也,先不说其他,万一有一天刘邦壮烈牺牲,还有太子在,大汉不至于倾颓,还能够继续坚持下去。另外,要诸侯子嗣拱卫太子,明眼人都看得出来,那就是作为人质。不论是不是多此一举,对于刘邦来说,这都是必要的措施。

　　其二,解决了还在顽抗的章邯,设置新的郡,彻底平定关中大地。

　　其三,当年关中大饥,米价翻倍上涨,百姓食不果腹,一片混乱。刘邦在萧何的协助下,一方面调粮赈灾,一方面移民汉中以开垦。这样一来,不仅汉中得到了很好的开发,加强了与关中的联系,而且使得无家可归的难民有了自己的耕地,从而安定了大量的灾民,稳定了社会秩序。同时,也促进了粮食的生产,使得后方越发稳固。

　　其四,建立完备的法令制度,告祭天神、地祇、四方上帝,护佑汉之宗庙。而且派遣关内士卒充实边塞,以防卫关中大地。

　　就这样,近两个月的忙碌后,看着祥和一片的关中大地,看着那些充满干劲儿的人民,刘邦那一颗悬着的心也是终于放下了。

　　汉二年八月,在交代了萧何相应事宜之后,刘邦再次返回荥阳前线。临走时,他看着萧何,也是点头笑了出来,因为对付项羽,他已经有了新的答案。

　　持久战,项羽,我刘季又回来了。

　　而在此之前,英布先是听从了随何的游说宣布投奔刘邦,而后在项羽第一重将龙且的破袭下大败而逃,妻子被杀,此时刘邦又厚待英布,使得英布死心塌地地跟着刘邦对抗项羽。

　　就这样,留在汉营的英布派遣部下回到九江,招募自己散落的部属,得到了数千人。而刘邦也分出部分兵马给英布,使他率军北进,驻守成皋,要与项羽死磕到底。

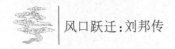

魏豹也叛变了?

　　此刻的刘邦可谓心情大好,因为现如今,项羽所占有的优势已经不复存在,甚至说,优势已经逐渐倾斜到了自己的这一边。

　　这几个月以来,不断有好消息送到刘邦的面前。不仅汉军军势大振于荥阳,还在京(今河南省荥阳市东南)、索(今河南省荥阳市)一带大破楚军,这让刘邦很是兴奋。同时,北征军团也是捷报频传。而这又是怎么一回事儿呢?

　　时间倒回到数月前,汉三年五月。

　　这个时候,刘邦刚刚从彭城败归不久,心情也很是烦闷。这一天魏豹来见刘邦,说是想回魏国去探视亲友,希望刘邦能够准许他归国。

　　刘邦一看,自从他东征以来,魏豹身为魏王,举国相从,即使此刻战败,也是跟随在刘邦的身边,不像其他诸侯,早已背叛自己。尤其是陈余,他发现了张耳还活着,便也背叛了之前的所谓的诸侯联盟。这一阵刘邦的心情简直是糟糕透了。所以当时也没有多想,便是准许了忠心耿耿的魏豹的请求。可是他不知道的是,魏豹一回去就再也不回来了!

　　他刚刚回到魏国境内,便派兵隔绝了河关,意思很明显,就是阻挡汉军进入魏境,断绝与汉的关系。而且魏豹还公然与楚国讲和,意图保持中立。

　　这河关地势十分险要,恰阻隔了汉军的道路,对此,刘邦很是恼怒,下决心要收拾他。

　　其实除却恼怒之外,刘邦必须要解决掉魏豹的更重要的原因,来自于魏国独特的地理位置。刘邦刚刚出关的时候,就首先攻下魏地。当时魏豹的辖区大致属于今山西省中部西部地区,一旦刘邦拥有这里,他就可以北上经营赵、代、燕三地,甚至可以直取齐国,从而在大方向上将项羽的楚国包围压缩于今天我国的东南部一带,战略态势上占尽优势。可是一旦这里不属于他或者不听他的,那么他就像是被两片面包夹在一起的火腿。那样的被动局面,可不是刘邦想看到的。所以,他必须彻底平定这里。

可是现如今项羽步步紧逼,若是在这个时候进击魏豹,万一久持不下,被项羽抓住了机会,那可就真的危险了。思虑再三,刘邦决定,不到万不得已,不能用武力解决。

于是,他派人叫来了郦食其。

"如果你能用嘴皮子说服魏豹归降,寡人便封你为万户侯。"

听到了刘邦的话,郦食其自信满满地走了出来。在他看来,有他的三寸不烂之舌,这事儿小菜一碟。想一想自己已经七十多岁了,即将成为万户侯,这内心里多少还是会有些激动的。因此,整理行装后,老先生直奔魏国而去。

其实魏豹之所以选择在此刻叛汉与楚,除却此刻汉军新败,楚军势强,诸侯名义上臣属于项羽,实则是各自观望以外,还有一个重要的原因,那就是一个预言。

怎么回事儿呢?当时魏豹有一个后妃,是魏媪的女儿。相面大师许负有一次给魏氏女相面,这一看可不得了。许负说,这女子以后当生天子啊。

这话后来被魏豹知道了。他一想,这女子现在是我的妃子,他的孩子能当天子,那我是孩子他爹,那我……想到了这里,魏豹就激动不已,这是老天的旨意啊!因此,他相信自己有神明相助,所以就不跟刘邦混了!

顺便提一下,这女子后来的确生了天子,她的儿子叫作刘恒,是为汉文帝。而她的封号,是薄太后。原因很简单,她的老公,便是刘邦。

但这毕竟只是传说,相面这事儿,大家就当作故事来看吧。

绝代兵仙(一)

领了任务的郦食其老先生动身来到了魏豹的大殿之上。魏豹对其也很

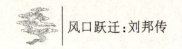

是礼遇，并没有为难他。

实际上，魏豹自然知道郦食其的来意，因此当郦食其老先生滔滔不绝地说过自己的演讲词之后，他笑了。因为他也早就准备好了说辞。

"人生一世，如白驹过隙，现如今你家汉王粗鄙傲慢，常常无故大骂诸侯，像是对待奴才一样对待诸侯，这根本没有为王者与臣属之间的礼节，我不愿意再见到他了。"

魏豹的意思也很明显：我就不跟你混了！

实际上魏豹并非一无是处，他也是有两下子的。秦二世二年六月，当他的哥哥，那个乱世贤王魏咎为了百姓自焚而死之后，他擦干了泪水，东向投奔项羽。一个月后，他见到了楚怀王，凭借自己的本事游说楚怀王，使得楚怀王给了他数千兵马。他就是带领着这几千人，仅仅一个多月的时间，就已经攻下了魏地的二十余座城池，自立为魏王。可以看得出，他不仅在魏地的百姓、宗族长老心里有着一定的号召力，而且在兵略、政略方面也还是有几把刷子的。

对天下大势，他看到了第一步，但很可惜，他看不出第二步、第三步。汉元年三月，刘邦东出关中时他举国跟从，因为那时刘邦势不可挡。可是到了汉元年四月刘邦大败之后，他又叛汉而与楚讲和以谋求中立。看起来，这是一个反复无常的人。但是在那个年代里，这样的做法，似乎并没有什么错。在弱肉强食的环境里，生存，或许才是唯一的出路。

此刻的郦食其老先生虽然没能成功说服魏豹再次归降，但是他也完成了此行的另一个任务。

返回汉营的郦食其直奔刘邦的大营。看到了老先生的表情，刘邦也是明白了，游说失败。不过他并不灰心，因为此路不通，自然还有他法。他问郦食其："都打探好了吗？"

"回禀汉王，老臣已经将魏国人事部属探听得一清二楚。"

听到郦食其如此回答，刘邦笑了。他之所以派郦食其去的另一个目的便是去探听魏国的虚实。实际上，刘邦怎么会不知道？魏豹既然处心积虑离开，又怎么会再次回来？自己现如今处于劣势，又有谁会将宝押在自己身上？不过这不要紧，我请你来，你不来，那么把你抓来就是了。

206

话虽如此,可是魏国还有一定的实力,也还有统军名将,既然要打,就要出其不意,一击必胜!现如今,郦食其的情报,也解决了刘邦的这一顾虑。

"魏国统军大将是谁?"刘邦询问道。

"回汉王,是柏直。"

"乳臭未干,绝非韩信的对手。"刘邦笑了出来,他松了一口气。

"那骑兵的统军将领是何人?"

"冯敬。"

"他啊,我知道,原来秦将冯无择的儿子,人品不错,但不是灌婴的对手。"

刘邦再次松了一口气。

"步卒统军者谁?"他又继续问道。

"项他。"

"这小子不是曹参的对手。这回我放心了。"

至此,刘邦彻底放下心来。知己知彼,百战不殆,他仅仅凭借对敌我双方将领的对比,就提前决定而不仅仅是预估了战争的胜负。你可以说,刘邦兵略稍差,但是识人之能,似乎还真的挑不出什么毛病来。因为战争的结果,恰恰就是他所说的那样。

"来人,速传韩信、曹参、灌婴!"

不多时,韩信等三人便来了。而且很快,就又从刘邦的大帐里走了出来。他们的任务只有一个。谨慎的韩信找来了郦食其,又再次询问了一番。

"魏没有用周叔为大将?"

"是柏直。"郦食其看着韩信,笑着回答道。

"这种人不足为虑!"

这一次,韩信也放心了。

以上刘邦与郦食其、韩信与郦食其的对话未载于《史记》,而是出自于《汉书》,仅仅两段简短的对话,就足以见得当时刘邦、韩信对于魏国叛汉的重视程度。难怪陈子龙说"豹之叛汉犹九江之反楚,其患甚切,不可不亟取,且以自广关中地耳"。

那么那位韩信特别在意的周叔到底是何人?可惜,关于他并没有多少史料记载。不过有一点可以肯定,他很有能力,只不过,没被重用而已。

至于那个项他,在之前的章节里就曾露过面,差点被章邯击杀于临济城外,后来和魏豹一起逃跑。魏豹为魏王后,他也曾担任过魏相,不久之前,还败在了灌婴的手里。因此,鉴于此人的战绩与能力,刘邦根本就没把他放在心上。

那么对于自己的部属,韩信、曹参自不必说,而这位灌婴是何许人呢?在整个楚汉相争的过程中,刘邦虽然屡次被项羽的楚军打败,但是他也有一支军团,就连项羽都是颇为忌惮。那就是刘邦的骑兵部队,而灌婴,便是那支骑兵的统领。顺便提一下,后来项羽败逃,就是灌婴领军五千一直在追杀。

他也是在不久之前刚刚当上中大夫统领骑兵的。据《史记·樊郦滕灌列传》记载,当刘邦在荥阳与项羽对峙的时候,项羽总是派遣大量骑兵来挑衅,这可气坏了刘邦。骑兵机动性极高,就算他不攻城野战,骂你几句就跑,你也追不上。因此,刘邦下定决心,组建一支属于自己的骑兵队伍。

这个时候,占有关中秦地的优势就显现出来了。因为秦人里的人才自然就可以为刘邦所用。战国之际,赵国武灵王胡服骑射改革之后,赵国建立起了强大的骑兵部队,而能与之相抗衡的也只有同样长期与西北少数民族厮杀的大秦铁骑。尤其是长平一战中,武安君白起派出截断赵括军与邯郸方面退路、粮道的那支骑兵,更是战力非凡。此后的大将蒙恬,率三十万大军反击匈奴,使得大秦骑兵扬名四海。因此,秦国的骑兵军事人才大有人在。同样,关中人的军事素质自商鞅变法以来,便得到了确立,几乎渗透进了骨子、血液里。所以,在很大程度上,正是因为拥有了这样的兵源与人才,刘邦才能在整个楚汉相争的过程中屡败不倒。

当组建骑兵被提上日程后,军中之人全都推荐原大秦骑士李必、骆甲,刘邦也深知二人的骑兵指挥训练才能,便想要以二人为骑兵统军将领。可是二人推辞了,因为在他们看来,自己是秦人,担心军中大小官兵不信服他们,所以希望刘邦派出一个善于骑射的亲信为主将,而他们二人来辅佐他。刘邦一听,很是有道理。他环顾左右,寻找善骑者,灌婴遂脱颖而出。事实证明,刘邦的这支骑兵,的确不凡。而灌婴的勇武也将在日后显现出来。

绝代兵仙（二）

汉二年八月，大将军韩信以左丞相身份担任主将，曹参作为假左丞相统步军，骑将灌婴统领骑兵军团正式出击伐魏。汉军出兵的消息很快传到了魏豹那里。当他得知了统军大将是韩信之后，也是不敢大意。因为他知道，刘邦平定三秦便是韩信的计谋，而且彭城战败的时候，只有韩信统领的军队能够一直稳住阵型，不乱阵脚，这些事迹足以证明韩信的军事才能。

因此，魏豹亲自统军出发。他已经选好了防御的重点，那就是蒲坂渡口（今山西省永济城西黄河东岸），此地是重要渡口，隔着河与临晋关相对，是汉军进军的必经之路。守住了这里，汉军就别想过来。到时候不论是击其半渡还是坚守不战，都游刃有余。因此，此地魏军云集，就等着韩信的到来了。

当韩信到达这里的时候，也明白了汉军的处境。他很了解魏军的数量与战力。汉军远道而来，长途行军；而魏军却是占尽地利，以逸待劳。所以，汉军若是强攻，不仅不能保证顺利过河，而且还可能造成很大伤亡。所以，经过一番观察，一个绝妙的作战计划在他的头脑里形成了。

魏国有几斤几两，韩信很清楚，这里云集了魏军主力，防御很是严密，那么其他的地方还会有这么多人严密防守吗？

"传令下去，准备船只，大军强渡，击溃魏军！"韩信下达了第一条军令。

大将军下令后，汉军士兵也是大量搜寻船只。大部汉军开始在河对岸集结，忙得不亦乐乎。

得知韩信准备强渡的消息后，魏豹笑了，就怕你不来！在他的号令下，更多魏军集结到这里，开始等着汉军。在他们看来，只要汉军敢来，就让他们有来无回。

当魏豹笑过以后，韩信也笑了。那就看谁能笑到最后吧。

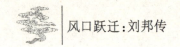

"曹参、灌婴到哪了?"韩信问道。

"禀将军,已到达夏阳。"

听到了这样的回答,韩信的脸上更显坚毅之色。

一年之前,樊哙接到了一个难于上青天的任务,那就是修复栈道,以备刘邦大军还定三秦之用。但是事实证明,修栈道只是个幌子,可是达到了预期的战略目的,那就是成功吸引了章邯等人的主力,而后汉军从陈仓出击,如神兵天降,一举平定三秦。是为明修栈道,暗度陈仓也。

现如今,韩信再施此计,只不过,这一次是他韩大将军亲自出马"忽悠"。只要他多树疑兵、制造出渡河的假象,便能够在牢牢吸引住魏豹主力的同时,还给其他魏地的守军造成汉军不会到来的假象。现在看来,这一计已经成功了一大半了。

而在夏阳(今陕西省韩城西南),汉军将士在曹参的带领下,正在渡河。只不过,仔细看去,他们并不是乘船,而是手里捧着木盆、木桶正在偷渡。早在韩信大举陈兵临晋的时候,便是已经多方搜集了大量的木盆、木桶,以此为"船",用来渡河。

就这样,大批汉军以最快的速度到达了对岸,他们训练有素,很快整装完毕。

曹参看着这一众弟兄,也是率先奔驰出去,他的目的地只有一个,那就是重镇安邑(今山西省夏县西北)。

说起来,历史似乎还真的有着惊人的相似之处,公元前354年,魏国大将庞涓引兵攻赵,很快赵军不支,邯郸陷入重围。赵求救于齐,齐威王以田忌为主将,孙膑为军师,率军救赵。军师孙膑鉴于齐、魏两军的综合对比等一系列原因,并没有领军直扑赵都邯郸,而是率军直犯魏都大梁。围赵的庞涓闻讯后大吃一惊,立刻率军回援,结果在桂陵被孙膑设伏,魏军大败。这便是大名鼎鼎的"围魏救赵",近一百五十年之后,这一幕再次在三晋大地上上演了。

率军飞速前进的曹参等人,很快击溃了东张(今山西省永济市西北)魏将孙遫,到达了安邑。由于魏豹的主力都在蒲坂,加之汉军一直以来的调虎离山战术起了作用,安邑的守备力量相当薄弱,怎么经得起曹参这员猛将的进攻？

一番交战下来，魏将王襄被俘，安邑从此属汉姓刘。

曹参派军驻守以后，他的任务并没有结束，因为韩大将军还另有任务。

此刻，蒲坂前线的魏豹对韩信在河对岸磨磨蹭蹭的举动也很是疑惑，正在他纳闷的时候，突然有人前来告知，说是安邑已经失守了！

"什么！"

魏豹大吃一惊。虽然自己的国都在平阳(今山西省临汾市西南)，但是安邑不仅曾为魏都，更是自己手中的重镇，岂容有失？

事到如今，他也只能火速率军回救安邑。历史就此上演相似的一幕。

看着河对岸慌乱的魏军，韩信再次笑了出来。因为他知道，曹参成功了，此刻，便是千载难逢的战机！

"三军渡河！"

汉军在韩信的令下，如狼似虎一般冲杀过去。早就自乱阵脚的魏军又怎么能抵挡得住？

因此，汉军一举渡河，并且，他们的脚步没有停下，而是直追在前面不远处的魏豹主力。

但没过多久，魏豹就不跑了。在曲阳(今山西省曲沃县东北)附近，他看见了早已经等待多时的曹参，再回头看去，韩信也到了。

到了这个份儿上，什么计谋策略都没有用了，唯一能决定命运的，就只有打了。

于是，汉魏两军很快厮杀到了一起。但是战争的胜负已经决定了。此战汉军大获全胜，魏豹仅率残军逃脱。

看着一溜烟儿逃跑的魏豹，韩信怎么会放过他？

"曹参！"

曹参再次上马，直追而去。大汉开国后，论功封侯时曹参的功劳簿里有过俘虏诸侯王的记录，而他的封号便是平阳侯。看到这里，大家应该也知道被他俘虏的那个诸侯王是谁了，而他的封号自然也就不难理解了。

曹参就是在武垣(今山西省垣曲县东南)逮到了魏豹。紧接着，汉军攻陷魏都平阳，尽皆俘虏魏豹的妻儿老小，此后彻底平定魏地五十二城，取得

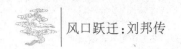

了大胜。从此以后,这里的主人只有一个,那就是刘邦。

魏豹被俘后,韩信派人把他押送回了刘邦那里。而刘邦也并没有太过计较魏豹的背叛,仍然留用他。实际上,也没有杀他的必要,毕竟此刻魏豹的地盘已经全部姓刘,就连他的妃子,也被刘邦占有了。所以,在刘邦看来,魏豹者,股掌之间的玩偶而已。

"汉王令,以魏为河东、太原、上党三郡,从此世间再无魏国!"

这一战,韩信再次显示了他过人的军事指挥艺术,但是与还定三秦的暗度陈仓一样,这只不过是绝代兵仙的小试牛刀而已。他后面的军事生涯,将会更加的精彩! 因为那是属于他的战场!

绝代兵仙(三)

伐魏大胜使得刘邦很是高兴,此刻的他终于可以专心致志地与项羽对峙而不用再有后顾之忧了。同时,这一战之后,他对韩信的军事才能有了更深刻的认识。但是隐约地,在刘邦的心里,也是逐渐产生了一种想法。

一举定魏的韩信收编了大量的魏豹的军队。同时,原魏国也就是现在河东等郡的青年男子也是源源不断补充了兵员。因此,韩信所统领的那支汉军也是逐渐壮大了起来。营内的兄弟们对于这样的一位用兵如神的大将军简直佩服到五体投地。韩信的军中地位再次得到了提升。

而这些,自然逃不过刘邦的眼睛。

也就在此时,韩信派人来到了刘邦这里。刘邦接见他之后,脸色说不出来是高兴还是犹豫。那么这位使者说了什么呢?

韩信认为,从平定魏地后,以魏地为基地,以安邑为中心,便可以北上攻伐赵、燕、代。只要拿下了这三处,便可以东向灭齐,如果计划完成得顺利,不仅可以在战略态势上包围了楚国,断绝楚军粮道,而且他也可以成功率大军西向与刘邦会师于荥阳,讨灭项羽。而要想完成这个目标,还有个条件,那就是希望刘邦再给他增加三万精兵。

当初下邑之谋的时候，张良曾经对刘邦说过，他手下的将领能够独当一面的只有韩信。现在，张良的预言说中了。

那么韩信的计划是否可行呢？当然可行，可以说，这是刘邦早就在谋求的一步棋。

前面说过，他之所以如此看重魏地，就是因为这里独特的地理位置。除却可以免除自己的后顾之忧之外，另一点便是可以以此地为跳板，经略赵、燕之地。

燕国自古以来便不愿参与中原之争，在地僻民稀的情况下只图自保。而齐国此刻刚刚趋于稳定，又面临项羽的威胁，根本来不及对中原的纷争做出反应。更何况，齐国的当家人与燕国相似，似乎只想保住自己的一亩三分地。而代国虽与赵国一体，可是代王陈余不在国中，而且代国国小，没有什么实力。至于赵国，虽然具有一定实力，但是事在人为，刘邦相信，凭借韩信的实力，拿下赵国不是问题。

一旦成功稳定了自己的左后方，便是要继续东向灭齐或者争取齐国。到了那个时候，天下大半已在他刘邦的手中，项羽又能如何？而这一段时间，他刘邦便要以自己为诱饵，完全吸引住项羽的注意力，让他无暇他顾。

可以说，这个计划两方面都很重要，若是韩信不能成功经营燕、赵，那么以后的设想便全都是空想；另一个方面，若是刘邦不能够成功牵引住项羽主力，那么韩信那里自然会受到楚军的夹击。所以，这是一个冒险而又一本万利的计划！

所以，深思熟虑之后刘邦决定，就这么干！

可以说，在这一刻，刘邦集团便已经规划出了具体的战略大方向。从此以后，项羽将更加被动。不得不说，楚汉相争，楚又败了一招。

所以说，韩信的提议与刘邦不谋而合，他当然会同意。可是真正令刘邦有着一丝犹豫的，是韩信的最后请求，也就是那三万精兵。

先不说此刻刘邦与项羽对峙，兵力吃紧，更鉴于韩信此刻的威望，以及所领队伍的壮大，刘邦怎么会将三万精兵交给他？

虽然韩信可能一直都忠心于刘邦，但不要忘了，古之帝王心里，最重要

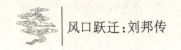

的,时刻都是他自己。

所以,刘邦批准了他的作战计划,但是否给他增了兵,却有争议。

韩信要求增兵记载于《汉书》他的本传里。而《汉书》的记载是刘邦答应了韩信的请求,给了他三万精兵。但《史记》里却无此记载,凭借后来刘邦立刻调回韩信的军队,以及《汉书》自身记载的前后矛盾来判断,刘邦很可能拒绝了韩信的增兵请求。

但是,对韩信来说,没有那三万精兵,他也可以北上进击!

使者回来之后,传达了汉王的旨意,而使者身边的那个人,也是刘邦此刻派来与韩信一起经营北部战线的。

"见过常山王。"

常山王者,张耳也。张耳是刘邦的亲家,刘邦派他来与韩信一同北上,主要有以下的考虑:一来张耳在燕、赵之地素有相当的影响力,不仅有原来的部属,还有着大量的门客,如果能够充分发挥这种优势,那么对于汉军北进势必大有裨益。而且赵国的掌权人陈余与张耳之间可谓是不共戴天,仇人见面分外眼红,由张耳来对付陈余,是个不错的选择。二来,那就是监视韩信。因为有张耳在,刘邦很放心。

就这样,虽然没有看到大本营的援军,但是韩信还是决定按照既定作战计划出发。

他的第一个下手目标,是代国。

大家只要打开地图看一下就可以知道,从魏国出发直奔代国实际上是绕过了赵国,长途奔袭过去。这样一来,赵国一旦得知汉军的行动,出兵断截汉军后路,与代军里应外合,那汉军的处境就会相当危险。

既然如此,韩信为什么会选择先对代国下手呢?

前文说过,代王陈余此刻在赵王歇身边辅佐,代国国内由其亲信夏说以相国的身份留守。

而这,对于韩信来说,便是个好机会。与赵国相比,代国无疑弱小很多。第一个攻打代国的难度要比首先攻打赵国小得多。而且代国地处偏僻,只要汉军行动迅速隐秘,一鼓作气,拿下代国不是问题。

一旦拿下代国,便可以居高临下攻伐赵国。而赵国,自然也就失去了一份援助力量。

相反,若是先攻赵国,赵国的实力很强,直接强行攻伐,万一战况陷入胶着状态,那时候,代军便是战场上的一股奇兵,代王陈余怎么会错过这个机会? 他定然会命令代军出击。到时候不论是正面迎击汉军还是背后搞个偷袭、骚扰粮道,都不是韩信愿意看到的。所以,计议已定,第一个攻伐目标,便是代国!

就这样,汉军急行军,直扑代国而去,一切都按照韩信的设想有条不紊地进行着。当汉军出现在邬(今山西省介休市东北)的时候,代相夏说反应过来了。

他很好奇这汉军是打哪出来的,不是说他们在魏地吗? 这是飞过来的? 怎么一下子跑到了自己的地盘?

到了现在,代国也只好动用武力了。就这样,汉二年九月(实际上是后九月,当年闰月)汉军与代军在此地展开了大战,结果是“(汉军)大破之”。无奈的夏说只得逃跑,但当他跑到了阏与(今山西省和顺县)时,就被斩杀了。

这一次,汉军彻底平定了代地。韩信大量收编当地的士卒,就地补给,犒赏三军,渐渐地,他手下的这支汉军也是更加壮大起来。

当韩信破代的消息传到了刘邦那里的时候,对于韩信此刻的举动,刘邦自然是一清二楚的。

他想了很久,最后发布了一道命令。

“持寡人符节,调韩信部下精兵增援荥阳,拖延违令者,军法从事!”

这个时候,汉军与楚军对峙荥阳,形势一天比一天吃紧。若是此刻得精兵增援,势必会使局面有所改观。另一方面,韩信所统军团,日渐壮大,前番并没有给他增兵,可他却势如破竹,一路下代,这使得刘邦更加欣赏他的军事指挥才能。

就这样,韩信收到命令后,交出了大部的精兵。因为他也清楚,若是形势不吃紧,汉王不会如此行事。更何况,若是荥阳战场汉军失利,那么他就不可能继续有效践行他的战略目标了。

不过这不要紧,区区赵国,他自有别法应对。

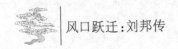

绝代兵仙(四)

当汉军补给休整完毕以后，代地也安定了下来。这一刻，韩信的目光看向了南方。那里，是赵国，是他的下一个目标。

具体来说，他的目光，此刻正聚集在地图上的一个地点——井陉(今河北省井陉县西北)。

在我国古代战争史上，大家可能常常看到一句话，那就是"此所谓兵家必争之地"。但凡如此去说，就证明，此地的战略地位十分重要，似乎有一种得之则胜、失之必败的感觉。

井陉，就是这么一个地方。因其"四方高，中央下，如井之深，如灶之陉，故谓之井陉"。此地为太行山脉的一条通道，古称"太行八陉中第五陉，天下九塞之第六塞"，是为"车不得方轨，骑不能成列"的险道。韩信若要东越太行以灭赵，此为必经之路。

因此，汉三年(前204年)十月，当韩信率军来到太行山外的时候，一向自信的韩信也停了下来。

因为他知道，把守井陉的是赵国的广武君李左车。而且，在接到了代地溃军的消息后，赵歇和陈余也得知了韩信将要到来。陈余更是亲自率军二十万前往井陉阻拦，所以，韩信不得不仔细考量一番。

他熟读兵法，更是知道就在二十五年前，赵国大将军武安君李牧便是在此率赵军阻击名满天下的大秦名将王翦。那一战，也是被后世称为"战国四大名将"中的两人的一次精彩对决。

当时赵弱秦强，可是武安君李牧却是一直阻秦军于境外，就连同为名将的王翦都是无计可施。之所以如此，除却李牧凭借过人的军事指挥艺术和赵军拼死力战之外，还有一点也不无关系，那就是李牧牢牢地据守井陉。可以说，井陉一丢，赵都邯郸便是无险可守。同样，韩信若是占领这里，那么汉军一路前行便可以畅通无阻！

可是现在的韩信，也是有着一丝忧虑，因为他得知了赵军的一个计划。

楚汉之际，能够让韩信上心的将领并不多。前面提到的那位周叔算是一个，而这一位广武君李左车，也是一个。

李左车，生卒年不详，柏(今河北省邢台市隆尧县)人，他的祖父，便是当年名震六国、誉满华夏的战神武安君，大将李牧(但似有争议)。李左车自幼熟读兵书、通晓谋略。秦末天下大乱，李左车起而辅佐赵王歇，意图恢复赵国，继承先祖遗志，重现先祖荣光。

当他得知韩信率军到达井陉之后，他也来到了这里。事实证明，李左车不仅仅是身体里流着先祖的血液，他的用兵韬略也是丝毫不输先祖。当得知韩信平魏定代转而攻赵的时候，他便摸清了韩信的底细，心中生一妙计。他找到了当时已被封为成安君的陈余，说出了自己的想法：

"近闻汉将韩信渡黄河，虏魏王、斩夏说，大战阏与，现如今辅以张耳，东来伐赵。汉军本就因远离本土而舍生忘死，如今又乘大胜之机，兵锋正盛，势不可挡，不可与之速战。我私下里听说，战场之上，千里运粮，则前方将士经常食不果腹。一军之中，炊柴现打，其各营士卒不可能吃饱饭。我等所据守的井陉，车不得方轨，骑不得成列，在连延数百里的情况下，汉军的粮草一定在大军的后方。希望代王给臣精兵三万，我带领人从小路出击，截断汉军粮草。而您则只需深沟高垒、坚守勿战，到了那时，汉军进无法下井陉，退不得回原路，我引奇兵断其归路，使得汉军就算是想要去掠夺粮草都办不到。如此一来，不出十天，我必将献上韩信、张耳的头颅。希望代王能够考虑一下臣下的方法，否则的话，我等必被那两个人所俘虏啊。"

听到了李左车的话，陈余不以为意。因为他也是有着自己的考虑。

"兵法云：十则围之，倍则战之，现如今韩信虽然号称大军数万，可是在寡人看来，不过几千人而已。就算能够做到千里奔袭，也早已经疲惫不堪了，此所谓强弩之末矣。要是我采用你的办法，坚守不战，若是日后来了更加强大的敌人，又该怎么办？这只会使得诸侯们都认为我陈余是软骨头，都可以随随便便来踩两脚！"

李左车以《三略》谏之，而陈耳身为代王，也以《孙子兵法》来反驳。看起

217

来，两人都熟读兵法，通晓谋略。可是任谁都知道，李左车的策略才是上策。他早就看出来汉军的两大软肋。

其一者，韩信的汉军远道而来，孤军深入，根本没有援助，只是凭借着战胜之威想要一鼓作气攻下赵国。而赵军却是实实在在的本地人，在兵源补给上，汉军与之根本不可相提并论。只要避其锋芒，坚守不战，所谓一鼓作气，再而衰，三而竭，等到了汉军士气衰竭，才是最佳战机，那时出兵，必定事半功倍。

其二者，也是很重要的一点，那就是粮草。汉军粮草不济，怎么比得上赵军背靠大后方这种优势？

所以，鉴于实际情况，汉军所需要的就是速战速决。而赵军只要坚守不战，就能够不断消耗汉军辎重。到时候，没粮无援，不愁汉军士气不低落。

所以说，抓住了汉军这两个软肋，那么战争的结局就已经注定了。

这个时候，若是真如李左车计划的那样，出奇兵于其后，汉军粮道必断。到时候，他们将被困在中间，无法得脱，不用等到赵军来打，自己就会大乱起来。岂不见当年长平一役，无粮无援的赵军被逼到了何种绝境，发生了怎样的惨剧？

这一刻，仿佛六十年前的一幕又要上演了。可是，陈余并没有采纳李左车的策略，用史料的原话说："成安君，儒者也，常称义兵不用诈谋奇计。"

就是说，陈余自恃儒家弟子，标榜谦谦君子，不屑诈谋行径。

但是陈余之所以如此决断，还因为他基于敌我双方实力对比的认识。由于精兵被调往荥阳，而韩信又要分兵驻守代魏两地，所以他此次出击灭赵，实际能够调动的大军据估计在两万左右；而反观赵国，陈余集中了二十万大军。

除却分兵防守和井陉地形限制使得大军无法展开等原因外，保守估计，与汉军对峙的前线，也有十万左右的赵军。

另外，陈余此人颇有些刚愎自用。在他看来，如此稳操胜券的大胜又怎么需要别人来教他？更何况，大胜之后，他陈余不仅大功一件，而且必将名满天下。所以，就这样，应对赵国的策略决定了下来。

李左车也只能无奈叹息,但是军令难违,他也只得尽心去准备防守,来迎接即将到来的惨败。

绝代兵仙(五)

就在赵国决议已定的时候,对面的韩信通过间谍、斥候的多方打探,也得知了这一消息。这一次,韩信彻底松了一口气。

因为到了现在,可以说,他韩信对于赵国已经是志在必得了。

"赵不用广武君计,必为我所灭! 传令进军!"

汉军将士接到了军令,也是快速突击前进。当汉军前进至距井陉三十里的时候,韩信便下令全军驻扎于此。

可以说,陈余此人,韩信虽与之接触不多,但是此人用兵之道,有着几斤几两,他早已经了然于心。

这一日,到了夜半时分,汉军大营里,两千轻装骑士整装待发。他们每个人手上都有一面汉军的赤红色小令旗,那是大汉的标志。而在他们的面前,是他们一直以来信服崇敬的大将军,韩信。

"弟兄们,你们是即将到来的决战中重要一环,现在需要你们从小路爬到临近赵军军营的高山上,到了明天交战的时候,我会诈败而走,赵军见我军退却,必会倾巢出动前来追击。那个时候,你等便要疾驰下山,攻陷赵营,将他们的旗帜通通给我换上我大汉的旗帜! 听明白了吗!"

"我等谨遵将军将令!"

"出发!"

看着逐渐奔出汉营的两千轻骑兵,韩信挥挥手叫来了自己的副将。此时已经过了夜半,进入了新的一天。

"传令各军先用一些早饭。破晓时分,我们大破赵军后再好好吃一顿大餐。"

看着自信满满的韩信，诸将都是一阵疑惑。对面赵军兵力最起码是他们的五倍，今天就要破赵？虽然一直以来这位大将军总是打胜仗，可是这一次，诸将也是觉得此事不靠谱。但是看着自信满满的大将军，他们也只好硬着头皮上了。

"诺！"

看着面露疑惑的诸将，韩信并没有说什么。因为他知道，他的这话别说诸将不信，是个正常人就都不会信。可是身为大将军，韩信自己却必须相信自己。而且，不是盲目的自信。既然大家尊敬并信服他这个大将军，既然汉王将这个任务交给他韩信，他就一定会负责到底。

因为，他是韩信！

故曰：用兵之害，犹豫最大，三军之灾，生于狐疑。（《吴子·治兵·第三》）

看着诸将与众将士，韩信也是来到了自己的位置。

"弟兄们，赵军已经先占据了有利地形安营扎寨，他陈余的目标是我韩信的脑袋，因此若是没有看到我的大纛，就不会攻打我军的先头部队。因为他怕我韩信是个胆小鬼，听说前军遇袭就中途退缩了。所以，今日之战，我将亲自出战，让他陈余看看，我韩信的脑袋不是那么好得到的！"

看着情绪激动的韩信，汉军将士的内心也渐渐活跃起来。大将军既有如此豪情，那么他们还有什么可担忧的呢？

实际上，此刻的韩信，早已经成竹在胸。他深知陈余不仅立功心切，而且还特别轻视自己，所以，在韩信的计划里，一个重要的环节便是将深沟高垒里的赵军全部吸引出来。否则的话，他提前安排的两千轻骑兵便是一着废棋。可问题就在于怎样将陈余的大军全部诱出大营。要知道，陈余并非泛泛之辈，他也知韩信兵力不足，因此他的战略目的不仅仅是韩信的脑袋，而是要聚歼这支精锐汉军。

要完成这个目标，陈余必须死死咬住主将韩信所在的队伍。只要解决了韩信，不愁汉军不乱。所以韩信一着不慎，便可能将这支汉军精锐全部搭进去。

若是汉军先头部队并没有韩信的影子，恐怕陈余并不会发动攻击。因为陈余怕汉军后续部队不敢进前，那样他也就无法一次性聚歼汉军。

所以这一刻,韩信是想让陈余出来,而陈余则是想让韩信过来。

因此,韩信的方法就是,既然你要我的脑袋,我就亲自给你送过去,看看你有没有这个本事拿！也就是说,他亲自担当诱饵,不怕陈余不出来！

决议已定后,韩信亲率一万汉军精锐渡过了绵曼水。可是当汉军渡过了绵曼水以后,不但没有继续进军,反而做出了一个令赵军相当震惊的举动。

"众将士,背水列阵！"

于是,一万汉军齐刷刷地背靠绵曼水,摆好了阵势。看到这一幕,不但对面的陈余懵了,就是汉营诸将也懵了。他们发觉韩大将军似乎从昨天半夜开始就有点儿不正常。先是莫名的自信,现在又来了个背水列阵。大家多少都读过兵法,谁不知道这样列阵就处于了绝境。这要是打不过赵军,那个时候想撤退都办不到了。可是不知怎的,对于他们的大将军,众将士总是有着一种莫名的信服感。

可是与此同时,对面的陈余和赵军众将在短暂的惊愕过后却是哈哈大笑了起来。

兵法云:"背水阵为绝地,向坂阵为废军。"(《尉缭子·天官篇》)

陈余的兵法熟识度还是很高的,在这之前,如果说他对于韩信的速战法还是有些疑虑的话,那么现在看到这样的布阵方法,他是彻底放心了。

韩信者,徒有虚名,不足为虑！

但是陈余的记性可能还是不太好,他忘记了当年巨鹿之战的时候,项羽是怎样击败秦军的。那一次,楚军的做法在众人看来也是不可思议,因为他们破釜沉舟后的处境也是所谓的绝境。可是最终的战果,却是出人意料。

看到哈哈大笑的赵军,韩信的脸上却并没有被嘲笑后的尴尬,取而代之的是更加的自信。为了成功吸引出陈余的大军,他不仅要自己当诱饵,为了以防万一,他还必须从另一个方面来引诱陈余,那就是示弱！

让陈余以为自己不懂兵法而更加轻视自己,认为汉军处于这样的绝地,便是自取灭亡。所以,不怕陈余不出来！

汉军处于这样的绝地,如果说最后的结果难免是死,那么,向后退却,是窝囊的死,是对一个军人、一个男人莫大的侮辱;向前与赵军拼死一战,也许

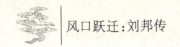

还能有着一线生机,说不定还能赢得最后的胜利!

那么,为什么不拼一下试试,看看自己究竟能爆发出什么样的战斗力?

惊疑不定的汉军朝他们的大将军望去,那纵马立于万军之前的男子似乎并没有任何的惊慌。天已经逐渐亮了,大将军之前告诉过他们,破晓击破赵军,全军吃大餐!

那么现在是否是开战的时候呢?

就在此时,韩信已经高高升起自己的将旗,与常山王张耳一马当先,在如滚滚雷鸣的战鼓声中率领着数千汉军精锐冲杀了出去。

一瞬间,万马奔腾、喊杀震天,汉军将士一个个像是打了鸡血一样,对着赵军大营猛冲过去。

据守大营的陈余见状,也是调动大军出击,截杀汉军。一时间,两军厮杀到一起,刀剑无情,喊杀声、惨叫声、战马嘶鸣的声音不绝于耳,但战场,就是这样的残酷。不杀人便会被人杀,唯一可以确定的,就是没人愿意死,所以他们要做的,就是干掉自己的敌人!

但赵军毕竟人多势众,眼看着逐渐占据上风,压制了汉军。这时,看着火候差不多了,韩信、张耳立刻指挥军队渐次撤退,丢下了所有的旗鼓。而他们退却的方向,是矗立在绵曼水边的汉军阵营。

很快,留守岸边的汉军让开了通道,接收陆地上的汉军。可是杀红了眼的赵军怎么会答应,他们以为汉军简直不堪一击,也是全力冲杀追赶。就这样,双方在河边再次展开了大战。大营里的陈余见状,认为聚歼汉军,在此一举,便调动了所有的军队出击,一方面争夺汉军丢弃的旗鼓,一方面进逼汉军,意图将汉军彻底消灭在河边。

这一刻,真正的决战到了,所有的汉军已经退无可退,他们拼力向赵军冲杀,刀剑钝了就用拳头,一时间,所有的汉军像是发疯了一样。战友一个接一个地倒下并没有使他们退缩,反而红着眼睛再次冲杀出去。这一幕,吓坏了赵军。他们不仅没有办法消灭汉军,反而在汉军的冲击下渐渐不支,甚至出现了败退的迹象。

与此同时,远处高山上的两千汉军轻骑自然也是见到了这一幕,在感叹大将军料事如神的同时,他们飞驰下山,直奔赵军大营。

两千汉军轻骑如同神兵天降,全身赤红,手持汉旗。很快便消灭了赵营的留守士卒,彻底占领了这里。紧接着,他们将所有的赵旗全部拔掉,而后换上清一色的大汉赤红旗!

接下来,他们要做的,就是隐藏起来,并找准时机给赵军以突然袭击!

画面再次回到绵曼水边,此时的汉军已经扭转了战局。在他们的拼死力搏下,赵军阵线松动。见到这一幕,陈余也很是懊恼。很显然,他是不可能歼灭韩信了。为今之计,也只得暂时退回大营,休整士卒,另寻战机了。

很快,赵军开始全线撤退。可是如此战况下,汉赵两军早已经纠缠到一起,近十万大军想要在战场中做到有序的后撤,显然是不可能的。加之此前汉军那拼命的一幕令得赵军胆战心惊,所以,可以想见,赵军的撤退,成了溃退。

看到溃退的赵军,韩信自然不会放过他们。

"三军出击,斩杀陈余!"

就这样,形势一下子逆转了,开始变成了汉军追击赵军。赵军快速撤退,因为他们知道,自己的大营深沟高垒,可谓固若金汤。汉军野战的实力他们已经见识过了,的确厉害。可是攻城呢?就凭汉军那点人能够办得到吗?所以,只要回到大营,他们就是安全的。因此,他们在陈余的带领下飞速撤退。

可是当他们距离自己的大营还有一段距离的时候,却齐刷刷停住了脚步。

因为放眼望去,大营里一片赤红!

"那是……汉军的旗帜!"

"难道赵王和将军们都已经被汉军擒获了?"

这一刻,所有的赵军都慌了。往回去打不过汉军,向前走可老窝都被人端了,这仗没法打下去了!

既然如此,那办法就只有一个了,跑!

看到这一幕的陈余也是懵了,他怎么也不会想到自己的大营竟然会落到韩信的手里。看着一哄而散的赵军,他急忙命令部将斩杀临阵退缩者,试图以此来稳定军心。

223

可是，赵军早已经吓破了胆，夺路就逃。看着溃散的赵军，韩信率领汉军直接追杀过来；与此同时，占据赵营的汉军轻骑全军出动。两相夹击之下，赵军再次大败。

至此，战争的结局已经定了。陈余再也不能制止赵军的混乱，无奈之下，保命要紧，他率领亲信直接奔逃。他一路狂奔出近二百里。但是韩信怎么会放过他？

"全军追击，灭了赵国！另外，传令全军，不得伤害广武君李左车将军，有能得李将军者，赏千金！违令者军法从事！"

就这样，汉军在井陉二百里外的泜水边上，斩杀了陈余。陈余在秦末汉初也算是个风云人物，只可惜，他挡不了刘邦的路，仅此而已。

紧接着，汉军乘胜继续出击，一举拿下襄国（今河北省邢台市）。而那位命苦的赵王歇也被汉军斩杀了，在曹参等人分兵掠地的情况下，赵地被全部平定。

至此，韩信成功灭赵。

而对于大汉来说，对于正在荥阳前线咬紧牙关与项羽死磕的刘邦来说，这是一个天大的好消息。因为他的侧后方、北方已经平定，这不仅意味着他可以免受来自这些方面的威胁，更重要的是，他可以借此来调动魏地、代地、赵地的大量人口、钱粮。

可以说，这里在楚汉相争之际，简直就是一块宝地。而此刻，这一块宝地终于落在了刘邦的手里。

占据了这里，他北上可以威胁燕国，东向可以直接伐齐，在战略态势上已经逐渐包围了项羽的势力范围。可以说，走到了这一步，刘项之争的胜利天平已经再一次倾向了刘邦。

多少年来，无数人为项羽在此过程中无所作为而痛感惋惜。因为尽管陈余控制下的赵、代，以及魏豹的魏国并不是严格意义上的楚国盟友，但有一点需要注意的是，他们也并不是刘邦的朋友。

从某种意义上来说，在楚汉之争的特定背景下，敌人的敌人，很有可能就是自己的朋友。若是项羽能够趁机援助魏国、赵国、代国，就算最终三国不归属于项羽，那么也可以为刘邦树立更多的敌人。这样一来，刘邦的处境必将更加危险。

可是,结果我们都知道了,项羽并没有那样做。而这,有着两点原因。

其一者,项羽集团的误判,或者说,他们根本没有看出来三国的作用。

其二者,就是来自于荥阳前线刘邦的威胁。要知道,刘邦可是面临着随时壮烈牺牲的危险在硬扛着这位令天下畏惧的楚霸王,又怎么会轻易让楚军抽调力量威胁韩信呢?

所以,这一次的交锋,刘邦又胜利了。

而韩信的兵锋,却并不打算就此停止。此刻的他,望向了东方。

在井陉灭陈余后,韩信接受了降将李左车的意见,成功迫降了燕国,而至此,下一个作战的目标,便是齐国了!

第十章

三面出击　死战到底

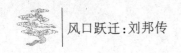

硬扛项羽

此刻,荥阳前线的刘邦也刚刚派英布进驻成皋(今河南省荥阳市大邳山),而且不断地收到北部战线传来的好消息。这时的刘邦可谓斗志十足。他下令修筑了敖仓至荥阳的甬道,用来运送粮草,准备和项羽死磕到底。

就这样,自从汉二年五月刘邦率军进驻荥阳,这转眼间,快一年过去了。现在的刘邦,几乎每天睡眠都不足,没办法,对面那位霸王的作战能力简直是太强大了。

所以,目前的办法就是,固守不出。项羽短时间内还无法攻破荥阳,但在运动战中,项羽有着百分之百的把握送刘邦归西。刘邦自然也是看出了这一点,所以任凭楚军如何叫骂,就是不出击。

反正你打不进来,我还有粮食吃,你能奈我何?

但是伴随着时间的推移,刘邦的处境也越来越不妙了。

恰恰在这期间,韩信竟然派遣了一个使者前来。刘邦看了看,脸色并不是太好。因为使者只是一个人,他的身后一个士兵也没有。刘邦现在面临楚军的猛攻,兵力也很吃紧。韩信身为部将,平定了赵地以后,收编了大量的军队,难道不知道派遣军队回来援救?

很快,刘邦得知了使者的来意。原来是韩信请求刘邦立张耳为赵王,以此来镇守赵地。

刘邦屏退了使者,自己一个人陷入了沉思。现如今魏、代、赵、燕都在他的掌控之下。他可以调用那里丰富的物资、征调那里的青壮年来充实自己的军队。看起来,这一切都很正常。可是转念一想,那里真的又是在他的掌控之下吗?

他刘邦为了大业得成,不会吝惜自己手里的土地。若是有人能够帮助他夺得天下,封王封侯,在刘邦看来,那是理所当然的。

但他担心的原因,便是韩信的意图。封王可以,就算他张耳成了赵王,那也是我大汉所封,必将世代从属于我大汉。

　　可是,取得了赵地以后,什么时候封王、封谁为王似乎还轮不到韩信来"请"。也许除了韩信和张耳之外,没有人知道韩信请刘邦立张耳为赵王时到底是怎么想的。

　　现如今,一方面荥阳吃紧,另一方面韩信兵威正盛,他又有着赵地的大量资源来补充军需。刘邦已经不知道他这个汉王在韩信手下的汉军里,在魏、代、赵、燕的百姓心目中还有多少影响力。

　　这一点,刘邦自己的心里也是没有明确的答案。所以,此刻韩信请立张耳为赵王,在刘邦的眼里,是一个很明显的信号:他要自树党徒,培植关系。试想一下,假若而今韩信请立张耳为赵王,那么他时张耳是否也会请立韩信为代王、魏王? 其他的将领们是否也会效仿二人的所作所为?

　　当年声震一时的陈王,不也是面临着自己部属在外私自称王而无力制止的局面吗? 现今天下大势,项羽之强,不弱于秦;华夏之乱,犹胜当时;难道他刘邦也要面临陈涉的结局吗? 想到了这里,刘邦的内心不由生起一阵疑虑。

　　此刻,韩信的这一请求,可以说是把刘邦架到了火炉上,让他进退不得。若是答应他的请求,封张耳为赵王,万一出现自己所担心的情况怎么办? 若是不答应他的请求,那么在众将眼里,刘邦就是一个有功不赏的庸主! 大家风风火火帮你打天下,你却连个赏赐都吝惜,那么谁还会给你卖命?

　　想了很久的刘邦,最终有了自己的解决办法。他知道,自己不是项羽,在现如今这种局势下,他相信,不论是韩信还是张耳都是忠心于他的。而他,也必须依靠韩信。既然用人,便要用人不疑。既然信人,便要任之专一!

　　不就是封王吗,我封。但是,缓封。

　　这便是刘邦的办法。在一切没有明朗之前,绝不轻易下任何一个决定。因为他知道,他干的活计是抢天下,一个微小的失误都可能产生暴风般的危害,而那危害的代价,便是他刘邦的身家性命。所以,他不得不慎重。

　　此刻的刘邦,更希望这只是自己的杞人忧天。可他还是必须要做好相应的准备,因为,此刻的他,不再是平民百姓、小小的泗水亭长,而已经逐渐成长为一个帝王,这是属于他的蜕变与跃迁。

历史已经告诉了我们,汉三年韩信请立张耳为赵王,刘邦答应了,可是张耳正式封王的时间却是汉四年十一月。

"传令曹参,带兵回援荥阳。"

这是刘邦的另一个命令。

曹参身为沛县元老之一,有他在,刘邦可以得知一切。现今,暂且将他调回。而赵地,就由张耳、韩信去抚定吧。

信之不疑,用之专一,诸臣终不负我!

"张良八难"

处理完韩信和张耳的问题,刘邦也必须正视起现在自己的处境了。项羽隔三岔五地就袭击自己的粮道,意图很明显,就是想让汉军不战自乱,从而在野战中被楚军全歼。深知这一点的刘邦,怎么会轻易出战?可是如今粮道遭受威胁,总不能让弟兄们饿着肚子去打仗吧。如此下去,迟早必生变乱。

城破,似乎也就是个时间的问题了。

刘邦的画策之臣不在少数。这不,得知了汉王的这一疑虑,郦食其老先生又出现了。

"大王,当年商汤伐夏桀,却封夏桀之后于杞。周武灭商纣,也封商纣之后于宋。反观嬴秦,无德背义,攻伐诸侯,毁人社稷。且灭六国之后,六国之后均无丁点儿封地。今为大王计,您若能再立六国之后,那其国上至君主下至臣民无不会对大王您感恩戴德,望风而从,自愿成为我大汉的臣民。大王之恩德、仁义一旦施加给这些人,那么便可以南向号令天下称霸诸侯了。区区楚国,也必将恭敬服从、为我臣下啊。"

郦食其老先生说的有道理吗?事实证明,身为好儒好纵横的郦食其,他的绝学便是忽悠和祸害人,而且一忽悠一个准。而这次的忽悠,足以见出老先生对于天下大势的了解以及自己高深的坑人功力。

如果老人家的记性不错的话,他应该记得,就在不久前,刘邦刚刚灭掉了魏国、赵国,魏王魏豹是战国之魏的后代,赵王赵歇是战国之赵的后代。

如果按照老先生的这一理论来看,魏、赵两国他们对刘邦不好,是因为他们的王位并不是刘邦封的。所以,一旦刘邦分封六国后代为王,那么那些新王就一定会对刘邦感恩戴德,去跟项羽拼命。

此刻的刘邦也是拜倒在老爷子滔滔不绝的唾沫星子里了。

"漂亮!赶紧去刻印,先生替我跑一趟。"

只能说,被项羽逼得极其无奈的刘邦这一刻也是鬼迷心窍了。在他看来,这简直就是妙计啊。而一旁的郦食其内心里也是相当高兴了。此事若成,必当为万户侯啊。

就在老先生准备出发的时候,张良赶来了。刘邦此刻正在吃饭,听说张良来了,也是有些激动。

"子房,你快过来!"

其实对于刘邦的大多数臣子,他大多直呼其名,但每次见到张良的时候,刘邦总会说"子房"。而且自从函谷关那一次之后,很多时候有点啥悄悄话也是必将和张良分享。只要得到了张良的同意,那么就证明,这事妥了。

这只是因为——信任。

张良一看,前段时间刘邦的脸色很难看,怎么今天这么高兴?看样子胃口还挺好。

"子房,有一个宾客给我出了一个削弱项羽势力的计策。"

"哦?敢请大王示下。"

而后,刘邦便是毫无保留地将郦食其的话告诉了张良。他越说越高兴。可他张良的表情却有了些异样。

"子房,在你看来,此事如何?"刘邦急切地询问了一句。

"谁给陛下出的这个主意?依此而行,大王大势去矣!"

听到张良如此说,刘邦也是打了一个冷战。但是他知道,自己的这位帝师从来不说无根据的话,便急忙向他询问这么说的原因。

　　看着拿着筷子愣在那儿的刘邦,张良也是走了过去。

　　"请大王准许臣用您面前的筷子来为您筹算一下。当年商汤伐夏桀,却封其后于杞。是因为商汤觉得自己能置夏桀于死地。而今大王您能置项羽于死地吗?"

　　"不能。"

　　"此其不可一也。武王所以封商纣之后,也是因为他有把握得到纣王的脑袋。而今大王您能得到项羽的脑袋吗?"

　　"不能。"

　　"此其不可二也。武王入朝歌,表商荣之忠、释箕子于狱、吊比干之墓。而今大王您能以同样的礼节来对待圣人、贤者、智者吗?"

　　"不能。"

　　"此其不可三也。武王入朝歌,发巨桥之粮、散鹿台之财给穷人百姓。而今天下未定,大王能做到如此吗?"

　　"不能。"

　　"此其不可四也。商纣已灭,武王废兵车、藏金戈,以此向万民显示此后天下再无战争。而今大王你能弃武用文,不再用兵吗?"

　　"不能。"

　　"此其不可五也。武王使人放马西岳之阳,同样显示不再加兵于四方。而今大王可能如此吗?"

　　"不能。"

　　"此其不可六也。武王派人牧牛桃林之阴,表示不再运输粮食用来打仗。而今大王可做到如此吗?"

　　"不可。"

　　"此其不可七也。如今天下奔走以求名利之人,远离先人之墓、故旧之乡,跟随大王逐鹿天下,无非是想建功立业以此来获得一块儿封地啊。而今要重立六国之后,这些人就都会回到自己的家乡,回到自己的故旧亲人那里去,谁还会帮助大王您夺取天下啊!此其不可八也。更何况当今天下,楚依旧最为强大。一旦新立的六国再次屈服于楚国,那么大王又怎么能令得他们臣服? 真的要用那位宾客的计策,大王,大势去矣!"

张良一口气说出了八不可,这便是历史上著名的"张良八难"。听过张良的分析以后,刘邦也是脊背发凉,冷汗直冒。他"唰"地一下扔掉了筷子,吐出了正在吃的东西。

"竖儒!差点坏了我的大事!来人,立刻销毁所有铸好的六国王印!"

这一刻,刘邦抬头看向了张良。他应该没有说什么感谢之类的话语,只是投去了信任的目光。直到他走进自己的陵墓的那一刻,也许他都在想,自己真是幸运,有着这样的臣子。

其实张良的这八不可,虽然看上去是八条。但是通过以上的简要的翻译,大家也能看出来:这第一与第二基本同义,第三、第四、第五、第六所说也基本一理。第七、第八才是重中之重。

而今笔者将这八不可以简要的语言翻译出来,并不是累赘,而是想让大家从中感觉出两点:

一者,张良之谋以及他对刘邦的了解。

二者,刘邦之从谏如流以及他对张良的信任。

张良每一次提出不可的时候,刘邦的回答都是"未能也"。连续六次,颇有一种小学生犯了错误在接受班主任教导的样子。尽管在我们看来,他本来就不如人家,承认一下错了又有何难呢?可是不要忘了,刘邦他是一个政治人物,是属于那个时代的王者。对于这样的人来说,似乎他的一切都应该得到赞同,而他的一次"承认错误"更像是对臣下、百姓的施舍。

一个古之帝王能做到如此,是多么的不容易。反观同时期的项羽,似乎他做的真不如刘邦。

而张良,恰恰是基于对刘邦的这一了解,所以才敢大胆地以自己的语言来为刘邦出谋划策。同样,刘邦也是因为对于张良的无比信任,才会如此从谏如流、言听计从。

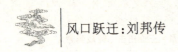

求和遭拒

就这样，刘邦继续与项羽硬扛。但是时间一点点过去了，他实在是扛不住了。此刻的项羽已经看出刘邦坚持不了多久，便派遣军队绕过荥阳，直击赵国。

韩信、张耳无奈，也只得率领军队到处灭火。虽然偶尔会派出军队支援荥阳前线，但也是杯水车薪，起不了太大的作用。

鉴于这种情况，刘邦的头脑里闪现出一个想法。一旦他此刻得到了喘息之机，那么无论是消耗过度的兵力还是入不敷出的粮草，关中的萧何都会有办法源源不断运送过来。而新收的魏、代、赵等地也就有时间去治理了，从而可以更好地调动应用起当地的一切资源。

所以说，刘邦现在最需要的就是时间。

那么怎样才能获得时间呢？思来想去，求和的念头出现在了刘邦的脑海里。

不久之后，汉营的使者出现在了项羽的大帐里。汉使的来意很明确，那就是传达刘邦求和的意思。

即以荥阳为界，荥阳之西属汉，荥阳之东归楚。两家就此罢兵，天下重归太平。

听到了汉使的话，项羽也是陷入了沉思。现在楚军虽然占据上风，但是他的战略态势并不是十分乐观。九江王英布虽然被他赶跑了，可是英布在九江一带仍有不小的影响力。只要英布还在刘邦的阵营，那么项羽控制下的九江一带就始终面临着威胁。

另一方面，汉军粮道不稳，他楚军的粮草也是经常青黄不接。因为在项羽的后方，还存在个彭越，他打一枪换一个地方，令项羽也是颇为头疼。

更重要的一点就是，楚军连续征战，征齐以后紧接着便来追刘邦，战力已经大受影响,士卒将领疲惫不堪。如今齐地表面安静,实则也是一个威胁。楚地的百姓又能否连续承受住这长期战争带来的压力?

所以,此刻的楚军,虽然在战场上占据优势,但在整体态势上,却是不容乐观。恰恰此刻刘邦有意求和,那么是否暂且答应刘邦,而后稳定好自己的后方呢?

凡事利弊两面,一旦双方此次握手言和,在到下次开战之前的这段时间里,对他刘邦来说是个休养生息的机会,对项羽来说又何尝不是如此?

毕竟双方都知道,这求和不过是个缓兵之计。歇一段时间仗还是要接着打的。毕竟对于项羽来说,要在战场上打败他的所有对手,那还是有着相当把握的。

因此,项羽打算答应刘邦这个请求。

可是就在此时,范增老先生出现了。项羽看了看这位亚父,根据多年的经验,他知道,亚父此刻出现,就是来反对他的。

"不能答应他。现在打败刘邦简直是轻而易举,不趁现在这个机会消灭他。去答应他的求和,后必悔之!"

范老先生一生的信条有一个很重要的组成部分,那就是不惜一切代价、抓住一切机会弄死刘邦。自从鸿门宴以来一直如此。

而今眼见着汉军势弱,荥阳城破只在且夕之间,在老先生看来,这就是一个千载难逢的机会。所以这一次,他一定要劝谏项王别再放过刘邦。

在他看来,刘邦诡计多端。当初分封的时候,他与项羽很是下了一番功夫,将刘邦封闭到一个在他们眼里鸟不拉屎的地方,而且还安排了三个心腹看住刘邦。本以为一切做得天衣无缝,无懈可击,可是在短短的一年时间,刘邦就突破了他们精心设置的囚牢,还差一点颠覆了楚国!这一切,令得他不得不有些怕。

只要刘邦得到了喘息之机,天晓得会再次搞出什么猫腻。楚国现在的局势已经处于下风了,那么既然如此,不如来一个釜底抽薪!

当前,他们的最大敌人就是刘邦,只要干掉了刘邦,那个时候,就算是局势再差,他们也能应付得来。反之,一旦在这期间,楚国并没有恢复过来,甚至说刘邦再次使诡计破坏楚国的后方,到那个时候,局势愈发不利的楚国又

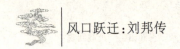

要再一次面临精神饱满的汉军,岂不是更加被动?

所以,值此机会,必须彻底干掉刘邦!干掉了刘邦,一切都会好转过来。

范增的说法有道理。

老先生的想法差一点就实现了。

事已至此,刘邦也只能继续硬挺了。而且现在楚军已经把荥阳团团围住了,这可如何是好?只能依靠使者互通来拖延时间了。

这时,外面的人通报,陈平求见。

这位陈平先生不仅是个美男子,也是秦季汉初仅次于张良的一个存在,自从弃项羽投刘邦以来,虽然遭受谗言,但一直受到刘邦的信任。此刻,他见到了刘邦,要提出自己的看法。

"天下纷纷,什么时候才是个头啊?"

陈平刚刚拜见刘邦,就听到他感叹了这么一句。任谁都能听得出来,刘邦这是在犯愁什么时候才能打败项羽。

但是陈平看见刘邦后,却是笑了出来。

"大王,项羽那里刚直的臣子像亚父范增、大将钟离昧、龙且、周殷之辈,不过区区几人而已。以臣下愚见,大王您若能舍得拿出几万金,来实行反间计,以此来离间楚营君臣,必然令他们互生猜忌。项羽此人生性多疑而又易听信谗言,此计若成,他们内部定然混乱而互相残杀。那时我军再趁机攻打,击败项羽还不是易如反掌?"

听过陈平的话后,刘邦当即调拨四万金,归陈平调用。

到了这里,大家也能看得出来,这一计策就是典型的以利动人的离间之计。似乎算不上什么高明之计,难道项羽不会用吗?依据陈平的分析,项羽手下多高洁清廉之士,刘邦手下却更多好礼无耻之徒。看起来,似乎刘邦的手下更容易被金钱名利所打动。那么,面对项羽手下的高洁清廉之士,所谓的以利离间真的会有用吗?

一定有用。

因为,这来自于刘邦、陈平对项羽的了解。

他们分析得很明白,项羽此人恭而爱人,这是刘邦短时间内无法做到的。人无完人,各有所缺,此话不假。但与人征战,若要求胜,必须要以己之长克敌之短,方有求胜的可能。所以,对于此刻的刘邦来说,既然不能克己之短,便只能以己之长,克敌之短!

项羽所短,无非就是舍不得名利、爵位、土地。刘邦之长,便是有着舍不得孩子套不着狼的精神。值此天下大乱之际,任凭他志趣再高之人,也无非有着建功立业、封妻荫子之心。

退一万步来讲,就算楚营之臣恪守忠心,不接受汉营的贿赂,但是,只要项羽知道了这件事,那么凭借项羽的猜忌之心和他的缺点,那些臣子还怎么能够受到重用?日久势必寒心,瓦解楚营指日可待。

所以,对于刘邦来说,不论楚营的人收没收他的钱,他也一定要让项羽知道楚营有人收他的钱了!

这正是在以己之长克敌之短的同时,来瓦解敌方之长。长久以往,此消彼长。刘项的对比中,项羽将再也没有一丝一毫的优势可言,正如茅坤在评价陈平此计的时候,称其为"屠龙手",确乎恰评!

那么前面说过,此等计谋,项羽不能用吗?因为刘邦手下更多好利之徒,似乎以利动之,更能够取得意想不到的效果。

项羽可以用,但是他没用。

经过长期的交手,刘邦已经太了解项羽了。此人刚愎自用,他本身出身贵族,与白手起家的刘邦大有不同。可以说,项羽在骨子里就有一种对刘邦的不屑态度。

所以,对刘邦所做的,项羽往往嗤之以鼻。

两相对比,一目了然,诸般尽显。所以不得不说,权谋之术上,项羽的确逊色于刘邦。

当拿破仑越过阿尔卑斯山脉的时候,他的身后,还有着大批的法军士兵。而对于刘邦、项羽来说,争夺天下依靠的也不仅仅是他们两个人的力量。否则两个人只需要单打独斗便可以解决任何问题。他们的身后,同样也跟着一大批人。而根据具体形势的变化,必须相应地改变对这些人的态度。无赖也好、君子也罢,个人修养或集体素质,在这个风口浪尖之上,都不是最重要的。重要的是,这艘历史的巨轮将会怎样在某个人的带领下跃过这些波折巨浪,达到彼岸?生与死的历练、血与泪的交融,在这样的淬炼中,

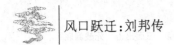

刘邦逐渐将项羽甩得越来越远,两人同样是蜕变,到底谁才能够实现最终的凤凰涅槃、跃迁成功,现在,已经逐渐有了答案。

所以到了这里,就等着陈平依计而行了。对于他来说,这就是小菜一碟。

俗话说,有钱能使鬼推磨,无钱对面手难牵。经过陈平不为人知的一些活动,一些小道消息开始在楚军内部散发开了,那就是大将军钟离昧屡立战功,却不得封王,对项羽心有不满。果然,听到这一消息的项羽逐渐疏远了钟离昧。

接下来,陈平的目标,就是范增了。而解决范增的方法更是简单,竟然也只是因为一顿饭!

刘邦、陈平利用招待楚营使者的机会,先是好酒好肉款待,在得知这位使者不是亚父范增的人而是项羽的人后,便撤销了一切好酒好菜。就是这么一件小事,成功地使得项羽怀疑范增与刘邦之间有猫腻,从而逐渐疏远了范增。而心灰意冷的范增,也是对项羽失望透顶,甩手离去,病逝于回乡的路上。至此,项羽的局势,更加危险了。

虽然,汉三年七月,项羽成功拿下了荥阳,逼迫刘邦不得不以部将纪信冒充自己,使得自己逃走。可是,荥阳的获得,并不能改变此刻项羽集团的整体弱势。

因为刘邦此刻已经得到了萧何自关中调来的援军,固守成皋,与项羽继续对峙。而项羽的确勇武,汉四年十月,项羽攻破成皋。这一次刘邦更是狼狈,因为他出逃的时候,身边只有一个夏侯婴。此刻的局面,危急到了极点,因为,刘邦身边,已经无兵可用了!所幸夏侯婴车技高超,带着刘邦疾速赶到修武韩信的军营,在诈称自己是汉王使者的情况下,成功夺取了韩信的兵符,掌控了韩信所部大军!

接着刘邦再次传令下去,犒赏三军!而后,继续和项羽血战到底!

三面进击

当刘邦在修武扎营的时候,项羽也是彻底拿下了成皋。看着败逃的汉军,项羽也是大手一挥。

继续追击!

很快,楚军便推进至巩(今河南省巩义市西南三十里)。

刘邦立刻调派汉军,在巩以东挡住了楚军。这一次,久战的楚军虽然勇猛,可是在汉军的强烈反冲下,一时间,也是被阻隔在了那里。

得知了军报的刘邦大喜。他撸起了袖子,就要趁机率大军返回黄河以南的荥阳一带,再次决战项羽。

可是他的郎中郑忠拦住了他。看着郑忠的表情,谨慎的刘邦暂缓了行动。因为他打算听听郑忠的来意。

"大王此番切不可直接与项羽交战。不如深沟高垒坚守而不与之战。另一方面,派遣偏师直插楚地,协助彭越以扰乱项羽后方,使其更加疲于应对而越发被动。"

听过郑忠的话,刘邦笑了出来,也许他由衷地感觉到,自己真的太幸运了。麾下竟然会有着如此多的画策谋士。有臣如此,何愁不败项羽!

其实仔细对比一下,便会发现,郑忠此策的要点,那就是要令项羽备多而力分。历代以来,对于此法,评价极高。

很快,刘邦采纳了郑忠的建议,一方面深沟高垒,拖住项羽;另一方面,调派刘贾、卢绾率两万步军、数百骑兵,从白马津(今河南省滑县东北之旧黄河南岸)渡河,而后直奔楚地,与彭越相策应。

得到了刘邦援助的彭越也是表现得相当出色。很快,彭越、卢绾等在燕县(今河南省延津县东北)西大破楚军。并且焚毁了楚军大量的粮草、军资。这还不算,配合默契的几人根本就没有停下进军的脚步,开始在这一带肆无 239

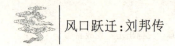

忌惮地横行起来。很快,便攻下了梁地的十多座城池,对楚军的后方、粮道造成了重大的影响。

当是时,汉军主力于荥阳一带牵制项羽主力。北部则由大将韩信继续进击齐地。南方,也就是楚军后方,则由彭越、卢绾、刘贾率军牵制袭扰。打开地图,便可发现,一旦三方汉军行动顺利,那么最后的结局就是项羽所率的本部主力被三方汉军彻底围困在荥阳一带。长此以往,项羽所能控制的实际地带,将会越来越小。楚军势必将陷入更加被动的境地。

楚汉之争到了这一步,似乎大势已经真的开始明朗起来了。

而得知后方起火消息的项羽既吃惊,更愤怒。

又是彭越!

自从与刘邦开战以来,彭越对于楚军的粮道便是三天两头进行着骚扰。起初项羽根本就没有将他放在眼里,可是事到如今,彭越已然成了项羽的心腹大患。

先不说彭越可能带给项羽的其他影响,单单说粮草,没有粮食,楚军还怎么打仗?

所以,此番项羽一定要彻底解决彭越!

可是话虽如此,此刻成皋的对面便是虎视眈眈的刘邦。项羽一旦亲征彭越,成皋怎么办?刘邦是否会趁机打过来?一旦那样,这几个月来他岂不是白忙活了?

但是事到如今,项羽也真的是没有其他办法了。必须要尽快解决彭越,打通粮道!此番他也必须亲自出马!

很快,项羽叫来了自己的亲信,时封海春侯的大司马曹咎。这个曹咎,是原来蕲县主管监狱的官员,同司马欣一样,当年曾经帮助过项梁。恰巧二人的职位还相同,不难想象,项梁当年的确犯了不少事儿。

因此,项羽将曹咎视为亲信。此次他欲讨平彭越,准备将成皋这一要地交给曹咎镇守。

项羽深知曹咎此人性情暴躁,受不得激将,因此,虽然决定任命他为留守成皋的主帅,但是也不得不语重心长地提醒一番。

"谨守成皋,如果汉军前来挑战,不用理会他们。只要不让他们越过成皋东进就可以。十五日,我必诛彭越,定梁地。那时便引军复归,与你同战!"

曹咎领命而去,可项羽还是有些不放心。因此,他将司马欣和悍将钟离昧留下来,辅佐曹咎。

安排好一切后,尽管项羽还是内心不安,但是他还是跨上了战马,东进攻打彭越!他对自己有着充分的自信。十五日,只需十五日。

楚霸王绝不是浪得虚名。

有个小男孩儿

就这样,陈留一带很快便被项羽收复,楚军推进至外黄。这一次,楚军在外黄遭到了相对顽强的抵抗,攻城持续了好几天。此刻,在这里多耽搁一分,成皋便多一分危险。

所以,项羽绝对没有时间在这里消耗。因此,他加紧部属,加强了对外黄的围攻力度。

就在此时,一个消息传了过来。外黄守军主动投降了。不难想象,区区一个外黄,能够抵挡项羽几天就已经是破天荒的事情了。守将怎么会不知,自己在项羽面前有几斤几两?

所以,最好的办法似乎就是投降。

可是这一次,当外黄守军与百姓听说项羽的打算后,一个个全都惊恐起来,大有再度拿起武器和项羽死磕到底的趋势。那么到底是怎么回事呢?

原来,仅仅是因为外黄耽误了项羽太多的时间,惹得项王大怒,一怒之下,老毛病犯了。他竟然要将外黄城内所有年十五以上的男子绑到城东,全部坑杀!

这一次,项羽只杀男子,不是屠戮全城,而且还是十五岁以上的男子,并不包括十五岁以下的。

就在此时,一个小男孩儿站了出来。至于他叫什么名字,已经不得而知了。他是当时外黄县令的舍人的儿子。不过这些都不重要,重要的是他才十三岁。

看起来,现在的他是安全的,因为他并不在项羽所坑杀的范围内。那么既然他是安全的,又站出来干什么呢?

劝谏项羽,放过外黄。

没错,一个仅仅十三岁的孩子,不是为了卖弄他的聪明才智、犀利辩才,而是为了心中的道义,为了城内无辜百姓的性命,前往劝谏那个天下任何一个说客都不想见到的、以残暴而闻名的项王。

若是以往,恐怕项羽是绝对不会见这类说客的。可是当他听说此番的说客仅仅是一个十三岁的小男孩儿的时候,内心里也是有着一种异样的波动。

"带他进来。"

小男孩儿见到这个威震天下的项王之后,并没有丝毫的畏惧,很是淡定地开口说道:"项王,盗贼彭越用武力逼迫我们外黄的百姓为他做事,我们手无寸铁,自然十分恐慌,因此选择暂且投降于他,可这只不过是缓兵之计。我们是为了等项王您来救我们啊。如今终于等来了大王,您却又要坑杀外黄的百姓,百姓们还能有归附您的心思吗? 一旦如此,外黄以东那其他的十余座城池都会十分恐慌,就更不好收复了。希望大王您能仔细考虑考虑。"

听过这个小男孩儿的话,项羽沉默了。他虽然凶厉残暴,可却并非没有人性。那一刻,也许他的内心里会想起起兵以来自己的所作所为。襄城、新安,一处处残灭的城池,一具具腐烂的枯骨。

那些是什么? 是单纯的土地、城池吗? 并不是! 那是人心,是归属!

而今楚汉对峙,他固然勇武异常,且多次击败刘邦。可是他又怎会不知,岂能不明,自己的楚军已经逐渐落入下风了。是什么原因造成了这一切? 是他的智谋不如刘邦还是其他的原因?

项羽不得不仔细地思考这一切。

如今成皋形势不明,一旦真的坑杀外黄十五岁以上的男子,也许睢阳
(砀郡郡治,县治今河南省商丘市南)等十余座城池的反应,真就如这个小男

孩儿所说的那样,局势岂不是更加不利?十三岁的孩童尚明此理,身为西楚之王的他,又怎么会想不明白?

于是,内心受到很大触动的项羽答应了那个小男孩。他收回了那条残忍的坑杀令。当这一条命令被收回的时候,没过多久,睢阳以东的城池便全部听说了项羽的这一举动。很快,那些城池的首领果然都争着向项羽投降。至此,原本被彭越拿下的梁地十七座城池,又全部被项羽收了回来。

此刻的项羽松了一口气,因为梁地的平定似乎与他预料的差不多。那么接下来,他便要继续赶回成皋,击败刘邦!

可就在此时,成皋前线传来了战报!

成皋,必然已经丢了!

能忍的曹咎

从项羽率军奔赴梁地的那一刻起,刘邦就意识到,属于他的机会来了。

没过多久,他便得知了项羽留守成皋的一系列人事安排。也许在那一刻,刘邦胸有成竹地笑了出来。胸有成竹,是因为在他看来,此刻的成皋已然唾手可得;而他笑的则是楚营无人了。成皋如此要地,项羽竟然会交给性情暴躁的曹咎来镇守。

成皋,必属于他刘邦!

很快,汉军全部渡河而来,直逼成皋。行动迅速的汉军立刻将成皋团团围住,而后二话不说,展开了猛烈的攻打。

虽说汉军攻势汹汹,可是守在城内的曹咎也是不敢负项羽所托,带领着楚军将士顽强抵抗。就这样,持续了很久,汉军的攻城效果都没有多大起色。

刘邦深知,此刻他与项羽拼的就是时间。因为项羽亲自出马,彭越断然不是对手。重要的便是,梁地能够拖住项羽多久?

他也必须要抓住项羽不在的这个时机,一举拿下成皋。否则一旦项羽赶回来,那局势可就不好说了。

但很快,汉军的攻城停止了。守在成皋的楚军只是见到一拨拨汉军的士兵来到城下叫嚣、挑战。

可是楚军谨守主将曹咎的命令,任凭你汉军如何挑战,我就是不理你。反正你又打不进来,愿意怎么挑战就怎么挑战,我就是不出去! 你能奈我何?

得知楚军不肯中计的刘邦笑了笑。看来这个曹咎还是很听话的,那么,这种克制能保持多久呢?

成皋城下再次出现了汉军。

这一次,汉军的士兵人数更少,看上去衣衫也不是很整齐。难道就这么几个乌合之徒也想要来挑战? 他们不是来挑战的,而是来骂人的,是来赤裸裸地叫骂的。

他们所为的是什么? 自然是激将楚军守将发怒,而后引诱他出城入瓮!

就这样,第一天过去了。任凭汉军如何破口大骂、极尽污言秽语叫嚣,曹咎就是不出来。

尽管他很是愤怒,可是他还是坚决不出城。

我忍! 项王告诉我十五日,时间还没到! 我能忍!

第二天,那些汉军士兵又来了,他们再一次在成皋城下开始了骂人的表演。

就这样,一天又过去了。曹咎与楚军众将士默默地煎熬着。

第三天一早,那几个汉军士兵又来了!

楚军将士一个个气得吹胡子瞪眼,恨不得立刻下城剁了这几人,哪怕是中埋伏或者是战死,那也豁出去了!

可是大司马曹咎再一次制止了他们。

弟兄们,再忍忍,坚持住! 大王马上就回来了!

就这样,第四天、第五天又过去了。可城池下面的那几个汉军士兵在第六天清晨时分,又来了!

当听得士兵的报告时,这一次,曹咎也是无法继续忍受下去了,他恨不得活劈了城池下的汉军。

终于，他忍不住了。

一群愤怒的楚军在大司马曹咎、司马欣的带领下，全军出击，要与汉军决战！

这倾城而出的楚军，刘邦自然看在眼里。

你不是能忍吗？还不是出来了，这一次就叫你有来无回！

汉军一路引诱楚军追击，大怒的楚军将士们在主将的带领下一路向前，直到来到了汜水之滨。如果那一刻他们停下脚步，也许结局还不至于太惨。可是，接近一个星期的谩骂，使得曹咎等人早已经失去了理智。

他们本应该知道，兵法里有着"击其半渡"的说法。可是此刻，又哪里管得了这些呢？

大怒的楚军没有丝毫的犹豫，开始全军强渡汜水，意欲继续追击汉军。可是正当他们渡河渡了一半的时候，埋伏好的汉军士兵开始全面出击。

至此，结局已经注定了。汉军大破楚军，一举拿下了成皋。成皋内的所有楚国的军资钱粮全部被汉军收入囊中。

那么那位大司马曹咎呢？

看到大军惨败，成皋丢失，曹咎自觉无颜再见项羽，于是在汜水上自刭了，一同自刭的还有司马欣。这一次，项梁的两位老伙计终于是去陪伴他了。

看着这一切的刘邦并没有做过多的感想。他要趁热打铁，值此机会，一举拿下荥阳！

可是，这一次，汉军遭遇到了顽强的抵抗。尽管被汉军围困在荥阳城东，可是楚军将士在猛将钟离昧的带领下，轻伤不下火线，拼死力战！

与此同时，刘邦得到了消息：项羽杀回来了！

得知这一消息的汉军立刻解除了对钟离昧的包围，非常迅速地退守各处险要关隘，准备与项羽对峙。

没办法，项羽的勇武人尽皆知，汉军害怕啊。

这一次刚刚回军就吓跑了汉军，虽然项羽的虚荣心得到了满足，但问题是，成皋已经丢了。那么为今之计，似乎只有再次与刘邦进行对峙了。

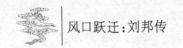

刘邦一方,得知项羽赶回。便以成皋为依托,取敖仓之粮以充军需,扎营广武山的西城,迎战项羽。而项羽则进军驻扎广武山的东城,双方隔广武涧对峙。两者相隔仅仅百余步!

这一次对峙,面对着对面的项羽,刘邦可谓是信心十足。他的目光,望向了东北方向。

想来此刻,郦食其应该已经到了齐国了。

第十一章

兵进三齐　良将变心

郦食其的辉煌

正当刘邦再次与项羽对峙的时候，刘邦的内心里产生了一个想法。他仔细回想了一年多以来自己与项羽在荥阳、成皋一带的拉锯战的前前后后。尽管他屡败屡战，尽管项羽逐渐落入下风，可是楚军在项羽的领导下，战斗力依然异常强悍。这是不争的事实。

此番固守广武，又能够坚持多久？是否还会像前番那般，再次溃逃败退得身边只剩下一个车夫？

这一切，刘邦不得不想。彭越得到了刘贾、卢绾的支持不假，可是一旦遇上项羽，败逃也只是时间问题。更何况，万一汉军逐渐落入下风，那么是否还能够保证彭越对大汉的忠诚呢？

另外，韩信受命破齐，至今未见起色。他此番伐齐，是否又能够如之前平魏、灭赵那般势如破竹？

一旦破齐成功，那么韩信还会是之前的那个韩信吗？

所以，他不得不多做准备。那么既然如此，如果主动放弃成皋，退守到巩、洛一带固守，又如何呢？

可是，郦食其的建议却劝阻了刘邦这一想法。在郦食其看来，当今大局虽然未明，可如果自己不争取主动，而是静静地等待，只能逐渐陷入被动。所以，对于此刻的汉来说，主动为自己制造一个大势也是非常重要的。

"大王，如今燕、赵已定，只有田齐还没有攻下。今田广占据幅员千里的齐地，田解率二十万大军驻防在历城（今山东省济南市）。各支田氏宗族力量都很强大，他们背靠大海，无后顾之忧。又有黄河、济水作为凭借，南面接近楚国，何况齐人多狡诈无常，你即便是派遣数十万大军，也不是一年半载就可击破的。"

说到了这里，郦食其停顿了一下，而后才说出了自己的想法：臣请求奉您的诏命去游说齐王！让他成为我大汉的东方属国！"

对于郦食其的请求,刘邦只回复了一个字:"善!"

其实这里有个问题需要注意一下。那就是,难道郦食其不知道刘邦已经下了命令给韩信,叫他择日攻齐吗?

他当然知道。可是既然如此,郦食其又为什么要在这个时候前往齐国进行游说呢?齐国的力量虽未必就如郦食其对刘邦的那番说辞里那般强大,但亦是不容小觑,怎么会在此等天下大势还未定的时候轻易听从一个说客的言辞呢?

其实,这主要还是来自于郦食其对于自己的自信。身为一个兼通纵横家与儒家的狂生,他虽不能够像武将那样在战场上来建功立业,却可以凭借自己的学识与三寸不烂之舌成就奇功!

如若他此番成功劝服了齐国,那么势必使得汉军在无东方之忧的同时又多得了一个能够对项羽形成强力牵制的属国。除此之外,准备攻打齐地的韩信军团也不必东向,而是转至广武前线直接包抄项羽。

这样一来,可以省去大量的时间、兵马、钱粮,形势将更进一步有利于刘邦。

退一万步来说,就算此次他的劝说不成功,可他身为汉王的使者,全身而退也不是难事。更重要的是,他劝说齐王的这一段时间,恰恰是给韩信整军备战的一个大好机会。到那时,韩信已经准备充足,再行攻齐便又多了一分把握。

那么刘邦是怎样想的呢?

也许他的想法和郦食其相同,很明显,他从修武带走的韩信军队虽不是全部,但若是要进攻齐国,仅凭剩下的赵地军士,恐怕还需要一段时间来进行训练、补充。所以,郦食其此行,不论成与不成,给韩信的准备时间是腾出来了。

另外,韩信即将伐齐的消息也许已经传到了齐国的耳朵里,这个时候郦食其前往说降,后面有着韩信的大军做后盾,也许真的能够取得意想不到的效果。

更何况,现在刘邦在成皋一带的形势走向依旧不好说,若是郦食其成功

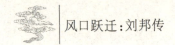
说降齐国,那么天下大势便更加进一步有利于汉。若是不成,再直接进攻,也没什么损失。

因此,这一刻刘邦同意了郦食其的请求。

但是,韩信并没有收到来自于汉王的停军的命令。

不论结局如何,刘邦是绝对不会把全部筹码单独压在一条路径上的。

就这样,刘邦听从了郦食其的建议,继续率军驻守敖仓一带,而郦食其则带领着使团,奔赴齐国而去。

在齐国,郦食其仔细替齐王分析了天下的局面,尤其是齐国与项羽的矛盾。当今天下,齐国若想图存,只能与刘邦联合。最后,郦老先生凭借着自己的三寸不烂之舌,成功说服了齐王田广、齐相田横,一举拿下齐地七十余城,达到了人生事业的巅峰!

韩信破齐

当郦食其先生成功说服齐王田广、齐相田横的时候,平原(今山东省平原县西南)方向,大批汉军也有了一种撤军的趋势。

这支大军的统帅不是别人,正是接受了刘邦伐齐命令的韩信。此刻的他已然得知了郦食其已经成功劝降齐国的消息。

所以,此刻摆在他面前的路,似乎只有一条,那就是退军。而韩信,也一度有如此想法。

这时,一个叫蒯彻的出现了,他是范阳(今河北省保定市北固镇)人士,因避汉武帝刘彻的讳,所以也被叫作蒯通。早在秦末刚刚大乱之际,他就已经登上了舞台,曾与原赵王武臣等人打过交道,为人善奇谋,通权术之道。

当韩信收取赵地、魏地之后,蒯彻也就投奔了韩信,成了韩信的幕僚。此人在《史记》中并无本传,但在《汉书》中其本传所记载却是十分详细。之所以如此,是因为从某种程度上来说,此人对韩信一生的走向,有着重大的影响。

身为楚汉之际的谋士,蒯彻之才虽不如张良、陈平,但是也足以称得上是一方谋主了。

那么,当韩信准备停止进军齐国的时候,蒯彻对韩信说了什么呢?

"大将军您受命去攻打齐国,汉王却又单方面派遣密使去劝降齐国,可他有命令让您停止进军吗?怎么能够停滞不前呢?况且郦食其不过一介书生,乘车奔走,动动嘴皮子便是收降齐地七十多座城池。将军您统帅数万大军,岁余也才不过夺取赵地五十多城。为将数岁,难道还不如一个书呆子的功劳大吗?"

说完了这些,蒯彻静静地等待着韩信的答复。因为他相信,韩信会听从他的意见的。原因无他,只因为,他太了解韩信了。

其实仔细品读,不难发现,蒯彻的这一番话很具有煽动性,是故意激将韩信,让韩信愤怒。

自从平魏、定赵以来,韩信在军中的威望与日俱增。身为大将军的他,自然也很享受这种属于军人的荣耀。此刻,他心中的信念,除却辅助汉王平定天下以外,最重要的便是将自己的满腔军事才华投注于实践,从而来建功立业!

所以,在刘邦没有明确地下达停兵命令之前,他继续出击,这也是合情合理的。更何况,蒯彻已经说得很明显了,郦食其仅仅是动了动嘴皮子,便收降了七十多座城池。既然如此,还要他这大将军有什么用?

所以,倒不如趁着齐国守备松懈的这个机会,一举冲杀过去,荡平齐国,建立不朽之功!

至此,韩信接受了蒯彻的意见,选择继续东进!

看起来,韩信是因为不服气郦食其的功劳,而选择"赌气"进击齐国。但是事实真的是如此吗?

当然不是。

而蒯彻也是知道,以郦食其来激将韩信虽然有用,但是韩信最关注的,却并非在此。

仔细想想,便不难发现,此刻韩信的内心应该很是犹疑不定的。他不清

251

楚刘邦在明令他进军齐国的时候还派遣郦食其前往说降，此举是对韩信的不信任还是说为他进攻齐国拖延时间。

若是刘邦派人告知韩信，自己派遣郦食其的真实想法，或许韩信的内心还会好受一些。可他并没有。

这种事换作是谁都会心里有芥蒂。毕竟不久前你刚刚"夺走"了我的军队，现在又如此办事儿，这似乎有点太不厚道了！

而且，既然他没有收到停兵令，他完全可以装作不知道有郦食其出使齐国这件事，就算是攻击齐国，也没有违背刘邦的意思。更何况，一旦自己拿下了齐国，如此大功，刘邦也就不好说什么了。至于郦食其先生，则根本就不在韩信的考虑范围之内。

那么，韩信如此做，还有没有其他想法呢？

编纂《史记半解》的清朝大学者汤谐曾就此评点道："(信之)听通举兵击齐者，为郦生非信之所自遣，而无以收下齐之功也。当请王张耳于赵时早自蓄王齐之志也。"

汤谐的观点很明显，那就是此时的韩信已有他想了。但此说也仅仅是一种观点。

也许他无意背叛汉王，甚至说连一丝二心都不会有。他唯一想做的，就是希望自己的大功能够被汉王看到、承认，并且得到属于自己的封赏。

可他不知道的是，当他决定出兵齐国的那一刻起，他与刘邦，便再也不能回到从前了。

而且，破齐之后的一系列变化，使得他的内心也紧跟着发生了天翻地覆的变化。那一刻，等待韩信的结局，似乎就已经注定了。

郦食其先生的结局

听从了蒯彻意见的韩信很快率军渡过了平原，兵锋直指历下。由于历下守军防备松懈,没有丝毫的准备,防线被汉军一举突破! 没过多久,韩信大军直逼齐都临淄。

这一刻,原本和郦食其先生终日饮酒的齐王田广、齐相田横也是一下子酒醒了。

三人谁都没想到韩信竟然会突然现身在临淄城下。愤怒的田广、田横朝郦食其望去。

我们好吃好喝地招待你,你竟然敢出卖我们!

不过到了这个时候,想要调兵抵抗已经不可能了。因为临淄城里早已经乱作一团,谁还有心思抵抗韩信。

愤怒的田广对郦食其说道:"你要是能阻止韩信,就让你活着。不然的话,就烹了你!"

看着愤怒的田广,原本还有些震惊的郦食其也是恢复了镇定。事已至此,他似乎也明白了,虽然是韩信直接害了他,但是,他家汉王为何不下停兵令?

不仅是他想不明白,其实两千多年后的我们也无法得知。

所以,郦食其老先生不卑不亢地说道:"干大事的人不拘小节,有大德之人不怕人责备。你爹爹我是不会再替你游说韩信的!"

就这样,一向刚正不阿的郦食其先生,在生命最后一刻,也是长了骨气,骂了一次人! 而后,慷慨就义。

记得当年郦食其先生在崤关伙同张良一起忽悠秦将的时候,也许他早就明白了干自己这一行的风险。但不论如何,凭三寸不烂之舌,一举而下齐地。这样的神功,也足以在秦末汉初之际的历史舞台上占有一席之地了。

顺便提一下,虽说我们不知道刘邦当时作何感想,可是当他大封功臣的时候,其内心里,依旧想着郦食其。既然他已经不在了,那么,就封赏他的儿子吧。但是问题是,郦食其的儿子郦疥虽然也曾多次带兵作战,可是他的战功却不足以封侯。这个时候,刘邦没有在意,依旧封其为高粱侯。

就这样,汉四年十月,韩信一举拿下临淄。齐王田广率军败退至高密(今山东省高密市西),齐相田横败逃至博县(今山东省泰安市东南),守相田光败退至城阳。

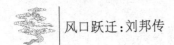

当此之时,虽然临淄一带已经纳入了韩信的掌控范围,但是齐将田既驻军胶东(郡治即墨,今山东省平度市东南),齐将田吸驻军于千乘(今山东省高青县东北),大部分齐地还掌握在田氏一族的手里。所以,此时韩信要做的,就是立刻派遣大军,扫清所有残敌,不给田氏一族任何的喘息机会,否则的话,齐地的局势走向也不好说。

深明此点的韩信也没有丝毫的松懈,而是亲自率军追击齐王田广。可就在此时,他得知了一个消息:项羽派遣龙且、项他、周兰、留公等将兵二十万,前来援齐!

这又是怎么一回事儿?

广武对峙

且说田广自从败退到高密之后,心惊胆战的他并没有就此而一蹶不振。他内心所想的,自然是要再次恢复齐国的社稷,将韩信赶出去。

可是从目前来看,单单依靠他自己的力量,似乎很难做到这一点。想到了这里,田广的头脑里出现了一个人的身影。是否能够求助于此人?

因为那人不是别人,正是项羽。他田氏一族与项羽可谓有着不共戴天之仇,他的父亲田荣就是间接地死在了项羽的手里。他田广虽然被拥立为齐王,可是国中大权全部都掌握在他的叔叔也就是齐相田横的手里。自己充其量也就是一个傀儡,造成这一切的人也是项羽!

但是,此刻的田广意识到,虽然现今局势危急,可是这对他来说,也许是一个机会。因为他的叔叔齐相田横现在并不在他的身边,而是逃到了博县。如果此时,田广能够依靠自己的力量击败韩信,再次一统齐国,那么以后他在齐国的地位又有什么人能够撼动? 那一刻,他也将会是一个真正的齐王!

因此,考虑再三的田广还是决定了,向项羽求救! 因为唇亡齿寒的道理项羽不会不明白,一旦齐地真的落入了刘邦的手里,那么项羽的局势只会更加被动。所以,田广相信,项羽会派出援军的。

那么项羽此刻在干什么呢?

自从项羽与刘邦再次对峙于广武一带,双方之间几乎没有爆发过大规模的冲突。

对于西城的刘邦来说,这自然是好事。反正我守着敖仓,粮食也够吃。正好把你项羽拖在这里,为我拿下齐地争取时间。到时候,三方会合夹击,灭了你还不是易如反掌?

可是对于东城的项羽来说,这可不是一件什么好事儿。先不说齐地等其他地区的形势如何,单单就说粮草,就已经够项羽头疼的了。彭越三天两头骚扰楚军后方,使得楚军所能接收的粮草简直少得可怜,那要如何支撑如此持久的消耗战?

所以,就算刘邦能等,项羽也等不了。

可是话虽如此,汉军此刻坚守不出,项羽一时也是无法攻克。这可如何是好?

想来想去,项羽的心中有了一个办法。

来人,在大营门口给我竖起一口大鼎!

很快,楚军的大营门口竖起了一口大鼎。火烧得很旺,里面的油翻滚着,看着就瘆人。

看着那滚烫的油鼎,一众楚军也是都知道了,他们的项王这是又要做肉粥了。只不过,这一次烹的是谁呢?

很快,一个老人出现了。只见他被放在高高的案板上,看这模样,马上就要下锅了。

这一次项羽想要烹的,正是刘邦的老父亲、刘太公。自从汉二年被楚军俘虏以来,一直到现在,吕雉、刘太公等一直被项羽扣押着。

刘邦不是没有想过救他们出来,可问题是他自己每一次几乎都被人家追得只剩孤家寡人,如何救得了亲人?

这一次,面对刘邦无计可施的项羽实在想不出其他的办法了,只好拿刘老太公开刀了。

就这样,没过多久,对面的汉军大营一阵人流涌动,刘邦的身影也是出

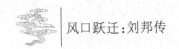

现了。很显然，项羽通知了刘邦，叫他前来"看好戏"。

看到刘邦的身影，项羽笑了。他就不信刘邦会不出来。隔着广武涧，项羽敞开了嗓门，大吼一声道："刘邦，你如果不赶快投降，我就烹了你爹！"

看着被放在案板上的老父亲，刘邦的心"咯噔"一下子。但随后，他便说出了两千年来一直惹无数人为之争议的一段话："项羽！我与你同为怀王的臣子，相约为兄弟！我爹就是你爹，你若真要烹了自己的老爹，那我希望你能分给我一杯肉羹尝尝！"说完，刘邦便转身而去。

项羽听了刘邦的话后，立刻怒火中烧。也许他是愤怒于自己的办法竟然无效，也许他是愤怒怎么会碰上刘邦这么一个对手！连自己的亲爹都能够不管不顾，这简直就是一个彻头彻尾的无耻小人！

那么愤怒之后的项羽想干什么呢？

史料原话为"欲杀之"。拿对方的家人来要挟，这本身就是一种不太厚道的办法。而今竟然一怒之下要杀人质，这就有点说不过去了。

但好在，有一个人在，能保老太公无事。

此人是谁？

刘邦的亲家，项伯。

看着盛怒的项羽，项伯再一次出现了。

"羽儿，天下大事尚不可预料，况且争夺天下之辈不顾小家，你即使杀了老太公也没有什么好处，只会添祸罢了。"

按理说，项伯之言很有道理。但是鉴于他和刘邦、张良的关系，此举也难免让人多心他是在为刘邦着想。

项羽还是听从了他的话。也许在项羽看来，刘邦不仁，他却不能不义。刘邦此举已然是人神共愤，他若再杀害老太公，岂不是连那刘邦都不如？

所以，项羽留下了刘老太公。

但是，仅仅是这么简单的原因吗？

明朝学者徐孚远曾就此事评论道："项王能杀子婴而不杀太公，非仁也，欲生之以为质而讲解尔。"

从后来的发展来看，这很有道理。那么既然如此，证明刘老太公在刘邦的心里地位还是十分重要的。可是为何那一刻，刘邦的话却是说得那样狠心？

而这，也是两千年来，批评刘邦的最佳论据。前番彭城惨败，狠心将自己的亲生儿女抛下；此番对峙广武，又置老父亲的安危于不顾。此等无耻薄情之人，说他是无赖流氓，似乎都算是比较好的评价了。

可是假若当时刘邦投降了项羽，他能否救出老太公呢？或者说，项羽真的会如自己所说那样，放过刘邦一家吗？这个答案我们不好猜测。但很大的可能就是，一旦刘邦投降，那么就是他们全家团聚的日子，只不过，是在另一个世界里。

虽然双方现在对峙在广武，形势都比较艰难，但项羽此刻之所以要用这种伎俩，恰恰证明了楚军的力不从心，证明了他项羽已经先刘邦一步坚持不下去了。若是刘邦轻易出军或者投降，岂不是正中项羽下怀、浪费了正在赢得的大好局面？

而且，只要他还在外面活跃着，老太公等人就是相对安全的。因为有他威胁着，项羽不会轻易解决掉人质。可是一旦连他也落入了项羽的手中，那时候，这一家人还不是任人宰割？

因此，这一切决定了刘邦根本不可能答应项羽的要求，从而说出了那番极其不孝之语。

可以说，这是一次没有办法的豪赌。

他怎会不知，自己拒绝了项羽意味着什么？可是这一切，他又不得不承受。既然想要夺天下，他的心，就不可能与常人无二。冷血、无情、寡义、失德等等，无论他是否具有这样的问题，他都必须要有准备去承受这样的名声。

只因为，他要取的，是天下。他要做的，是帝王。

但好在，事情的发展果如刘邦所料。既然太公无事，其他的，刘邦便也就不在乎了。

楚汉相争已经接近了尾声，此刻的项羽对刘邦真的是一点办法也没有了。在刘邦的"不要脸"面前，项羽更真切地感觉到了自己的无力，因为作为对手，他对刘邦比对自己还要了解。此刻的刘邦就是一个"滚刀肉"，油盐不进、软硬不吃，任何的攻心战对他都不会有丝毫的作用。而在刘邦的无耻之

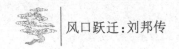

下，倒是项羽，最初的爱慕虚荣、不明不智导致他无法应对现在的局面，不可谓不悲。可是事已至此，性格心性上已经无计可施的项羽，也只能再次将自己的精力灌注于武力，否则，他明白，自己将对付不了刘邦了。

刘邦中箭

自从要烹煮刘太公事件之后，项羽便一直思索着引刘邦出兵的方法。可是不论楚军怎样挑战，刘邦就是不出来。

冥思苦想之后，项羽又心生一计。

单挑。

你没有看错，威名赫赫的项王所想出的解决办法，就是单挑。

鉴于目前楚汉相争久持不下，年轻人苦于从军打仗，老幼疲敝劳累于运送粮饷这种情况，同时也是无奈于刘邦一直不出城交战这一困局，有一天，项羽派出了一名使者前往汉营。同时，带上了自己的最新指示。

"天下纷纷扰扰这么多年，就是因为我们两个人啊。今为天下计，我希望能与你单挑一决雌雄，别再白白劳苦天下的百姓老小了。"

我们不知道刘邦听到项羽这一番说辞后的第一反应是什么，但是我们可以猜到的是，那一刻的刘邦一定是相当高兴的。因为他知道，项羽已经被他逼得无计可施了，竟然连单挑都用上了！

淡定的刘邦只是笑着回了一句："吾宁斗智，不能斗力。"

就这样，项羽想要和刘邦一战泯恩仇的愿望破灭了。那么现如今，既然刘邦不肯和自己单挑，那唯一的解决办法，似乎也只有引诱汉军出击了。

因此，面对着坚守不出的汉军，项羽也只得连番叫战。所谓叫阵之人，古往今来，那都得是军中武艺、胆识都上佳的好手。毕竟这代表的是全军的面子。

这不，左挑右选的项羽派遣了一位壮士前往，可是没过多久，前军来报。

说是汉军有射箭高手,好像是楼烦人,刚刚派出的那位壮士被人家直接射死了!

听到汇报后,项羽也没有吃惊。毕竟他也了解楼烦人,他们善骑射,战斗力强悍。他的楚军中就有楼烦士兵,刘邦手下有楼烦人,也不足为奇。

因此,项羽又派遣了一位壮士前往叫战。可是没过多久,又接到消息,这位壮士又被那个楼烦狙击手给射死了!

项羽一听,紧接着又派遣了一位叫战者。可是与前两人相同,这位壮士同样被人家瞬间射杀了。

这一次,可是气坏了项羽,他怒发冲冠,立刻披挂上马,手提大戟奔赴阵前,亲自前往会会那个楼烦狙击手。

刚刚狙杀了三个楚军壮汉的楼烦弓箭手正在得意,突然间,又一个叫嚣的出现了。因此,楼烦弓箭手张弓搭箭,便欲再射。可是就在这个时候,那身披战甲、手持大戟之人突然瞪大眼睛暴喝一声!

这一嗓子加之那恐怖的眼神可不得了,这位楼烦狙击手仿佛瞬间受到了暴击,竟然都不敢正视那叫战之人。他的手似乎都已经颤抖了,更别说张弓搭箭了。

见识了此人的勇武之后,楼烦弓箭手转身就走,以最快的速度返回了大营之内,而后便不敢再出来了。

回到了大营之内,楼烦弓箭手将这件事告诉了刘邦。刘邦也是很诧异,楚军之中,难道还有这么号人物?

疑惑的刘邦派人前去打探,想要搞清楚这人到底是谁。当他听到回报的时候,便释然了。

因为那不是别人,正是项羽。放眼这天下间,似乎也只有项羽才具有这般勇武绝伦的气质。

但刘邦也是豪气冲天,直接带领人马前往对峙地点。不说别的,你项羽既然都来了,那我刘邦自然不能弱了气势。

很快,两军各自由刘邦与项羽率领着,隔着广武涧就开始喊话。刘邦一口气喊出了项羽十大罪。

那么刘邦为什么会选择在这个时机和项羽说这些话呢?难道仅仅是为

了发泄一下不想单挑的怨气吗?当然不是。刘邦是故意将这些"事实"告知所有汉楚双方的将士。他要让所有人都明白,他刘邦是一个什么样的人,而项羽又是一个什么样的人。

刘邦相信,值此人心浮动之际,这一番话,多少还是有着一些作用的。因此,他不会放过任何一个打击项羽的机会。

另一方面,刘邦不仅在大庭广众之下说出了这些"事实",而且他的话语还十分具有挑衅性,正如那最后一句"何苦乃与公挑战?"

除了想要动摇楚军军心之外,他还有着什么其他考虑呢?

自然是为了激怒项羽。现如今的项羽已然无计可施,那么再增添他的愤怒,则项羽判断失误的可能性就越大,而刘邦的机会也便越大!

项羽真的怒了。

刘邦刚刚数落完项羽,便是突然发现,楚营方向有一箭射了过来!这一箭不偏不倚,正好射中了刘邦的胸口。

原来项羽早就秘密安排好了弓弩手,其用意就是要趁机将刘邦了结在此地。从这里也足以见得,项羽是有多恨刘邦,或者说,他是有多焦急要尽早结束这场战争。

刘邦与项羽所隔的地带,称之为广武涧,可能大家不是那么熟悉,但是换个名字,大家可能就熟悉了,那就是鸿沟。

当时的鸿沟宽达二百余步。楚军的弓箭竟然在二百步开外射中了刘邦,不可不谓之神器兼神技。

在刘邦被射中的那一刹那,在他左右的人全部目瞪口呆。强弓劲弩之下,万一……所有的人不敢再继续想下去。可就是在军中人心惶惶的时候,他们却惊讶地发现,原本胸部中箭的刘邦竟然一下子弯下腰去,按住了自己的脚。

"这个贼子射中了我的脚趾!"

这一刻,所有见到这一幕的大臣和士卒全部震惊了。被强弩一箭正中胸口,仓促之间,为了稳定军心,不给项羽以可乘之机,刘邦竟然想出了这样的办法!

这就不单单是坚毅一个词能够概括的了,可以看出,刘邦是一个有着高度政治智慧的无比坚毅的人。

很快,汉军全部退回了大营,项羽一方的人尽管很是好奇楚军的强弩到底射没射死刘邦,但是此时此刻,也只得引军退去。

那么,刘邦的伤重吗?

史料原话说"病创卧",意思很简单,就是已经起不来床了。试想一下,在交战前线,医疗水平又怎么会很高? 所以,那一刻所有人心里都很是没底儿。

不难想象,虽然在中箭之后刘邦掩饰得很不错,其演技简直能够给满分,而且刘邦中箭的消息就算无法被严密封锁,那流传在外的也只不过是脚趾中箭的小伤罢了。

但毕竟没有不透风的墙,更何况,只要是刘邦中箭了,别管射的是哪儿,势必会对军心造成一定的影响。此刻正是关键时刻,无论楚汉双方哪一方先崩溃,等待他们的就只有灭亡的命运。所以,刘邦这个时候受伤,如若处理不好,等待汉军的就只有全军覆没这一条道路。

因为不远处的项羽,一定会时时刻刻紧紧盯着汉营的一切动向。所以,这一刻,最是危险。

话虽如此,但此刻汉廷重臣萧何在关中,而汉王的王后又被关押在楚营,一旦汉王真的病倒了,那谁来主持汉营大局? 万一这个时候项羽趁机来犯,那该如何是好?

别担心,萧何不在,还有张良。

张良深明此刻的关键,因此,哪怕刘邦已经病得很重,张良也依然要觐见刘邦。他只有一个目的,那就是让刘邦立刻慰劳巡视一遍各营。

原因很简单,只要汉军将士们看到刘邦无恙,他们的心就会彻底安定下来。而对面的楚军,用不了多久也就会知道,刘邦没事! 这样他们才不敢轻举妄动。

只有这样,才能稳定住人心。

因此,尽管伤得很重,可是刘邦依旧巡视了一遍各营。到了这一刻,刘邦已经挺不住了。

好在他已经成功地稳定了军心。那么接下来,就算悄悄地送走刘邦,短

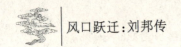

时间内汉营内也不会出什么大问题。因此,劳军后不久,刘邦就立刻被送入成皋城内接受治疗。

成大事者,必须有泰山崩于前而面不改色的气质,或者说得通俗点,就是必须要具备高超的演技。对于此刻的刘邦来说,他是大汉的支柱、是全军的信仰,绝不能倒下!身为汉王,他有着责任与魄力,来守护汉军,来面对任何一切艰险!因此,哪怕他伤得再重,此刻也绝对不能显露出来,因为,他是刘邦!他是即将在这个大风口成功跃迁的那个人。

而此时,项羽也是做出了一个决定。这个决定证明往昔唯我独尊的项羽也真正有一些力不从心了。

第十二章

我为齐王　当主制衡

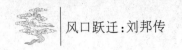

龙且援齐

当项羽苦寻引诱刘邦出城的计策的时候，齐王田广的使者也来到了楚营。

齐使的来意很简单：求救。

当了解了齐王田广的请求后，项羽陷入了思考。过去，齐地的田氏一族在他的眼里，根本算不上是一方诸侯。而且也正是这个惹人心烦的田氏一族，多次坏了他项氏一族的大事儿。

现在的天下，还能够让项羽记恨的，除了刘邦，似乎也就剩下这个田氏一族了。也许在项羽的心里，在彻底拿下了刘邦之后，下一个目标，便是这个一直不安分的田齐之地。

可是现如今，往昔的敌人竟然来到了自己的大营里求援，而且这一刻的项羽似乎还无法拒绝！

因为现在的项羽也真切懂得了唇亡齿寒的道理。原因无他，只因为他已经发现了，刘邦越来越强大；而他自己，正在逐渐衰落。

他能做的，只有倾尽一切，来阻挡刘邦的脚步。

消除了自己内心中的疑问，项羽答应了齐使的要求，出兵援齐！

项羽对这一次军事行动给予了相当高的重视。因为诸将都是他精心挑选的，士卒也都是他精心调拨的。

这次援齐大军以项他为主将，将军龙且为副将，但是实际上行使主将的权力，将军周兰、留公等为佐将，率军号称二十万援救田广，出击韩信。

就这样，援齐楚军浩浩荡荡开进齐地。很快，楚军与齐王田广的军队会合于高密。正当两军准备开战的时候，出现了一个人。此人不知名姓，但很明显，这也是一位能人。

他找到了楚军实际行使主将权力的龙且，说出了自己对于这次出征的看法:"将军,汉军远离本土,势必会拼死力战,因为一旦失败,便无处可逃,其锋芒锐不可当啊。而我们楚齐两军则是在本土作战,士卒离家太近,则进无必死之心,退有归投之处,容易溃散啊。"

听到此人如此说,龙且没有发表什么意见,示意其继续说下去。

"为今之计,倒不如我们深沟高垒,坚守不出。同时让齐王派遣他的亲信大臣,去向沦陷于韩信之手的城池发出号召,招其来投。这些城池的守将、百姓若是得知他们的王还在,楚军又来救援,一定会反叛汉军,响应我们。汉军远离赵地两千里,齐国各城池的人民都起来反抗他们,那么汉军则势必得不到粮食补给,这样一来,便可以迫使他们不战而降了。"

那个人一口气说完了自己的见解。看到这个人的策略,大家有没有一种熟悉的感觉呢?

一年多以前,当韩信进兵赵国井陉的时候,代王也就是赵相成安君陈余也同样面临着基本相似的劝谏。可那一次,陈余并没有听从,结果兵败身陨。而这一次,龙且会听从这个人的意见吗?

我们并不知道这个无名之人是谁,他会是李左车吗?因为李左车自从帮助韩信招降燕地之后,似乎便是消失了。他为什么不见载于史书?消失之后又去了哪里呢?由此也可以引发后人的无数联想。

听完这个人的话,龙且的反应很是淡然。他似乎也知道,当此之际,此人之策虽不敢说必破韩信,但却是上佳之计。

作为熟读兵法、被项羽甚是倚重的楚军重将,龙且也许知道,距今八十多年前,当名将乐毅将齐国打得只剩下两座城池的时候,宗室田单是如何收复齐国全境的。田单正是依循此法。

可是,龙且却选择了拒绝。

"我一向了解韩信的为人,易与之辈而已。况且此番本将援救齐国,若是不战而使韩信投降,我还有什么功劳?一旦真刀真枪地战败韩信,齐国一半的土地就会分封给我,怎么能不打呢!"

于是,计议已定的龙且隔着潍水摆开了阵势,意图与韩信一决雌雄。当此之时,韩信军驻于潍水之西,楚齐联军则驻于潍水之东。

那么双方的兵力对比情况又是什么样的呢?没办法,史料所载并不确

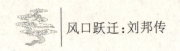

切,因此,我们不得不进行一番合理的推算。

武国卿先生在《中国战争史》第二部中认为楚齐联军总兵力为楚军约二十万,齐军约五万;而韩信军的总兵力则为五万到十万人之间。也就是说,楚齐联军共计约二十五万人对阵韩信的不足十万人。

对于韩信军总数的预测,笔者也持此意见。但是楚齐联军的总人数,似乎并不能达到二十五万人的规模。

楚军,此次项羽派遣给龙且的部队号称二十万大军。号称二十万,也许并不具备二十万人,可是怎么说也得有十万上下,否则你这个号称的折扣打得也太大了。齐军,虽然说之前郦食其先生与刘邦谈论时曾说过齐国历下驻军有二十万,可是刚刚遭逢惨败又分散逃跑的田氏宗亲,势必会每人带走一些残军。因此集中于齐王田广手下的军队数量,似乎也不会太多。

所以,楚齐联军的总数最少也要有十五万人,或者说已经接近了二十万人。

但是无论如何,这一战,就人数上来说,韩信还是处于劣势的。可是此时齐楚联军就那样雄踞在对面,他必须要想一个妥善的应对策略。

其实,早在韩信得知龙且为将的时候,他就已经成竹在胸了。曾经在项羽军中混过的韩信,对于楚营的一干将领的认知已经达到了一个相当准确的程度。

龙且虽然击败过英布,但是他韩信,又岂是英布能够比拟的?

水淹楚军

很快,张耳、曹参、灌婴等人便走出了韩信的大帐。因为他们每个人都有不同的任务。虽说此刻对面的齐楚联军有二十万人,可是每一个汉军将士的内心,却都没有丝毫的恐慌。原因很简单,这一路走来,只要有他们的大将军在,那么汉军势必攻无不克,战无不胜!

于是,在一个月黑风高的夜晚,汉军的大营里突然出现了大批奇特的汉军士兵。之所以说他们奇特,是因为他们每个人手里都有一个大口袋。这么一群人,悄无声息地便来到了潍水的上游。

　　不久之后,潍水的上游突然出现了一万多个装满沙子的大口袋,堵塞了水道,使得水流变得极其细小,细小到在下游不用坐船,直接就能涉水而过。

　　看到这一幕,韩信笑了。而后,汉军的大营里便响起了震天的鼓声,那是进军的号角!

　　紧接着,在大将军韩信的带领下,大批汉军开始直接涉河而过,向楚军大营发起了猛烈的进攻。

　　听闻对面喊杀声震天,龙且也是一阵欢喜。因为,他立功的时机就要来了,齐地一半的疆土马上就是他的了。

　　传令三军,破杀韩信!

　　伴随着军令的传达,楚齐联军也是冲杀了过来。很快,两军厮杀到了一起。楚齐联军本就人多势众,又是以逸待劳,因此,没过多久,涉水而来的汉军就开始出现了支撑不住的现象。看到这一幕的龙且,立刻加紧了对汉军的攻势。

　　果然,没过多久,再也撑不住的汉军全线后退,争着抢着跑回了河对岸。

　　这一刻,龙且开心地笑了:"我就说嘛,韩信就是个胆小鬼,易与之辈尔!全军追击!"

　　大喜的龙且似乎都没有多想,原本水流湍急的潍水为什么在这一刻竟然可以直接涉水而过,便是率领大部楚军直接渡河追击韩信。

　　这时候,看到龙且已经率领楚军来到潍水西岸,韩信的嘴角微微上扬出一道弧线。

　　放水!

　　就在此时,轰隆隆的声音从潍水上游传了过来。在所有的楚军将士还搞不清状况的时候,大水已经来到了眼前。这一刻,滔滔洪水当真是从天而降,直接冲向了还在河中央的楚军。一时间,大部楚军将士都被淹没在巨浪里。

　　原本水道变窄、水位下降的潍水再次暴涨起来,而且这一次水流更加湍急凶猛。至此,楚军被彻底分为两部分。一部分在潍水西岸,由龙且率领;另一部分则被困在了潍水东岸,无法过河。

现在,龙且彻底傻眼了。他就算是再笨,也会明白肯定是韩信这个小子在潍水上游动手脚了!

不错,韩信之所以命令军士将那一万多个大沙袋阻隔在潍水上,就是为了更好地引诱楚军,"方便"楚军过河。而当楚军过河的时候,他便撤走沙袋,放开洪水,来一个水淹三军!到那时,楚军不仅会被水波吞噬掉很大一部分,而且军阵也将被彻底分割!

事已至此,龙且也只能"望洋兴叹"了。因为,这场战斗的结果已经注定了。

看到战场的一切局势走向尽皆符合自己的预料,韩信立刻下令,全军出击,立刻掩杀过去,彻底解决了潍水西岸的龙且。

就这样,曹参、灌婴等人率军奋力冲杀。经过一番战斗,全歼西岸楚军,而龙且则战殁于沙场。

这里面有一个问题需要注意,那就是龙且到底是被谁所杀。因为在《史记·曹相国世家》里,将此功归结给曹参。可是在《史记·樊郦滕灌列传》里,却又将此归给灌婴。但总之,不论如何,曹参和灌婴在这一战中,都是立下了赫赫战功之人。

就这样,在西岸楚军全军覆没、主将战死的情况下,潍水东岸的楚齐联军彻底失去了抵抗的勇气,一下子四散逃走。

韩信自然不能放过这一机会,汉军大部立刻渡河追击。从此以后,战争的局势再一次倒向一边。

汉军一路穷追不舍,一直追到了城阳,俘虏了楚军的溃逃士卒。齐王田广则在这一过程中被杀。所有的齐地守军尽皆闻风丧胆。

至此,援齐楚军全军覆没,齐地彻底平定已经指日可待了。

当解决了田广与龙且之后,韩信要做的就是彻底荡平齐地。到了现在,再也没有人能够阻拦他的脚步了。

这一役过后,韩信之名响彻天下!就算是项羽,都不得不真正开始重视起来了。败报传回的时候,项羽真正震惊了。龙且是他最为倚重的将领,自己又派去了大批的精锐部队,竟然被韩信打得全军覆没！而且齐地至此已经彻底落在了刘邦的手里！

这一刻,项羽真正开始担心了。

尽管他很是不愿意相信,这一切都是真的,但是他却又不得不相信。因为正面的刘邦大军已经将他拖在了荥阳一带这么久,而他的后方,还有彭越不时地在骚扰。而今彭越更是得到了刘贾、卢绾的增援,这就已经令得项羽很是头疼了。

可现在,齐地竟然又出现了一个韩信,而且这还是一个更加危险的人物。现在的项羽不仅面临着后方粮道受彭越威胁的形势,更面临着被坐镇齐地、虎视眈眈的韩信大军包围的局势。

所以,鉴于此种状况,项羽不得不使用特殊的办法了。之所以说此法特殊,是因为项羽之前从来不屑于用此法,而他也是相当痛恨以此法行事之人。

但是,这一刻,他也只好如此了。

没过多久,盱眙人武涉接到了一个任务:前往齐地,游说韩信。若能劝其归楚,则为最好。若不得,则退而求其次,说其中立。

那么,武涉此番能否成功呢?

当项羽为韩信之事而烦忧的时候,刘邦的伤也已经好得差不多了。这一次,他身受箭伤,虽然消息封锁严密,可依旧是引起了不小的震动。所以,在伤好了以后,安定人心也是十分必要的。

很快,刘邦返回了根据地关中。到了都城栎阳之后,刘邦也是与栎阳的百姓、地方大族们打了招呼,搞好了关系,并且大置酒宴,一众也都是其乐融融。

但是除了慰问,刘邦还用了一招,震慑关中地区的不安定分子。那就是将司马欣枭首。

就这样,刘邦一直在栎阳逗留了四天,便再次率领着大批由萧何征集的关中士兵,再次驰赴广武,继续与项羽对峙。

项羽,我又回来了！

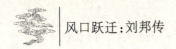

韩信称王

得知了刘邦的再次返回,项羽的心更加凉了。这期间,韩信派遣的灌婴有着向他的侧背进攻的迹象。

而自从原齐相田横投奔了彭越以后,两人这一配合,更是在梁地将项羽的后方搅得鸡犬不宁。楚军往来疲敝不说,粮食也是愈发捉襟见肘。

此刻,驻军广武的刘邦,也许也在深深的思索之中。他已经逐渐看清了天下的大势。想当年,他率军五十六万出击项羽的时候,被项羽以三万人打得大败!几乎可以说是落荒而逃。紧接着,楚汉战争全面爆发。项羽第一次正式地、大规模地引军西向。那一次,因为纪信,因为周苛,自己捡了一条命,但又一次大败而逃。那时候的项羽,甚是强大,似乎令得他有一些力不从心。但是,封印了自己内心中的驳杂之念后,他再一次来到了前线。而这一次,也是项羽第二次引军西进。此时的项羽,依旧强大无比,而自己也是再一次落荒而逃。

想到了这里,也许刘邦自己都会忍不住笑出来。项羽及其领导下的楚军,的确是勇猛异常。可是,我刘邦还活着!

世人皆畏项羽,可刘邦却在每一次被打败后,能再次整军出战,亲自与项羽对峙。这,不是勇气,又是什么?

屡战屡败,换一种说法,不就是屡败屡战吗?

那么,而今,他再次回军广武。不过这一次,刘邦却是比以往任何一次都要冷静。因为,今时已不同于往日了。

齐地渐定,而张耳也终于在不久前被自己封为了赵王;另一面,彭越、卢绾等也是快把项羽逼疯了。可以说,大势已定。此等局面,打败项羽,指日可待了。

但是,想来想去,他似乎还漏算了一条。

功臣们真的都已经满意了？

齐都临淄。此时的韩信，也许已经坐在了一个地方，那就是齐王的王座上。

当此之际，他才是临淄真正的主宰，齐地真正的王。那么，这样做真的好吗？思来想去的韩信，叫来了手下，吩咐了些许，那个人便离去了。

而他所去的方向，是广武，刘邦大营。

没过多久，齐王韩信（注意这个称呼）的使者来到了刘邦的大营。听到了韩信派遣使者前来，刘邦也是相当高兴，总以为是他在安定齐地后准备来增援自己了。

于是，刘邦带领自己的两大谋士，接见了韩信的使者。

使者也是小心翼翼地递上了韩信的手书。但是，当刘邦打开韩信的信之后，他几乎瞬间暴怒起来。

那么，韩信在信中到底写了什么？

“大王，齐人虚伪且狡诈多变，况且南边与楚相邻，要是不以暂代之王来镇抚，恐怕镇守不住。希望您能允许我暂时代理齐王之职。”

这一刻，饶是再怎么淡定，刘邦都准备骂人了。

“我被项羽困在这里，早晚都眼巴巴地盼着你来帮助我，你却竟然想要自立为王！反了你了！”

就在此时，刘邦正欲继续开骂，突然觉得自己的脚被人踩了。他一看，竟然是张良与陈平。

只见得张良小心翼翼地在他耳边说了几句。

而下一刻，刘邦便立刻像想到了什么一样，开口道：“大丈夫，定诸侯，要做就做真王，为什么要做一个代理王？”

听到了刘邦这句话后，原本有些忐忑不安的韩信使者也是松了口气，看来，汉王对他家大将军还是相当不错啊。

看着使者的离去，刘邦的脸色再次阴沉下来。现在，他的脑海里产生了一个可怕的想法。那就是：进攻韩信。

但就在这时候，张良又来进言了。

“大王，我们如今处于劣势，难道能禁制韩信称王吗？倒不如趁此机会　　271

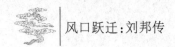

立他为王,好好地安抚他,让他自己守护好齐地。否则,变生矣。"

听到了张良的话,思来想去之后,刘邦派出了张良作为使者,出发奔赴临淄,册立韩信为齐王。汉四年(公元前 203 年)二月,汉大将军韩信终于实现了自己裂土封王的梦想,因为从现在开始,他的称号正式改为齐王。

张良回来后,也是带回了刘邦想要的信息:韩信,无反心。

但韩信,已变心。

齐国,犹可用。

武涉游说

自从被册立为齐王之后,韩信的双眼再次血红起来,就好像是打过了鸡血似的。此刻的他,可谓是干劲十足!

面对汉王的征调,几乎是没有太多的犹豫,他便选派将军、调动齐军,准备出击项羽。

这一日,齐王韩信却接到了通报,说是项王的使者盱眙人武涉前来拜会齐王。尽管可能知道武涉此来为了什么,但是韩信还是准备接见一番,毕竟现在他的身份是齐王。

省去了寒暄,很快,见到了韩信的武涉便是开门见山,步入正题。

"齐王,天下苦秦、痛秦久矣! 故而大家才合力攻打它。秦灭后,我家项王按照功劳裂土分封,诸侯各自为王,以便休兵罢战,使百姓休养生息。而今汉王却又兴师东进,侵犯他国领土,掠夺别人封地。且已经收服三秦,军出函谷,收众诸侯军以东向击楚。其意图是不吞并整个天下绝不肯罢休!他贪心不足到了这步田地,太过分了。"

韩信听到武涉如此说,恐怕会觉得很好笑。先不说刘项两人之所以长年累月地进行争霸战争,为的不是其他,正是整个天下,单单说项羽的分封,明眼人都看得出来,那是相当不公平的。

更何况,汉军出兵三秦以及平定一系列诸侯国,其中都有他韩信的影子。而今武涉竟然以此来指责刘邦,这难道是为了讨好韩信而故意为他开脱吗?

　　而后武涉继续说道:"齐王,汉王是不足以信任的。他已经数度落于项王的股掌之间,是项王的怜悯才使得他活了下来。然而他一经脱身,便背弃盟约,再次进攻项王。他是如此不可亲近、不可信任啊!"

　　其实话说到了这里,也还是没有任何道理。刘邦虽然几度情况危急,可是哪一次项羽也没有放过他,追得刘邦身边只剩下一个御用车夫也算是怜悯?

　　但是,接下来的话,韩信听后,应该会表现出相当的迟疑。

　　"齐王,如今即使您自认为和汉王交情很深,替他竭力作战,可最终还得被他所擒啊。您想过没有,您的一切之所以能延续到今天,是因为项王还存在啊。当今刘项争夺天下,举足轻重的是您啊。您向右边站,则汉王胜。您向左边站,则项王胜。假若项王今天被消灭,下一个被消灭的就该是您了。

　　"您和项王有旧,为什么不反汉与楚联合,三分天下自立为王呢? 如今,放过这个时机,必然要站到汉王的一边来攻打项王。一个聪明睿智的人,难道应该这样做吗?"

　　可以说,武涉的整篇游说,只有这后半部分,才是重点。反汉联楚,三分天下,更是其精华所在。只要韩信认同了武涉的说法。不论认可程度多大,对项羽都是有利的。因为,韩信不归楚汉而自立,则项羽无忧;韩信若是联楚攻汉,则项羽大喜。

　　那么,韩信会听从武涉的话吗? 前文说过,在刘邦没有册封他为齐王之前,他就已经自立为齐王了。难道,他不知道凭借自己如今的地位、实力已经在刘项两家的对峙中占据举足轻重的地位了吗? 他当然知道。不过,纵然如此,他还是不会听从武涉的话。

　　"先生,我侍奉项王,位不过执戟郎中,言不听,计不用,所以我弃楚归汉。汉王授予我大将军之印,拨给我数万大军,将他的衣服脱下来给我穿,把好的食物让给我吃,对我言听计从。所以我才能够有今天的一切! 人家对我信赖、亲近,我叛之不祥,即使到死,我韩信对汉王之心亦不会变! 希望 273

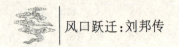

您替我辞谢项王的盛情!"

这就是韩信,这就是韩信的真实想法。尽管他对刘邦有不满,虽然他对刘邦有怨言,纵然他真的做了一些过火的举动,可他始终认为,人有恩于己,无论何时,不论何地,绝不能叛之。

人,还是要有良心的。

听到了韩信如此决绝的话语,武涉也不好再说什么了。所以,他并没有完成项羽交给他的任务。

这也从侧面说明了,刘邦用人,当真是有一套。韩信如此大才,竟然这样死心塌地跟随刘邦。刘邦对待韩信,应该不仅仅是一个帝王对之臣下的虚伪,还应该有着诚心的流露。

辩士蒯通

武涉虽然走了,但是有一个人一直注视着他的身影,并且在武涉走之后不久,便再度找到了韩信。

此人便是当时韩信的第一幕僚,范阳蒯通。

那么蒯通找韩信是为什么呢?可以说,其意图与武涉差不多。蒯通亦看出韩信在当今天下的地位,但是他也知道韩信的想法。因此,若要向韩信输出自己的主张,就不能用一些寻常的办法。

那么,到底该怎样劝说韩信呢?

"看您的面相,只不过封侯,而且还有危险而不安全。但是看您的背相,则是贵不可言啊。"他是这么对韩信说的。

韩信可能已经明白了蒯通想要说什么了。一个人有面相不假,但是什么叫作背相?是指脊背吗?实则不然,这里的这个"背相"应该含有蒯通的言外之意,即背离刘邦。

"大王,当初天下举兵起事的时候,英雄豪杰纷纷建立名号,振臂一呼,天下影从。像鱼鳞一般杂沓,如火焰一般迸飞,狂风骤起。那时候,大家关心的只是推翻秦朝罢了。而今,刘项纷争,使得天下无辜的苍生肝脑涂地,父子尸骨暴露于荒郊野外,数不胜数。

"汉王在荥阳战败,又伤于成皋,于是逃到宛叶之间,这就是所说的智尽勇乏了。将士的锐气因长期困于险要关塞而被挫伤,仓库的粮食也消耗殆尽。百姓疲劳困苦,怨声载道,人心动荡,无依无靠。臣私下认为,当今天下之局面,非圣贤之人则不能平息祸乱啊。"

说到了这里,足以说明蒯通对于当时天下形势已经看得很清楚了。先不说他对刘项客观形势的分析正确与否,单说天下的百姓,绝对已经是不堪重负了。

蒯通继续说道:"当今天下,刘项二人的命运都攥在您的手里。你帮汉王则汉王胜。您助项王则项王赢。在下愿披肝沥胆,敬献愚策,只怕您不采纳啊。果真能听从我的计谋,倒不如让楚汉双方都不受损害,同时存在下去。您和他们三分天下,鼎足而立,形成那种局面,就没有谁敢轻举妄动了。

"到那时,凭借您的贤能盛德,拥有众多的人马装备,占据强齐,胁服燕赵,出兵到刘项两军的薄弱地带,牵制他们的后方,顺应万民之愿,制止刘项的纷争,为军民百姓请求保全性命。那么,天下就会云起响应,谁敢不从!

"而后,再削弱那些大国,广泛封立一些小诸侯。诸侯恢复之后,天下就会对您感恩戴德,归附听命于齐。而您则安定好齐国已有的地盘,据有胶泗,以恩德感召诸侯,恭谨而谦让。那样一来,天下诸侯便会相继来朝拜齐国。我听说:天与不取,反受其咎。希望大王您能仔细考虑这件事啊。"

这里,我们先暂且不论蒯通没有看到历史发展的大势是走向大一统而不是回归到诸侯林立的分封,也暂且不说分封制与郡县制孰优孰劣,单单说在当时的形势下,这种设想就根本不具备实现的可能性。

原因很简单,刘项皆人杰,他们刚刚推翻了暴秦,逐一剪除各路诸侯。项羽三年前刚刚册立十八路诸侯,可是到现在,又剩下多少呢?分封诸侯,真的止住了战乱吗?

另一方面,就算是要立诸侯,也必须要以自己为首。怎么可能容忍又多出一人来争抢这天下,而自己竟然迫于大势不得不看人脸色? 那样一来,两人何苦打了三年还要继续不死不休? 直接握手言和岂不是更好?

　　如果说项羽或许会同意握手言和,可是刘邦,却断断不会同意。如果说韩信同意了蒯通的劝说,那么短时间内天下可能真的会安定。但是,也仅仅是短时间。除非,他灭掉了刘项二人。但这一点,显然是天方夜谭。

　　所以,与其绕了一圈回到了原点,倒不如一劳永逸,笔直向前。尽早彻底结束这场纷争,天下才会赢得更长久的太平安定!

　　当然了,就算不考虑这些,韩信也会选择拒绝。那么,他的理由又是什么呢?

　　"先生,汉王待我优厚。其车与我坐,其衣给我穿,其食与我享。我闻坐人之车者,当分人之患,穿人衣衫者,当思人之忧,吃人之食者,当效死尽忠!我怎么能图谋私利而背信弃义呢!"

　　与前文韩信拒绝武涉的原因基本一致。而这,便是韩信。

　　"您自认为与汉王友好,想建立流传万世的功业,可是我私下里认为这种想法错了!"看着坚决的韩信,蒯通的语气似乎也是有些焦急了。紧接着,他举出了一对在当时几乎全天下都知道的例子。那就是张耳与陈余这一对冤家。其中有一段话是如此说的:"狡兔死走狗烹,您带着如此大的声望和功绩,哪里才是您可去的地方呢? 身处臣位而又使君主感到威胁,即使名高宇内,我也私下为您感到担心啊。"

　　听过了蒯通的话后,这一刻的韩信开始迟疑了。因为蒯通的分析是那样的合情合理。他到底该怎么做? 要听蒯通的话还是继续坚持自己的判断呢?

　　"先生暂且说到这吧,让我考虑考虑!"

　　就这样,二人结束了这一日的谈话。其实韩信也明白,他与刘邦之间的矛盾已经越来越深了。但是这些矛盾的积累却并非韩信的本意,尽管在这一积累的过程中,他表现得有些武断或者说"任性"。但是,这根本不能怪他一个人。矛盾的形成怎么会是因为单方面的因素呢?

276　　所以,无论是刘邦,抑或是韩信,也许他们都在想解决彼此之间矛盾的好办法。

于刘邦来说,可能只有一个字:防。

于韩信来说,可能也是一个字:从。

这样发展下去,很可能,会是一个不错的结局。

可是,在今天听过蒯通的分析后,韩信那原本已经偏向刘邦的心却再一次改变了。至此,两个人之间的化解矛盾的办法逐渐地走向了另一条路。

于刘邦来说,可能最终的办法还是一个字:杀。

于韩信来说,属于他的那一个字,则是:反。

没过几天,一心拉韩信下水的蒯通又来了。那么,这一次韩信是什么反应呢?史料原话为"韩信犹豫不忍倍汉"。

思来想去的韩信最终决定了,他有大功于汉,汉王是绝对不会夺走属于他的齐国的。因此,他再一次拒绝了蒯通。

看到韩信心意已决,蒯通也知多说无益了。因此,不久之后,他就装疯,做起了巫祝。顺便提一下,日后刘邦大定天下,韩信已被诛杀的时候,听说了蒯通曾经劝谏韩信造反,为此,刘邦特意下令,将其绑缚于长安。那个时候,这个辩士再次依靠其"智慧"从刘邦的手里捡回了一条命。不知道,已去黄泉的韩信得知后,会作何感想?

对于蒯通劝谏韩信的这一段话,历来评论者繁多。其实大家可以思考一下,为什么太史公他老人家要在这一段的记述上耗费这么多的笔墨?

原因很简单,这样才能显示出韩信之心,始终在汉。而联系前文所说,太史公他老人家对于韩信是充满同情的。如此赤胆忠心之人,几经波折之下,最终无奈落幕,也的确惹人伤感。当然了,这些都是后话了。

谢绝了蒯通之后,韩信也是彻底动员了三齐。因为,这天下纷乱,还是越早结束越好。

既如此,继续向前!

第十三章

鸿沟蜜月　放虎归山？

停战

当韩信做好了决定之后,远在广武前线的项羽的心情却是一天比一天烦闷。他已经得到了消息,彭越、田横、卢绾等又开始了活动,自己的后方粮道又再次受到威胁。

另一方面,齐王韩信派遣灌婴率领的大批骑兵竟然直接对他的后方来了个纵深大横扫。现在灌婴势头正盛,当地守军尽皆溃退,局势已经十分危急。

反观另一方的刘邦,尽管对韩信的气可能还没有消,但是在此刻,刘邦却已经明确感觉到了,自己可能距离最终的胜利更加接近了!

先不论其他,单论一个方面,他就有着莫大的自信。

他的队伍不仅士气高昂,而且还有吃的啊!

汉四年七月,原九江王英布被刘邦正式册立为淮南王,从击项羽。被立为淮南王后,英布也是干劲十足,原九江地区在他的影响、号召下,也是渐渐地被动员了起来。

这还不算,一个月后,北貊、燕国更是派遣了骁勇善战的骑兵前来相助。这一刻,刘邦对于自己的信心更加坚定了。

"传檄天下,汉王令!军士有不幸死者,吏为衣衾棺敛,转送其家!"

听闻这个消息后,无论是军中士卒,抑或是地方百姓,都隐隐感觉到,似乎这个人,真的能带给他们安定。由此,与项羽相比,刘邦远得人心,近得民望。

但这个时候,刘邦的脑海里必然会浮现几个人影。

是啊,多少年了,自己的老父亲、妻子全部被项羽掳走,连面都不曾见过一次。可是,他又能如何?而这一次,是否有机会让家人团聚呢?

没过多久,陆贾从刘邦的大营出发了。他的目的地,是项羽的大帐。那么他此行是干什么呢？

请太公。

即希望项羽能够放回刘老太公、吕雉等人。同时，也希望双方能够就此握手言和。

但是，项羽拒绝了。

战场的局势瞬息万变，就在陆贾离开没多久后，项羽便陆续收到了一连串败报。此刻最令他头疼的似乎已经不是彭越、田横了，而是灌婴。

自从汉四年二月受命韩信之后，灌婴首先便是在鲁北(今山东省曲阜市北)击破楚将公杲，而后更是大破楚军于薛，兵锋直指傅阳(今山东省枣庄市南)、下相(县治今江苏省宿迁市西南)，一路上势如破竹，无人可挡。在这之后，灌婴便渡过淮水，掠地至广陵(县治今江苏省扬州市西北)一带。

这一次，项羽再也坐不住了。因为整个淮北地区已经完全陷入了灌婴的攻击范围内，或者说整个淮北地区都已经落入灌婴之手了。没办法，项羽也只得调派人马，反击灌婴。

很快，楚军在项声、薛公(不是之前的薛公)、郯公等人的带领下，尽皆收复了被灌婴攻占的淮北一带。

听说了这个消息后，灌婴没有多想，便是再次率军回到淮北。

有啥大不了的，再攻下来就是了。

就这样，项羽的整个后方被灌婴搅得鸡犬不宁。可以说，在近半年来的一系列战斗中，灌婴当真是立下了大功。但他立的大功，还不止于此。

因为这一次，灌婴等再一次大破项声等人，重新走起了当初彭越走过的路线，拿下了下邳，直指彭城！

就这样，得知了后方消息的项羽，也是心急如焚。国都即将再一次沦陷，这该如何是好？现在他的处境已经岌岌可危了，一旦让灌婴在彭城一带站稳脚跟，再配合以彭越等人，那么整个楚国真将有倾覆的危险！可是眼下自己被刘邦牢牢地牵制在这里，根本无法抽身，这可如何是好？

就在此时，帐外来报，说是刘邦的使者又来了。这一次，不是陆贾，而是侯公。陆贾其人，也是当世辩士，与郦食其齐名，且在《史记》中有本传，可是这个侯公是谁，我们还真是不知道，但是，只需要知道这个人很厉害就可

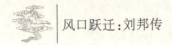

以了。

之所以说他厉害,是因为这一次项羽没有选择拒绝刘邦,而是答应与刘邦讲和,并且放回了刘老太公与吕雉等人。

就这样,汉四年九月,双方约定,中分天下。鸿沟以西归汉,鸿沟以东归楚。很快,这个消息传遍了两军,所有将士听闻之后尽皆高呼万岁!而刘邦也终于得以与家人团聚了。

那一刻的两军可谓是其乐融融,那一刻的天下也许也是欢呼雀跃的,因为,战争,真的就要停止了。

而对于侯公,刘邦也是很够意思,封其为平国君。为什么叫作平国君呢?

因为在刘邦看来,"此天下辩士,所居倾国,故号为平国君"。可是据记载,这个侯公却藏起来了,因为他并不想再见到刘邦。

至此,似乎双方终于不再开战了。天下,就要太平了。项羽如约,已经引兵东归了。

但是事实真的是这样吗?

对于这次讲和,实际上不论是刘邦还是项羽都知道,这只是一次暂时的安排。对于刘邦来说,在长期的消耗中,虽然他占据上风,可毕竟也需要重新休整一次,否则长此以往,势必成强弩之末。

而且,不论是赵王张耳、齐王韩信还是梁地的彭越,在刘邦看来,必须要找个机会好好地归拢一下他们,否则,时间长了,一定出乱子。可是要在战时做到这些,显然是不可能的。所以,他必须要得到一段时间来处理好相应的问题。

而对于项羽来说,难得有机会讲和,这一次,他终于可以抽出身来平定后方了。他相信,只要他亲自出马,什么彭越、田横、灌婴,都不在话下。而到了那时,在稳定后方的同时,楚军也具备了一定的休整时间。然后,便是再次找刘邦算账的时候了。

所以说,只要刘项二人还处于同一片天地下,战争就依旧会继续上演。至于讲和什么的,充其量也就是个暂停罢了。

准备偷袭

得知了项羽已经引兵东归的消息后，刘邦也是长舒了一口气。他终于能够得到喘息一下的时间了。那么，便趁此机会，引兵西撤吧。

就在这个时候，张良与陈平再一次出现了。看着自己手下两大国宝级谋主又一次同时出现，刘邦也是严肃起来。

"汉王，如今天下，汉已得大半，而且诸侯尽皆归附于我们。反观项羽，则兵疲粮尽，这是上天要灭亡楚国的时机啊，不如趁此机会彻底解决项羽。若纵其归去，不加追击，此所谓养虎遗患、放虎归山啊。"

听到了张良和陈平的话后，刘邦笑了。

实际上，也许当时的刘邦正是在停战休整还是继续进击这两条路之间徘徊。但是，听到了张良等人的说法后，他的内心再次坚定起来。休整固然重要，可是现如今老太公与妻子全都回归汉营，这也就证明，若与项羽再战，他将再无牵挂。

时至此刻，刘邦也是明白了，兵不厌诈才能出奇制胜。虽说已经与项羽签订合约，一旦违约，难免惹人非议，可是在张良、陈平的分析下，刘邦也是明白了，这是一次千载难逢的良机。在秦末的大风口上，他已经经历了太多的风浪，是时候踏平这些波折，开创属于自己的时代了！至于他人非议、天下责难、违背信义等等说辞，在刘邦看来，已经无足轻重了。他本就不屑世俗、轻视礼仪，为了自己的目标，他可以忍受一切，因为他知道，这是自己所必须承受的！所以，刘邦是绝对不会轻易放过这次机会的。

但此时的项羽，的的确确带兵东归了。若是趁这个机会偷袭他，也许，会有意想不到的战果。成败在此一举！

汉五年冬十月，刘邦率领全军悄悄追击项羽，很快便来到了陈涉的老家，阳夏。

来到阳夏的刘邦并没有急着进军。他不傻，凭借自己的本部兵力，想要跟项羽硬碰硬，那无异于以卵击石。因此，刘邦将大军驻扎在阳夏城南地带。

他现在要做的还是等，只不过，在等之前，首先要做的，便是再度找帮手。

记得上一次，也就是汉二年的时候，刘邦准备东进彭城，也是到处找帮手。那次虽然最终成功了，可出现了一些小插曲。那么这一次，是否也出现了一些状况呢？

这一次，他找的主要是两个人，一个是齐王韩信，而另一个，则是建成侯（可能为虚封，不知何时始号）彭越。刘邦的意思很简单：兄弟们，现在正是一举消灭项羽的好机会！机不可失，时不再来！咱们约好了在固陵（今河南省太康县东南）夹击项羽！三打一，不怕打不赢！

当看到使者出发后，刘邦也是自信满满。韩信的手下兵精粮足，彭越的手下凶猛善战，若是得到他们二人的支持前来会师，不怕打不过项羽。更何况，他所做的准备，还不止这些。用不了多久，也许胜利就会到来了。

传令三军，追击项羽！

形成包抄

就这样，浩浩荡荡的汉军很快便来到了约定的会合地点，固陵。这时候，楚军的哨骑自然也是发现了汉军的踪迹。

得知汉军逼近后的项羽大怒，怒刘邦竟然如此不守信用。可是他其实也心知肚明，所谓的讲和，只不过是个拖延时间的借口。既然刘邦都已经来了，再把他打回去就好了。

就在项羽准备下令的时候，他却突然停顿了下来，表情很是凝重，若有所思的模样自然也是惹得众人不解。

没过多久,楚军大营里出现了一些斥候。看他们奔来的方向,是齐地与梁地。

项王并没有发现韩信与彭越的影子!

这一刻,项羽放心了。只要韩信、彭越没来,击败眼前的刘邦军,他还是有着相当的把握。

十月中下旬左右,在侦查好一切敌情之后,项羽的楚军整装出击,直奔汉军大营。

刘邦,既然你自己送上门来,那就别怪我了!

很快,到达固陵的刘邦发现,原本疲敝的楚军竟然再次焕发超人的战力,全军出击! 一个个不要命似的直奔汉军而来。

一番交战下来,楚军大破汉军,汉军几乎全线退却。情急之下,刘邦不得不深沟高垒,原地设防,再次坚守。

灰头土脸的刘邦此刻自然是十分气愤。本来是来夹击项羽的,可是自己却差一点让人家给连锅端了。当与楚军交战的时候,刘邦很可能看着齐地与梁地的方向暗暗祈祷:两位大爷,你俩怎么还不来啊?

那一刻的刘邦一定比之后或者之前的任何时候都想要见到韩信与彭越。可是,任凭他如何地望眼欲穿,就是见不到两人。

韩信不来,刘邦已经很是烦闷,但难道现如今,彭越也要效仿韩信的做法自立为王吗?

不久前,彭越刚刚趁项羽南撤阳夏的时候,一举攻下昌邑附近的二十多座城池,更是得到了项羽在那里的存粮十余万斛。这一次,可以说,彭越几乎是彻底摧毁了项羽对梁地的控制。刘邦闻讯后也是相当高兴。而且彭越把他得到的项羽军粮,几乎全部送给了汉军。可以说,比诸之前的韩信,彭越的表现要好得多了。

可是这一次,他竟然也没来! 而且给刘邦的回复解释也是十分牵强:"汉王,不好意思,魏地刚刚平定,这里的人还惧怕项羽,此时我真的脱不开身啊。"

虽然说刘邦已经猜到了彭越的真实想法,可他毕竟对于自己为何没来还有个解释。反观韩信,连个音信都没有! 简直是太放肆了!

想着想着，他的目光看向了一边的张良。似乎每一次自己有不解之问的时候，只要有子房在，则一切都不会是问题。

"子房，韩信、彭越不遵约定，可有何法？"

听到刘邦的询问，张良也是叹了口气道："汉王，项羽马上就要败了，天下即将大定。韩信、彭越没有得到一丁点儿的实际封地，他们两个不来，很正常啊。"

听到张良的话，刘邦可能也有些不解。若说彭越的确是因为没有得到实际的好处而不来，倒也还能理解。可是韩信，他已经贵为齐王，主宰三齐，还想要什么呢？

"子房此话怎讲？"

"汉王，韩信之立，非您本意，他自己也心存疑虑。至于彭越，原来他便游荡于梁地，立功不少。当初您因为魏豹的缘故，只封他为魏相国，而今魏豹去而无后，况且彭越也想要称王，但是汉王您却没有早早地将此事定下来啊。如今看来，您若能与他二人共分天下，则二人可立至眼前。若不能，则天下大势，还是不好说啊。"

"依你之见，该怎样与他二人共分天下？"

"汉王，您可与他二人约定，破楚之后，睢阳以北至谷城，全部封给彭越。除了原齐国之外，再将从陈以东直至大海的土地，全部封给韩信。韩信家在楚地，他之所以不来，其意是想要得到故地啊。之后，便令他们二人各自为战，破楚必矣！"

"好！"

听过张良的建议后，刘邦几乎没有任何犹疑，便答应了他。可试想一下，将如此广大的土地全部封赏给韩信、彭越，刘邦会安心吗？

当然不会，也许他连一个安稳的觉都不可能保障。但是，为了击败项羽，他也是豁出去了。舍不得孩子套不住狼，就这么干！

此刻的韩信、彭越已经逐渐变得贪婪，他们的胃口如果得不到一次性的大满足，那刘邦不但得不到他们的支援，而且还会对楚汉相争的形势产生巨大影响。所以，与其使他们的胃口一点点地增加到无以复加的境地，倒不如来个一劳永逸，直接满足他们的大胃口，堵住他们的嘴，使得他们先死心塌地与自己合力灭掉项羽。等到项羽被灭掉以后,刘邦一家独大,怎么处置韩信、彭越还不是自己说了算？更何况,在刘邦面前,韩、彭二人的政治权谋水平就如婴孩,对刘邦不会有多大的威胁。所以,一切,等待秋后算账。既如此,先答应他二人吧！

没过多久,刘邦的使者各自见到了齐王韩信,以及未来的梁王彭越。他们将刘邦的约定告诉了二人。那么,听到了这个约定之后,韩信与彭越的表现如何呢？

"回禀汉王,我们这就出发！"

看来利益的力量是相当强大的。

得到了韩、彭二人确切回复的刘邦也是暂时放下心来。这一切,就等到解决项羽之后,再见分晓！

决战前夕

当项羽在固陵一带击败刘邦的时候,一个大胆的计划在他的心中产生了。在他看来,鉴于目前楚国的局势,似乎最好的办法就是在韩信、彭越等人出现之前彻底解决刘邦！

因为项羽知道,韩信与彭越是一定会来的。到了那时候,自己就将彻底陷入汉军的包围之中。就算是他,恐怕也只能面临全军覆没的下场。

所以,一生善于兵道冒险的项羽决定,在这里竭尽全力击垮刘邦！只要拿下了刘邦,韩信、彭越来此,也是无济于事！

这个计划可以说胆大至极。当此之际,可能大多数人都会认为,对于项羽来说,恐怕快速撤回彭城才是上策。那里是他经营多年的大后方,无论是粮秣还是兵源,都可以得到一定的补充。

而且他留在这里的时间越长,换句话说,如果他没能短时间内击破刘邦,那么,危险将离他更近！

此情此际，项羽不会不明白快速撤军的好处。可是，环视天下，可还有他的去处？撤回彭城一带就安全了吗？

试想，若是楚军仓皇撤回彭城，那时候若是刘邦尾随而至，而韩信的齐军、彭越的梁军，也只不过是换了一个合围的地点而已，又有什么差别？结局，可能还是那样。

既然如此，为什么不再赌一次！

巨鹿一赌，石破天惊，他赢了！

彭城一赌，苍穹震动，他又赢了！

那么这一次，他的赌运又如何？

这一次，他所需要的，除却速度、勇气，恐怕就是那虚无缥缈的天眷了。

传令下去，从速击垮刘邦！

楚军将士们在接到了项王的命令后，在大将季布、钟离眜的带领下，朝汉军发起了奋力的冲击。

可是，荥阳的一幕再次上演。那就是面对着刘邦的坚壁清野、深沟高垒，项羽并没有什么解决的办法。

另一方面，楚军的粮草已经逐渐告罄，必须要想办法了！

可以想象，那一刻的项羽是多么的无助。形势越是危急，可他偏偏又拿不出好办法，似乎只能眼睁睁地看着局势一点点地失控。

就在此时，又一个坏消息传到了项羽的耳朵里。这段时间的坏消息着实很多，项羽应该也早已经麻木了。在他看来，所谓的坏消息无非就是败报，其内容也必然是汉军又攻破了哪里，楚军又折损了多少人马、损失了多少粮食而已。

可是当他得知这个消息后，却依旧是愣在了那里，久久不语。

因为，彭城丢了。

前文说过，灌婴重走当初彭越走过的路线。只不过，与彭越有些不同的是，这一次，灌婴攻下了彭城！

彭城被攻下后，楚国的柱国项他被俘，留、薛、沛等周围郡县再一次被纳入灌婴的势力范围。

至此，项羽的后方彻底被搅翻了天。韩信的齐地已经与灌婴所得的土地连成了一片。项羽将再也无法从后方获得一丁点儿的支援。

得到了这个消息的项羽,也许已经感觉到了,这一次,奇迹不会再出现了。

可是,他依旧是西楚霸王!为今之计,只有勇往直前,决一死战!

至此,项羽也只得拼尽最后的力量来殊死一搏了。他要尽可能地阻挡住韩信的脚步,来为自己拿下正面的刘邦争取足够的时间。

就这样,一支万人规模的楚军前往九里山一带阻击韩信。可是,区区一支万人规模的楚军,又怎么能抵挡得住以逸待劳的齐军?更何况,他们的对手还是韩信。

韩信以部分军队将这支楚军引入包围圈,而后,楚军毫无疑问地全军覆没了。

到了现在,项羽已经没有任何办法能够阻挡韩信的脚步了。

既然如此,那就来吧!

汉五年十一月,阻击韩信不利后,项羽率领仅剩的十万左右人马退军到垓下。

这期间,坏消息仍旧一个接一个地传来。因为他得知,除却正在赶来的韩信、彭越外,还有一支人马正在向这里赶来。只不过,这支人马依旧是刘邦的人。

那么,这支人马又是谁统领的呢?当初下邑之谋,张良曾经举荐了三个人。而今,韩信、彭越都已经出现了,那么另一个人自然是淮南王英布!

就这样,与项羽决战的时机终于到来了!而这一次,各路人马的聚集地点选在了一个新的地方。一个注定永远载入史册的悲歌之地。

第十四章

终极之战　我为楚王！

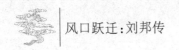

垓下:决战之夜

时间再次定格到汉五年(公元前 202 年)十一月。地点,垓下,也就是今天的安徽省固镇县东五十里,灵璧县东南之沱河北岸。

旌旗飘摇之下,甲光向日。枪林剑雨之中,战马嘶鸣。仔细数下去,那严整的军阵中竟然足足有着近三十万人!

而且那飘摇的旌旗之上,还有着一个大字,便是"齐"。

这,便是齐王韩信的全部精锐部队。

紧接着,从韩信大军集结地向北看去,有一支大约五万人的大军驻扎在那里。这些人的阵容比诸汉军、齐军要差很多。他们的军阵杂乱,甚至可以说毫无章法可言。

但是那里的士兵每个人看去都有一种十足的野性,而这正是他们的主将个人气质影响所致。也难怪,建成侯本为巨盗,江洋气息相当浓厚,其部下自然也就可想而知了。

此处,便是彭越的大军驻扎地。

视线接着看向垓下的南方,同样有一支五万人左右的大军驻扎在那里。

除此之外,彭城至垓下一带,还有一支机动性、战斗力均属超强的骑兵部队也准备随时投入战斗。这支部队虽然久离他们的大营,但是其君上只有一人,那便是刘邦。而此军的统帅,便是威名渐盛的灌婴。

至此,各路汉军全部集结完毕,总兵力达到了五六十万人! 那么,他们的对手项羽呢?

此刻的楚军正被围困在垓下地带。看上去,分属于三大营地的那九万余楚军将士似乎早已经失去了往昔的锐气。

可能有人会问,这一次关乎刘项两人生死成败的大决战,双方的兵力对比如何呢?

笔者在综合《史记》《汉书》《资治通鉴》的记述后，借鉴韩兆琦先生的《史记笺证》等资料，融合《中国战争史》第二部、《中国军事通史》第五卷、《中国历代战争史》第三册的分析，大致取以下数字：汉军总数五十万至六十万之间，楚军总人数九万余而不足十万。

回顾巨鹿那一次，大秦军尚有近四十万众，而项羽的直属军不过六万余，但是那一次，他胜了。两年前的彭城，诸侯联军有五十六万人，可他直接用于参战的兵力只有三万人，那一次，他又胜了。

而今，汉军五十余万人，而他的手下，还有着九万楚军勇士。这一次，结果又会如何呢？

悠悠华夏，苍茫大地，最后所归属的，只有一个人，那就是这场大决战中活下来的那个人。在历史上，他有着一个特定的称谓，"胜利者"。

而这个人，究竟会是谁？

齐王战楚王

垓下的天空已经完全被肃杀气氛所笼罩，这一刻，近七十万大军聚集在这一地带。双方剑拔弩张、摩拳擦掌，摆好了阵势，等待着终极一战的到来。

时间再次定格到汉五年（公元前 202 年）十一月中旬，凛冽的寒风呼啸，也许还会有雪花飘落。

仔细看去，垓下的一边，三十万大军云集，盔甲映衬着日光，刀枪直指，宛若神兵天降！

三十万大军的中军位置，齐王韩信自为主帅，正紧盯着前方，一动不动！

而在这三十万大军的右面，是齐王韩信的猛将费将军陈贺率军压阵；在其左面，同样是由齐王韩信的部将孔将军孔藂（音从）压阵。至此，三齐军的精锐尽皆部署完毕。

此刻，在这三十万大军之后，也就是整个汉军阵营的正中央中军位置。

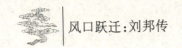

汉王大旗迎风飘荡,麾下十万精锐汉军严阵以待！在那中央坐镇的,正是他们的王,刘邦！

后军的位置,同样旌旗蔽日,那是汉军名将周勃与柴武率军殿后,稳定军阵。

至此,汉军以韩信的三十万大军为前军,辅之以孔藂、陈贺为羽翼。刘邦自将十万精锐坐镇中央,调度四方。周勃、柴武为后军以拱卫,彻底拉开了架势,准备着终极一战！

看着对面绵延数十里的汉军,项羽率领着季布、钟离眜来到了九万楚军的前方。他纵马而立,没有一丝的畏惧,而是心生一番快意！

想他江东项籍,出战四方则四方定,威令天下则莫敢不从！而今,正是一战定乾坤之时,大丈夫当马革裹尸,又有何憾！

弟兄们,随我冲锋！

另一方,韩信也是下达将令,全军出击！

此刻,九万楚军在项羽的带领下奋力冲击,彻底爆发了。这也许就是他们的最后一战了,身为楚人,身为男人,身为军人,能与自己的王并肩作战,能与自己的王浴血沙场,甚至能与自己的王战死成殇,他们毫无畏惧！

既然已经了无牵挂,大丈夫纵横世间,死亦何惧,裹尸何憾！

不得不说,面对这样一群悍不畏死的楚军,哪怕是三齐之地、韩信亲训的三十万精兵,也是渐渐地不支,败退而去。

这一幕,再次震动了韩信。哪怕在兵道上高傲如他,也不得不由衷敬佩项羽。

可是,看着冲杀过来的楚军,他还是笑了。

就在项羽率军穷追败退的韩信的时候,突然发现,在自己的左右两翼竟也出现了大批军队。在为首两将的带领之下,竟然逐渐将楚军压缩合围！

这一刻,原本败退的韩信军再次趁势掩杀了过来。外围,汉军精锐更是早已经将这里团团围住。

项羽,已经陷入了绝地！

到了这一刻,韩信的诱敌之策取得了巨大的成功。他就是想以自己为诱饵,将楚军引入伏击,而后左右翼进行包抄,最外围团团围住。

事实证明，他这一战术，又成功了。可是，还有一点是他没有想到的。

那就是，在这最后一刻楚军所爆发出的战斗力！

数十万汉军围困九万楚军，战斗持续到了傍晚，却依旧无法全歼这九万楚军！

他们，该是怎样的一群战士！

但是话虽如此，此刻的项羽也已是强弩之末了。他虽然能够率领楚军在短时间内不被歼灭，可是，他也撑不了多久了。

不要说击破正面的汉军，恐怕连守住原有的营盘都已经很困难了。

战斗依旧在进行着，楚军在项羽等人的率领之下，终究是一步一步地退回了一处营盘坚守。

而韩信见状，也是发出了将令。

停止接战，三军围而不攻！务必将其团团围住，一只鸟都不可以放过！

白天的这一场战斗，战场上留下了数万具尸体。楚军、汉军交叠在了一起，真正的血流成河。

战争，始终是残酷的。

到了现在，项羽率领数万残军，被团团围困在垓下。这一刻，当真已经到了援尽粮绝的境地了。

此时，四面楚歌的影响，虞姬自刎的打击，使得逐渐心灰意冷的项羽做了一个决定。

跑。

楚霸王一世英名，在这一刻，他的这一做法，的确有损于他的威严。

他放弃了营地的残军，率领八百近卫，连夜向南逃走。

而连夜冲出包围圈的项羽，他所奔赴的目标，是乌江。因为只要从乌江浦东渡，就能回到江东地界。

只要到了江东，他就依旧有东山再起的可能！到那时，他可以整军备战，再伐刘邦，为垓下的弟兄们报仇！

就这样，一直到平明时分，汉军才发觉，楚军的主帅项羽竟然不见了！

得知消息的刘邦大吃一惊。韩信也是一下子紧张起来。如此严密的围堵，竟然还是让项羽给突围了出去！

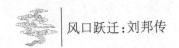

但很快,刘邦与韩信便放心了。因为垓下的楚军还在,这也就是说,项羽是带领少数人趁着夜色逃出去的!此时追击,应该还来得及,绝对不能放过他!

那么,他会逃向哪里?

没过多久,灌婴便来到了刘邦与韩信的面前,而后,他便疾速走出大帐,点齐五千精骑,直接朝着南方追了过去。

因为项羽,一定会逃向那里。

乌江洒血

灌婴的五千精骑刚刚出发后不久,汉军就全线发起了攻击。目标,便是那些依旧困守在垓下的楚军。

这个时候,楚军也是得知了:他们的王,项羽,已经抛弃了他们独自逃离了。这一刻的楚军再也没有丝毫的斗志,面对着占尽一切优势的汉军,他们的结局已经注定了。

当战斗结束的时候,楚军大将钟离眜(后被韩信收留)、季布(后为汉将军)尽皆被打散而下落不明。整个垓下的楚军全军覆没!

至此,不算项羽所带走的八百余人,整个楚军近十万人全部被歼灭。当然了,在《史记》中记载此役汉军斩首八万。这的确不假,可是从固陵以来,项羽最少已经损失了十万人马。到了现在,西楚的精锐全部付诸东流,魂归国殇!

就在垓下楚军全军覆没的时候,项羽已经渡过了淮河,距离乌江浦更近了。

他环视左右,那身经百战的八百余骑,已经只剩下一百余人了。但是此刻,绝不是犹豫的时候。望了望垓下的方向,项羽只得继续向前开进。

很快,他带领着仅剩的一百多人来到了阴陵(县治今安徽省定远县西北）。但是由于连续高强度的奔驰，加之军中缺乏向导，到了阴陵的项羽等人迷路了！

也正是在此时，迷路的项羽等人看见了一个田夫。但那时候整个垓下周围几百里甚至是今日的安徽境内全都是战场，又哪里来的田夫？

更让人称奇的还在后面。当看到这个田夫的时候，项羽立刻派人去询问前往乌江浦的正确道路。也不知道项羽是怎么得罪这位田夫了，明明是应该向右走，可是田夫却拍着胸脯保证：向左走！

看到诚恳的田夫，项羽带领着剩下的百余人直接向左驰去。这个决定，使得他错过了第一次走脱的机会。

正当项羽向左狂奔的时候，突然有几个士兵一下子跌落下来；而另一边，一些士兵的坐骑竟然陷入了地面之下！

"大王，这里是沼泽！我们被那个田夫给骗了！"

可是事已至此，就算是再怎么怨恨也于事无补，只能快速撤离这里。既然左侧非正确的方向，那么自然便是向右走了！

可是，这一次，他走不了了。因为灌婴的前锋部队已经追了过来！

项羽何时如此窝囊过，竟然被人追逐得狼狈至此！大怒的项羽率领着这百余人直接冲杀过去。由于汉军只是小股部队，加之项羽这百余亲卫那绝对是身经百战的猛士。前来追赶的汉军几乎被他们全部打散，他们也愣是这样冲到了东城（县治今安徽省定远东南）！

可是到达东城的时候，原本的八百人也只剩下二十八人了。

在他们的身后，战马的嘶鸣声、汉军的号角声离得越来越近。很快，数千名汉军精骑的身影出现在了他们的视线里。

看着周身这二十八名同伴，项羽笑了笑。他知道，这一次，他真的走不了了。但是，那又何妨？纵使面对千军万马，又有何惧！

而后他长啸一声，调转马头，直接面对汉军的精骑。那剩下的二十八人看到项羽如此，也都是齐刷刷地调转马头，没有一丝一毫的犹豫。

到了这一刻，身边竟还有着这样的兄弟相随，就算是战死，也无憾了。

"弟兄们，我项籍起兵至今八年矣，身历七十余战，所挡者破，所击者服，未尝败北，遂为天下主宰！可最终受困于此，此天之亡我也，非战之罪！今天,肯定是要与汉军决一死战了,这也许是我等的最后一战。我项籍愿意给各位兄弟打一个痛痛快快的仗!一定要胜他三回,一胜者溃围,二胜者斩将,三胜者刈旗!让诸位知道此天之亡我,非战之罪!"

"我等谨遵王令!"

很快,项羽将这二十八人分成了四队,而这四队接下来所要做的就是朝着东南西北四个方向奋力冲杀突围,然后冲至山坡下方,至山坡东面分为三处会合。

可能有人会问,为什么不会合在一起?而是要分三处会合?虚虚实实,真真假假,三处皆楚军,谁又能分辨出项羽在哪一队呢?

"弟兄们,看我为你们斩杀一将!"

紧接着,项羽长啸一声,疾驰而下!另一方面,那二十八人也是朝着四个方向,奔驰而出。

此刻,这二十九人在一起,恐怕就算是绝世战将,都奈何不得他们。因为数千汉军竟然在这一次楚军的冲锋中,全军退却,几乎可以说,在看着项羽冲过来的时候,他们就已经开始跑了。

只因为,对面的那个男人太过恐怖了。

因为他几乎是瞬间便来到了汉军的阵前,直接斩杀了汉军的一个将领!

此刻,面对项羽的是灌婴的部将杨喜。项羽看到了杨喜,瞪大了双眼暴喝一声,杨喜瞬间便是被吓得屁滚尿流,就连他的坐骑,都是忍不住发抖。无奈,他只得速退而去。

就这样,第一次冲锋过后,项羽轻轻松松与自己的同伴会合在一起。而这一次,看着那三队楚军,由于分不清项羽到底在哪一队里,汉军也只得重新部署,将军力分配成三队,包围过去。

看到围堵过来的汉军,项羽与手下交换了一个眼色,而后便又是冲杀了出去。

这一次,双方纠缠在了一起。项羽奋起神威,竟然真的又斩杀了汉军的一名都尉。这还不算,因为此次的冲锋,项羽和手下的猛士竟然干掉了汉军百余人!

当他们再一次聚集到一起的时候,也仅仅是折了两人而已!东汉的开国皇帝刘秀手下有着令人胆战而又羡慕的一个豪华班底,后人唤之"云台二十八将"。项羽手下的这二十八人,虽将才、谋略可能不如"云台二十八将",但若要论勇武,恐怕是有过之而无不及!

看着再次远去的项羽等二十七人,汉军的双手开始发抖了。数千人围困不到三十个人,竟然被人家打了两次反冲锋!不仅如此,还折损了一个将军、一名都尉、百余名将士!

难道,项羽真的是神?

他绝对不是神,否则,他就不会逃!

弟兄们,给我追!

这次突围,项羽甩开了汉军一大段距离。没过多久,他真的来到了乌江边上(今安徽省和县东北之长江西岸渡口)。

这个时候,渡口处恰巧有一个摆渡人撑着一艘小船停靠在那里。当看到项羽到来后,这个人也是急忙大呼出声:"项王,江东虽小,却也地方千里、众数十万,亦足以称王而东山再起。事急矣!请项王速速渡河!此间唯独臣一叶孤舟,汉军就算追至,他们也决计无法渡河!"

说这段话的人,在史书的记载里,其官位与刘邦人生中的第一个职位相同。他,便是这乌江亭长。

太史公他老人家在描写乌江亭长撑船的这一段是如此写的:"乌江亭长舣船待。"

其他的都好说,唯独这一个"待"字,叫人心生不解。难道,这个乌江亭长早就知道项羽会来到这里?还是说项羽早就派人通知了他自己要来这里?

若是按照第一种说法,这乌江亭长怕也是一位隐士高人,他早已经料到项羽会来到这里。如若依据第二种分析,项羽提前派人知会了乌江亭长,那岂不是说他早就打算东渡乌江,回军江东?可是,他又哪里有时间、哪里有机会派人突围至此?若如此,有通知乌江亭长的时间,他自己早已经安稳地回到江东了。

所以,楚汉之际多高人,这一点,让人深信不疑。

好了,闲话少说。我们再次回到项羽这里。

当听到乌江亭长的话后,项羽沉默了。他已经成功来到了乌江边,而且这时汉军还没有追来,恰恰此刻又有一艘船在此,这正是自己回归江东的大好时机!

可是此刻,他犹豫了。他那原本已经冰冷颓废的心突然颤抖起来,耳边仿佛传来了呼啸声、厮杀声,他的脑海里不停地出现一些画面,那是他亲历的每一场战斗,而那纵马驰骋于疆场的身影,不是别人,正是他西楚霸王,项羽!

可是现如今,他满身血迹,铠甲都已经被浸红,环顾周身,也仅仅剩下二十六骑相随。

我项籍,何以至此!

今日他项籍若真的就此离去,天下人会怎么看他?他的叔父会怎么看他?那在垓下被他抛弃的楚军兄弟们又该怎么看他?

项家男儿,生当顶天立地,死亦无所畏惧!

想到了这里,项羽笑了。

"此天之亡我,我渡江之后,又能干什么! 况且我与江东子弟八千人渡江而西,伐暴秦,定天下! 如今除我之外,没有一个人回来! 纵使江东的父老兄弟怜爱我而尊我为王,我又有何颜面去见他们? 即便是他们不说什么,我项籍,难道心中无愧吗?"

"项王,望您三思啊!"

"公无须多言,我意已决,宁死绝不渡江! 我知您为长者,我的这匹爱驹跟我南征北战业已五年了,所当无敌,日行千里。今我败亡在即,不忍杀之。恰逢公之相救,无以为报,便以此驹赐公,还望万勿推辞!"

说着,项羽便是下马,再抚摸了一次自己的乌骓。

虞姬已去,你,也走吧。人言万物有灵,那一刻,这匹跟随项羽五年的宝马,也许也会潸然泪下吧。

"弟兄们,下马步战! 至最后一刻,自刎归天!"

"谨遵王令!"

就在此时,汉军的追兵也已经赶了过来。看着如此决绝的项羽,乌江亭长没有再多说什么,他载上了乌骓,就此消失在了江上,再也不见踪迹。

至此,项羽拒绝了第二次也是最后一次走脱的机会。

杀!

在汉军的重重掩杀之下,那仅剩的二十六骑也是一个接一个地倒了下去。身为一名军人,他们已经足够荣耀!

看着围困而来的汉军,项羽呼喊着迎了上去。一批批汉军冲上前,一批批汉军倒下来。鲜血溅满了大地,此刻的项羽几乎可以说是一个血人。有汉军的血,也有他自己的血!他的周身,有着上百具尸体,全都是汉军!

项羽的手也许已经拿不住自己的宝剑了。鲜血从他的手上、脸上、身上流出。他的全身都是血,眼睛甚至都无法睁开了。这一副躯壳,竟然有着数十处创伤!

但是,项羽并没有倒下!他依旧昂首站立在那里,像是一个魔王,不,应该是战神!紧紧地盯着对面的汉军,把汉军吓得一动也不敢动!

但是,他的伤,实在是太重了。

"喂,你不是吕马童吗?"

这时,项羽看向了汉军中一个自己曾经的部将。

"王将军,此人……便是,便是项王。"

此刻的吕马童也许会有些愧疚,但是他已经归汉,值此关头,就不能再想其他了。其实不用吕马童提醒,灌婴的部将王翳也是知道,能够如此神勇之人,当今天下,除了威名赫赫的项王,绝不会再有第二个人!

"哈哈哈,寡人听说汉王以赏千金、封万户侯来求得我的人头,今你我既然在此相遇,我就将这份功劳送给你吧!哈哈哈!"

说完,项羽便是挥起宝剑,决然划下。

剑,掉落在了地上;而他的身体,也是轰然倒塌在那里。

汉五年(公元前202年)十二月,一代战神,一世人屠,一生英雄,千古的西楚项王,江东项籍,就此魂归九霄。

项羽,真的已经死了!

当刘邦得知项羽败殁的消息后,他是最高兴的!

从此以后,这天下,将再也没有人是他的对手,也再不配有人做他的对手!他必将主宰华夏,大汉必将威震四方!

可是,他又是最伤心的。从此以后,这天下将再也没有任何一个人会像项羽那样了解他。而这茫茫大地,再也寻觅不到一个能够让刘邦心生畏惧的人物,绝不会再有了。

生与死、胜与败、名与利、权与势。有的时候,真的有那么重要吗?人生一知己,从此两相隔。悠悠千百载,几回可如昨?

这一切的争斗,真的值得吗?

这一个问题,也许刘邦永远都不会想明白。而他,也不会再去想这个问题。

当项羽败殁不久后,刘邦的身影出现在了鲁地。

当是时,天下各地尽皆望风降汉。放眼华夏,似乎也就剩下鲁地还在坚持着。因为,不论何时,他们始终是鲁公的封地!誓当为鲁公尽忠!

鲁公者,项羽也。

当时,区区的鲁地,几乎是弹指可灭。也许,在攻下城池的那一刻,等待着鲁地的结局,会是屠城。

可是,当下面的人询问刘邦该如何的时候,他却是久久不语。

很久以后,他开口了:"将项羽的头颅带来,视之以父老子弟,鲁地必下。"

听到刘邦如此说,汉军便是照令而行。果然,在看到项羽的头颅之后,鲁地投降了。

至此,天下再无亲项势力敢于反对刘邦。

炎汉遂有天下。

当有人询问,项羽该以何等规格入葬地的时候,刘邦犹豫了。

不久后,出现了那座鲁公陵,不是王,而是公。

第十五章

汉道当兴　我为主宰

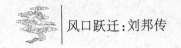

处理与打赏

前一刻还在谷城的刘邦,很快又出现在了定陶。那么,他在这里干什么呢?

因为,此刻韩信的大军驻扎在这里。

既然韩信的大军在此驻扎,那么,身为齐王的韩信自然也在这里了。如果齐王韩信在这里,则齐王调动军队的兵符也在这里。

刘邦要的,就是兵符。

此刻的韩信手握三十万精兵,那可是足以动摇整个天下的力量。你想要兵符就给你兵符? 这不是开玩笑吗? 但是,在刘邦的面前,跟你开个玩笑你又能奈我何?

记得上一次在修武,刘邦是利用韩信睡过头而一举驰入其大帐轻松地夺得印信。那么这一次,既然打定了主意要将这支大军调离韩信之手,他又该怎么办呢?

太史公他老人家是这样记载的:"驰入齐王壁,夺其军。"

就这样,齐王韩信的三十万精兵再次落入了刘邦的手里。至于过程,应该与之前修武的那次差不多。

韩信,是不是气得要炸肺?

对他来说,那也是没办法的事。事实上,此刻项羽已灭。任谁都能看得出来,垓下一役,齐王韩信居功至伟,他手下的三十万精兵更是具有超乎寻常的战斗力。所以,韩信既立有大功,又有如此虎狼之师,各位以为,刘邦会放心吗?

更何况,当初张良与他在固陵谋划封韩信、彭越为王的时候,早就想到了这种情况。

可是,总不能直接跟韩信说,我不放心你,不放心你手下的三十万大军,

304

你交出来吧。这根本就不可能。另外,也不能来硬的,万一打不过韩信,那岂不是得不偿失?

所以,便出现了上述的那一幕。

但令人费解的是,韩信此时已经贵为齐王,又有着前一次被刘邦夺取军权的教训,这一次,怎么还是着了道儿呢?

难道是因为大胜项羽之后,有些骄傲了?

总之,一个结果就是,韩信又变成了光杆司令。有怨言,也不可能发作了,因为,他不敢。

就这样,刘邦彻底放心了。因为这一刻,他彻底掌握了天下。但是就这样夺了人家的三十万大军,不表示表示也实在是说不过去了。更何况,之前相约共灭项羽的时候,他可都是一口唾沫一个钉地拍着胸脯跟人家保证过的。如今,是时候兑现承诺了。

一个成熟的古之帝王,不仅能将臣子操控于股掌之间,而且还会令其死心塌地地为自己卖命而毫无怨言。此刻的刘邦,就很好地做到了这一点。他知道韩信等功臣功高盖主、势力庞大,有些二心。但他也知道,人有大功而不封赏,会造就更多的有二心的人。刘邦不在乎世俗的诚信,但是却不得不重视对功臣所立承诺的兑现,因为现在的天下,还没有到他可以彻底高枕无忧的状态。所以,他是一定会兑现承诺的,只不过,是以自己的方式而已。

汉五年(公元前202年)正月,汉王刘邦令:

"义帝无后,我心甚痛。齐王韩信,佐定天下,卒灭项羽,居功至伟。又其习楚风俗,故以东海、会稽、泗水、薛、陈五郡为楚国,徙封齐王信为楚王,都下邳。原齐国复为平原、千乘、东莱、齐四郡。

"魏相国建成侯彭越,关心魏民、爱护士卒,经常以少击众,几次打败楚军。故以魏地为梁国,立彭越为梁王,都定陶。

"故韩王信,从征项羽,多有战功。以颍川郡为韩国,继为韩王,都阳翟。

"以长沙、武陵二郡为长沙国,徙封原衡山王吴芮为长沙王,都临湘(今湖南省长沙市)。其将梅鋗从入武关,有功,特厚赏。

"淮南王英布、燕王臧荼、赵王张敖(张耳已于汉五年七月病故)皆享国如故。

"令诏谕天下,天下汹汹八岁矣,以至民不聊生,生灵涂炭。今天下已定,寡人意,除已决死刑之外的一切囚犯尽皆赦免,大赦天下!"

至此,刘邦兑现了自己当初的承诺。韩信虽然被夺军权,但是他的楚国封地足足有五个郡!虽比诸当初所说的在齐地基础上加封土地要小了一些,不过,这已经足够大了。而韩信,在不能说什么的情况下,对此,也只能表示满意。做了一年齐王之后,再接着做楚王,这感觉也很不错。

至于彭越的领地,则是打了一个折扣。不过,他好歹也是梁王了,就算他有什么不满,也绝对不敢说出来。因为就目前看来,韩王、赵王、九江王都是刘邦的人,长沙王、燕王几乎可以忽略不计,楚王韩信一时间还有些眩晕,就他一个梁王,也只有乖乖听话的份儿。

而其汉王令的最后,我们已经看到了一个开始为百姓积极努力的君王,这,已经不错了。

那么,既然汉王的赏赐如此厚重,又如此关爱百姓,诸位诸侯,那就都谢恩吧。

臣等拜谢汉王厚恩!必当世代奉大汉为宗主,为大汉之屏藩!

等一下,这里面是不是有些别扭?

啊,是汉王的称号!

就这样,群下也是反应过来了。当今平定天下的最大功劳者,并非他们,而是汉王刘邦。

那么,他们尚且由汉王封立为诸侯王,那么比他们功劳还要大,又身为他们首脑的汉王又怎么能与他们一样再继续称"王"呢?这根本不合适啊!

既然不能称王,那称什么好呢?

于是,在几番交换眼色之后,大家的内心都是有了相同的答案。

"臣楚王韩信、臣韩王韩信、臣淮南王英布、臣梁王彭越、臣长沙王(时为衡山王)吴芮、臣赵王张敖、臣燕王臧荼诚惶诚恐,冒死上书大王陛下,恭请大王进位为帝,号令天下!

"陛下,昔暴秦无道、人神共愤,天下影从、共行诛讨!是大王您率先俘虏秦王子婴,平定关中,功盖天下!又存亡定危,救败继绝,以安定万民,功高德厚!继之施恩德于各有功之诸侯王,对我等裂土而封。现今各侯王封地名分已定,却和大王同称王号,没有尊卑之别,如此,则大王显著的高功盛德,就不能宣名于后世。因此,臣等冒死再拜,请大王上皇帝尊号!"

这一刻,刘邦的内心很是颤动了一下。也许他的手在那一刻都不由自主地握紧起来。八年了,自己竟真的走到了这一步?这,是梦吗?

面对着情真意切、异常激动的群臣,刘邦此刻面露难色,而后,缓缓开口道:"寡人闻,帝者,贤人也。若空有皇帝之名而实无皇帝之德,那是没什么必要来占有此位的,寡人岂敢为帝?众臣不要再提这件事了。"

"大王,您怎么能这么说呢?想您诛暴逆,平天下而定四海,我等但有寸功,便立即受到封赏。您的恩德遍布于宇内,其他任何侯王都不能与您相媲美。因此,尊大王为帝是名实相符,愿大王能满足天下臣民的愿望!大王,您若不称帝,众臣心不安啊。若大王您执意推辞,我等宁死也要坚持自己的看法!"

也许这一刻,已经有人拔出了宝剑放在了自己的脖子上。也许已经有人拿出了上吊用的绳子,又或许有人已经抱上了柱子,准备以头抢柱了!

怎么能因为自己拒绝帝位,而让这些忠勇的臣下寻短见呢?绝非贤者所为,那么既然如此——

"唉,既然你们都认为寡人称帝这件事有利于天下,那我就从天下来考虑,答应你们了。"

"臣等参见陛下!"

听到了刘邦这么说,众臣皆应声下拜。

这一刻,看着以楚王韩信为首的诸侯王,以萧何、张良、卢绾等为首的三百余大臣,刘邦笑了笑。他想当皇帝吗?当然想,否则这近八年的血战又是为了什么?诸侯臣下知道刘邦想当皇帝吗?当然也是知道,大家相处这么多年,谁还不了解谁啊?

但是,没有办法,在进位为帝的时候,却必须要谦让再三!

累不累?累。假不假?假。但是,没有办法。

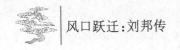

我之为炎帝,汉之祚当兴

汉五年(公元前202年)二月初三,氾水之阳,汉王刘邦正式祭天祀地,进天子位,国号大汉,后又以父刘太公为太上皇(汉六年事),以王后吕雉为皇后,王太子刘盈为皇太子,追封已过世的母亲刘媪为昭灵夫人!

传谕天下,昭告四方!

汉高帝五年(公元前202年)二月初三,历史将永远铭记这一天。当年的一个小亭长,而今竟然真的成了这天下的主宰!

华夏的历史,上承先代,从这一刻开始,将进入一个崭新的纪元!汉,这个华夏的新象征,也是从这一刻起,传遍九州,慑服四海,威震八荒!

这一切,都是因为此刻,于天子高台上的那个男人。

这一年,他五十四岁。还记得他出生的那一年,传承了八百年的姬周追随了殷商、大夏的步伐而去。

还不到一个甲子,嬴秦就也去了。一身历两朝,时间也长也不长。于他的一生来说,此生已过半,很长了。可于历史沧海而言,不过白驹过隙,弹指一瞬而已。

三个月后,刘邦的天子龙驾自定陶而西,来到了一座异常雄伟的城池下。

炎汉已兴,此为我之帝都,如何?

进城!

不久后,从洛阳城内,一个消息逐渐传遍了四方。当天下的百姓听到了这个消息以后,尽皆欢呼雀跃,奔走相告!甚至比三个月前这天下有了一个新的天子时还要高兴!

"五月,兵皆罢归家。"

将军百战,血染征袍。虽马革裹尸,亦当挟长剑以靖天下!

壮士奋起，十年不归。纵喋血沙场，也必挽长弓以护万民！

而今，无尽的伤亡与流血过后，将那些过往铭记于心，他们，终于实现了自己的梦，他们，终于可以放心回家了！

从此以后，才是他们想要的生活。

汉帝昭告天下：

"诸侯之子于关中者，除十二年赋役。已归原籍的，除六年赋役。天下大乱之际，百姓生灵涂炭。多数人聚逃于山泽之中以避秦之祸乱而未列入户籍。今朕掌天下，四方安定，原避难百姓具可各归故里，朕将复尔等原有爵级与土地房屋。各地官吏要依据法令来晓喻义理，不得强迫侮辱百姓！百姓中因饥饿自卖于他人为隶者，都免其奴婢身份而复为人，不得拦阻！前秦军吏士卒一律免罪，其中没有助纣为虐而无爵级或原爵级不满大夫的，尽皆赐爵为大夫。原有大夫爵级的则尽皆各升一级。七大夫以上的都实封食邑。七大夫之下的，都免除本人及家庭的赋税，不服徭役。

"朕曾明文规定，按照功劳大小来赋予相应的土地田宅。而今有一些小官吏毫无军功却先满足自己，致使有功之人反而无法得到！下面的人如此违背公法而谋取私利，这是郡守、郡尉、县令教育管理不善所致。务必要指示有司官吏，尊重有高爵级的人，不要辜负朕的厚望！亦要进行检查，对那些不按照朕的旨意办事的人，严惩不贷！"

此诏一出，天下人心大悦。因为在百姓看来，这持续了太久的混乱，终于要结束了。

而此刻的刘邦，也正在为此而努力着。

几天以后，洛阳南宫的朝宴之上。看着都是有些醉意、坐姿也很是散漫或者说毫无章法的众臣，刘邦的眉毛挑了挑。

"列位爱卿，朕有一个问题憋在心里好久了。不知你们可否想过，朕为什么能取得天下，而项羽又缘何失去天下？你们不必对我有所隐晦，都畅所欲言，说说自己的心里话。"

当刘邦说过此话后，整个朝堂之上可谓是瞬间鸦雀无声。这是一个多么难回答的问题！皇帝都已经明言说要听心里话，要是一味地褒奖，那肯定是不可以的；可是要是指出老大的缺点，你还想不想混了？

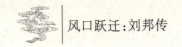

就这样,萧何、张良、韩信、曹参等没有一个人出声。

刘邦也是饶有趣味地看向了众臣。就在此时,一个人站了出来。

刘邦看向了那个人,笑了笑。因为他知道,此人从不讳言,有一说一,有二说二。而这,也是刘邦对他最为看重的一点。

"王陵,你以为怎样?"

"陛下,您平日似乎并不太尊重人,而反观项羽,则能关心与尊重他人。但是陛下您派人攻城略地之后,所取得的战果,全部封赏给有功之人,这是与大家同甘共苦的表现。而项羽,嫉妒贤能,对有功之人进行打击,对贤才之士不愿重用,打了胜仗便抢人之功以为己有,得到土地也不愿意封赏给功臣,这便是他众叛亲离而失败的原因啊。"

听过王陵的话后,一众大臣也是替他捏了一把汗。王陵当真是快人快语,从不含糊。

但刘邦闻言,哈哈大笑起来。

"哈哈哈,公只知其一,却不知其二。夫运筹帷幄之中,决胜千里之外,朕不如子房。镇守国家,安抚百姓,供应军需,不绝粮道,朕不如萧何。连百万雄师,战必胜,攻必取,朕不如韩信。此三人者,皆旷世俊杰矣。朕能充分发挥出他们各自的作用,这就是朕之所以取得天下的原因啊。项羽仅有一范增而又不能用之,所以他才败在了朕的手里啊。"

听完了刘邦的话,众臣也都是若有所思地互相看看。

"陛下圣明,臣等拜服!"

知己知彼,百战不殆。最了解自己的人,有的时候却往往是自己一生的对手。刘邦与项羽在性格上最大的不同便是:刘邦更善于听取他人的意见,而不太看重他人对自己的评价。所以今天坐在洛阳南宫询问众大臣这个问题的人是刘邦,而不是项羽。因此,有的时候,性格决定成败,所以,成帝者,跃迁者,是刘邦。

汉五年六月,汉帝刘邦移驾关中,定都长安(此时长安宫未成,暂以栎阳为都)!

六月八日,皇帝诏令:朕新定都,特此大赦天下!

第十六章

汉家大帝 vs 草原雄鹰

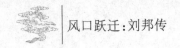

楚王? 韩信?

当刘邦站在栎阳的宫殿中眺望天下的时候,尽管此时的他已经贵为天子。可是不知为何,他的心却是一点也高兴不起来。

是啊,怎么会高兴?

这天下,除却一个汉帝之外,还有着七个异姓的王啊!汉之江山,大半在他们的手里。其封地、人口、财富、甲兵,每一个都是对大汉的威胁。绝不能让这些存在危害到大汉的一丝一毫!

我是刘邦,是汉帝!绝不是秦皇。大汉,也不会二世而亡!

朕已经老了,朕走之前,你们不去,朕心不安啊。

你们,随朕去吧!为了这大汉的江山,朕什么都可以做!

"启禀陛下,燕王臧荼反,已下代地!"

闻言,刘邦笑了笑。第一个,很好。

汉五年七月,燕王臧荼以自己为项羽旧封而背主求荣,惧不见容于汉,遂反。

汉五年八月,汉帝刘邦御驾亲征后,虏燕王臧荼。遂以上谷、渔阳、右北平、辽西、辽东、广阳六郡为燕国,新立长安侯太尉卢绾为燕王,重定燕代之地。诸侯王得幸,莫如燕王。

解决了燕王臧荼之后,刘邦看向了东方与南方。因为他所在意的,并不是一个臧荼而已。

两个月后,刘邦得到了一封密奏。

密奏的内容很简单,但却是十足震撼:"楚王信谋反。"

这在当时,任何人听过之后都会大吃一惊。谁人不知韩信的实力,而今,难道他真的要谋反?

刘邦也是召集了众将紧急议事。这是一次大汉开国后重要的御前会议。但是,这一次会议,大汉丞相萧何并没有发表什么建设性意见,而帝师张良也很有可能没有参加这一次御前会议。

一次决定韩信未来的会议就这样召开了。

"今有人言韩信欲反,诸将以为如何?"

"陛下,他吃了熊心豹子胆了！速速发兵,坑了这个竖子！"

看着群情激愤又有些目中无人的诸将,刘邦一时间并没有说什么。

他遣散了众人,只剩下了独自一人。默然良久后,陈平出现在了他的面前。

可是当他的眼光落到陈平的身上的时候,陈平却并没有急着给刘邦一个答复。

"陛下,诸将是什么意思?"

"他们建议朕即刻发兵攻打韩信。"

"陛下,韩信谋反之事,除却刚才的众将之外,还有其他人知道吗?"

"未有。"

想想也是,此等重要机密,怎么可能轻易地散布出去。

"那韩信知道这件事吗?"

"他亦不知。"

当听到刘邦如此回答之后,陈平也是松了一口气。

"陛下认为,我汉军精锐与韩信的楚军相比如何?"

"似乎不如。"

"我军统军大将在兵道造诣上有能超过韩信的吗?"

"都不如他啊。"

"而今兵不如楚精,将不及韩信,却要派兵攻打他,是逼韩信与我们开战啊。臣私下里为陛下感到担忧啊。"

"依你之见,如何为妥呢?"

"陛下,古者天子巡狩四方,诸侯有会同之礼。今南方有云梦泽,陛下您尽管假借一个出游云梦的说法,召诸侯于陈。陈,临近楚国的西界,韩信若听闻您巡狩云梦,必定不会做太多的戒备而前往拜谒您。他若来,则陛下趁势将其拿下,这样一来,解决韩信只需要一个壮士就可以了。"

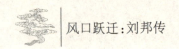

当陈平说过此话之后,也是静静地看向了刘邦。他相信,自己所了解的刘邦,一定会认可自己的这一建议的。

刘邦考虑了很久,然后看着陈平点了点头。

至此,我们来一起看一下整件事。这件事的起源看似是有人上告楚王韩信要谋反。

那么,上告人是谁?

答:不知道。

既如此,上告的证据充分吗?

答:虽不是捕风捉影,但却也无甚凭据。

这一切还得先看看韩信就王楚国以后都做了些什么。汉五年十二月,韩信由齐王改封楚王。当他再次回到自己的老家的时候,这一次,他再也不是当年那个吃不起饭,还要忍受胯下之辱的韩信了。

这一刻,他是楚国的主宰,是真正的王!

所有人都既羡慕又恐惧地看着那个坐在王驾之上的男人。谁能想到,才不到十年的光景,韩信竟然拥有了如此的权势地位!

韩信回到楚国后没过多久,他就找到了当年的那个接济他的老妇人。老人家也许早已经忘记了当初自己曾施予韩信恩惠。而今,她却得到了当今的楚王赏赐的千金!但是不管老妇人记得与否,有恩于己者,韩信是不会忘记的。

当报答了老妇人之后,韩信找到了南昌亭长。这个怕老婆的亭长此刻看着面前的百钱,也是一阵羞愧与无奈。因为那是他当年的兄弟、如今的楚王的"赏赐"!

"公,小人也。好事不能做到底。"

说过之后,韩信便离开了这里。

那么,接下来他要去找的那个人,想必大家也都知道是谁了。自然便是当初那个让他遭受胯下之辱的泼皮无赖。

对于这个仇人,韩信是怎么做的呢?

可以说,他并没有为难这个"故人"。相反,却是对这个"故人""青睐有加"。

韩信将当年羞辱他的那个人任命为楚中尉,大致相当于郡尉的一个官职。而且,韩信对着众人说道:"这是一个壮士啊,当初他羞辱我的时候,难道是我不能杀了他吗? 只不过杀了他也没有什么意义,因此才隐忍下来啊。"

听过韩信的话,很多人都大加赞叹。你看看人家楚王,是多么宽宏大量! 是多么不计前嫌! 是多么知人善任!

而这,自然也是韩信想让众人知道的。以此看来,韩信仅仅是一个不通权谋的武神吗?

当仔细总览这整件事之后,我们会发现,也许并不是这么回事儿。前文我们说过,太史公他老人家对韩信是充满同情的。因此,在《史记·淮阴侯列传》中能够明显地看到前后文行文之间的照应。这种照应便很好地突出了韩信"好"的一面。

但是,他就没有"恶"的一面吗? 若韩信真是不计前嫌的人,又为何那样羞辱南昌亭长? 至于以此泼皮为中尉,则更像是以一种杀人于无形的手法来羞辱对方。这在彰显宽容的同时,实则羞辱至极。个中原理,只要大家设身处地想一想便可明了。

那么,除此之外,韩信还做了哪些事儿呢? 如果大家还记得的话,当初垓下一役后,项羽的两员大将不见踪迹。前文曾略提过,季布后来归汉。那么,另一位大将,钟离眛呢?

在韩信这里。

为什么呢? 因为钟离眛与韩信的私交甚好。有人猜测,两人可能在投军之前就互相认识。也有人认为,是韩信在楚营的时候受到过钟离眛的帮助。

所以,钟离眛败逃之后,就来到了韩信这里。换句话说,此刻的楚王韩信正在为钟离眛提供政治庇护。

这件事,自然逃不过刘邦的眼线。当年与项羽交战,刘邦没少吃钟离眛的亏。因此,当得知钟离眛在楚国的时候,刘邦下诏:逮捕钟离眛!

韩信是怎么做的呢?

他什么也没做,或者说,他拒绝了。

很多后世的学者在论述韩信是否有罪的时候,往往集中于两点。一者为请假王,二者为与刘邦相约固陵却并没有按时到达。而且,受太史公他老人家的影响,似乎很少有人将上述两点当作太大的过失而普遍给予同情。除此之外,亦忽略了韩信的其他不妥当的行为。

我们先来看看,请假王与相约不至,前文我们都已经论述过。在那个特定的年代,这两件里的任何一件都绝不是一代君王所能容忍的。没有一个古之帝王会放心或者说会容忍一个臣子如此忤逆。别说是两件事了,其中的任何一件都足以要了韩信的命。

这里不再赘述以上两点。我们回头来看看他拒绝逮捕钟离眜一事。首先,刘项相争多年,彼此之间的现实关系只能是敌人!就算是要给降将封侯、赦免,这等权力放眼天下也只有刘邦才配拥有。其他人若如此,叫作什么?僭越。

那么,韩信收留了钟离眜,显然是没将刘邦放在眼里。难不成他以为自己成了楚王,执掌精兵便可以胡作非为了?这是对刚刚进位为天子的刘邦的权威的最大挑战。

试想一下,一朝开国君主,竟然因为一个诸侯王的庇护就奈何不得一个待捕的人,他还有什么君主权威可言?韩信如此的做法,是对皇权的赤裸裸的藐视。

另外,当大汉中央政府的逮捕令已经下发的时候,韩信自然也是得知了刘邦知道钟离眜在他这里。可是,他奉诏而行了吗?依旧没有。如果说你收留钟离眜是出自道义,可以原谅,那么,你拒绝执行皇帝诏令,这叫什么?抗旨。

所以,面对韩信这样的挑衅,刘邦是绝对无法忍受的。我还在世,你就敢如此。我若魂归,汉家又怎么能够降得住你?

这还不算,韩信刚刚被封为楚王的时候,无论巡视哪里,身边总是甲士云集,戒备森严。如果说楚地方定,还有些不安因素,以楚王之尊带一些甲士护卫,倒也还说得过去。另一方面,这也算是彰显了楚王的威仪。

但是,天下初定。不仅仅在你眼里楚地有不安定因素,你楚地在刘邦的眼里本身就是不安定因素。梁王彭越、九江王英布怎么不如此行事?偏偏你韩信特立独行,如此招摇?

刘邦怎么能安心?

所以,身为开国君主的刘邦不得不采取措施了。

现如今,两个人不仅渐行渐远,连那内心,都已经分离了。

天下讻讻,变的,永远都是人心!

因此,当听到陈平的话后,刘邦沉默了。他也不得不沉默,世人皆知韩信之大功,若此刻便贸然拿下韩信,其他诸侯是否会心生恐惧?那样一来,是否会激发更多的变乱?

但是此刻的韩信就已经如此张狂,若是此刻不制他,万一等他成了气候,又当如何呢?

汉六年(公元前 201 年)十二月,汉帝刘邦昭告诸侯:"朕将游云梦!"

世人皆以韩信无罪,太史公他老人家也无限同情韩信,但是,身为一个伟大的史学家,他却不得不记录下最接近事实的历史真相。

当刘邦的天子车驾南下快到楚边境的时候,韩信并不知道刘邦此来是想要抓他。这也就是说,韩信对于刘邦的谋划不是很清楚。就当时来说,刘邦此次出巡云梦,还是单纯的巡游。

但是,身上背着事儿(并没有依令逮捕钟离昧)的韩信还是开始担心了。紧接着,他心生了一个大胆的想法。

"信欲发兵反。"

在没弄明白事情的情况下,韩信就已经动了造反的念头。如此说来,韩信无罪说,似乎并不能站稳脚跟。

但是,史书上最终没有记载韩信此时有拥兵造反的迹象。那么,这又是怎么一回事儿呢?

当他准备发兵造反的时候,突然间又犹豫起来了:自己不就是拒捕钟离昧、私藏钟离昧吗?这又算不上什么大罪,此次刘邦前来,自己去迎接应该没什么问题。但是,万一被刘邦趁势抓住该怎么办呢?

这就是此刻韩信的矛盾心理。至此,大家也能看明白了。韩信若真的无罪磊落,这般扭捏又是为何呢?

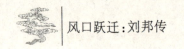

就在此时，他手下的一个宾客出现了。

他自然明白韩信此刻的担心所在，故而上前说道："大王，你不如斩杀钟离昧，带着他的头颅去拜见陛下。陛下一定高兴，那样，则可无忧矣。"

听过这个宾客的话，韩信似乎终于看到了希望的曙光。是啊，如今他与皇帝陛下的冲突，这钟离昧是一个关键的环节啊。若是按照宾客所说去做，这不就正好解除了刘邦对他的疑虑吗？

就这样，韩信找到了钟离昧，说出了自己的想法。钟离昧听了，直接破口大骂起来："韩信！刘邦之所以没有派兵直接攻打你，是因为我在你这里！你若今日捕我来向刘邦谄媚，那么我死之后，下一个就轮到你了！"

说着，刚烈的钟离昧直接拔剑自刭了。

看着自刭的钟离昧，韩信的做法是什么呢？

"信持其首，谒高祖于陈。"

因此，当刘邦一行还没有到达陈城内的时候，就远远看到了在道路边手持匣子恭敬等候已久的楚王韩信。

接下来的事情，一切与陈平的预料无二。刘邦事先埋伏好的武士，看到韩信以后，便是二话不说，直接动手。

而韩信，也就这样被刘邦绑了起来扔到了后车里。

这一刻，身为阶下囚的韩信想起了钟离昧的话，想起了曾经的种种，便大声地呼喊了出来："当真像人家所说的那样啊！狡兔死、走狗烹，飞鸟尽、良弓藏！敌国破、谋臣亡！今天下已定，到了烹我的时候了！"

面对着韩信如此怒吼，刘邦也很是无奈。

"你别喊了！有人告发你谋反！你小子也的确要谋反，这都已经很明显了！"

听到这话以后，韩信也老实了。他不知道，此后的自己，会是一种什么样的命运。

他自诩自己在这天下间绝对算是大英雄，自己的兵道造诣放眼此刻的天下，谁会是对手？谁还敢与我为敌？可是，不知为何，自己却屡屡被刘邦掌控于股掌之间！哪怕已经贵为堂堂齐王、楚王！却依旧是如此！

这到底是为什么?!

也许,还是那句话。与刘项二人生于同一个时代,是所有人杰的一种悲哀。在这两个人的面前,一切的英雄都将黯然失色。因为,那天下的主宰,是项羽,是刘邦。

在这之后,刘邦大会诸侯于陈,将楚地全部收归大汉中央政府直接掌控。接着,便是起驾返回了洛阳。

也许在回洛阳的路上,刘邦的脑海里浮现出一个画面。那就是在陈的时候,当九江王、梁王、韩王等人得知楚王韩信已经被拿下的消息后,他们的眼神里所流露出的恐惧。

韩信,已经是第二个了。朕,这是在逼他们反吗?

剖符定封

当韩信已经被刘邦拿下之后,刘邦却如此昭告天下:"今天下已定,有功之豪杰应尽封侯爵。朕新即帝位,还没来得及全部论功行赏。由于有的人身在军中九年,有的无暇学习法令,有的误犯国家之法,严重的要处以死刑,朕为之深表同情。现朕意,大赦天下!"

其实仔细看这封诏书,不难发现,这是刘邦为安众诸侯之心而特下的一封诏书。在这封诏书里,身为开国君主的刘邦竟然亲自为那些"犯事儿"的大臣们找理由开脱。而且,那一句"大赦天下",也足以安定人心片刻。而这其中,所要赦免的人,自然也包括韩信。

另外,除此之外,所有人的关注点都在那一句上,就是"还没有来得及全部论功行赏",这不就是说,皇帝要大封群臣了吗?

由此,天下人心,渐渐安定了。尽管只是一段时间,但是对于刘邦来说,却是足够了。

就这样,没过多久,原楚王韩信被赦免。不过,此刻的他,已经不再是楚王了。其头衔为淮阴侯,是侯。

看着大殿中的群臣,刘邦何尝不知他们的心里在想着什么?是啊,天下已经逐渐安定了,有的人还没有得到应有的赏赐,这又怎么能保证他们不成为不安定因素呢?

既如此,那就大封臣下!

汉六年十二月二十八日,第一批受封功臣名单出炉了,共计十个人。这里暂举几个大家熟悉的人物。

功臣曹参,凡下两国,县一百二十二。得王两人,相三人,将军六人,大莫敖、郡守、司马、侯、御史各一人。从定天下,功勋卓著,今特封曹参为平阳侯,剖符世世勿绝,食邑一万零六百户!

太仆夏侯婴,常奉车、为滕公,从平天下,卒定四方。特封汝阴侯,剖符世世勿绝,食邑六千九百户。

护军中尉陈平者,从定天下,多有奇计,故特封为曲逆侯,剖符世世勿绝,食邑五千户!

其余信武侯、清阳侯、广平侯等虽也在这一批的十人内,但他们的食邑多为两千多户,与以上的三人根本无法相比。

看到这份名单,大家也许会有些疑惑,那就是,按理说第一批分封的应该是在刘邦内心中最重要的人物,或者说应该是大汉开国的第一功臣梯队。

可是,看以上的名单,沛县元老仅仅两个人,而奇谋之士也不过陈平一人而已。这,又是怎么回事儿?

这里有一件事要说明。大家在看《史记·高祖功臣侯年表》的时候,会发现那里面有一个排序。但是,请注意的是,那里的排序并不能证明排在第二位的侯的地位或者说受重视的程度要高于排在第四位、第五位的侯。

那么,功臣侯爵的位次高低应该以什么标准来划分呢?

答:一者,食邑;二者,皇帝个人的意愿。

说得通俗点,谁得到的食邑多,谁在开国时期的功劳就越大,谁在皇帝心里的地位就越高。毕竟好处在那里摆着呢。这第二点,便是皇帝个人的意愿,之所以如此说,下文会解释清楚。

好了,这第一批分封的人物,几乎都是一些武将,而且是属于汉军直属的一些表现突出的武将。在那个年代,军功授爵很能服众。所以,在功臣众多又不好决断的情况下，刘邦先行从自己的直属部队里找出一些人，加以封侯。一来照顾自己人的心理。二来，也是有着试探之意。

试想一下，倘若自己直属的将领都不满意，那么，其他的人又怎么会满意？

另外，大家注意，为什么曹参会排在这一批功臣的第一位？天下连年动乱，大家都是腥风血雨里走过来，互相之间谁也不服气谁，万一因为分封时心存怨恨又该怎么办？

那就找人来震慑住他们。

于是，刘邦的亲信、当年沛县元老之一的猛将曹参，出来镇场子了。

而他那一系列的赫赫战功以及一万零六百户的食邑，也的确让人心服口服。故而，刘邦也是放下心来继续分封。

就这样，汉六年正月二十一日，第二批功臣名单出炉了。

首先，排在前面的是诸侯王。

以胶东、胶西、临淄、济北、博阳、城阳六郡七十三县封皇子刘肥为齐王，诸民能说齐国方言的都划归齐王管辖！

到底是亲爹，当众臣听到这一分封的时候，也是感慨不已。没办法，刘肥是刘邦的第一个儿子，尽管其母曹氏是"外妇也"，但刘邦也很是喜爱自己的这个大儿子。因此，齐国的封地也是一跃而成为当时诸侯领地中最大的。这也算是对曹氏有了个慰藉。

以东阳、鄣、吴三郡五十三县立皇族刘贾为荆王！

以砀、薛、郯三郡三十六县立皇太弟文信侯刘交为楚王！

以太原郡三十一县（也有人说包括雁门郡）为韩国，徙封韩王信都于晋阳！

至此，原有的齐国被分封给刘肥，原来韩信的楚国被拆分为荆国与楚国。天下的刘姓诸侯王已经有了三个，而异姓诸侯王还剩五个。

这，便是刘邦得意的封邦建国。因为在他看来，同姓一家，只有刘氏子孙全部封王，才能守得住大汉的江山。

那么，诸侯王分封完毕后，也该到那些重臣了。

汉帝诏令：

相国萧何,辅定天下,族灭项羽,一统宇内,居功至伟!特封酂侯,食邑八千户!剖符与封,世世勿绝!

竟然有八千户?当听到这个诏封的时候,大多数武将几乎集体抗议起来。

"陛下,臣等披坚执锐,征战四方。在座诸位,身经血战者,多者百余次,少者亦有数十次。攻城略地,功劳大小自有区分。而今萧何不曾有半分汗马功劳,只不过持文墨议论而已,未经战阵,未有战功,食邑却远居臣等之上,这是为何?"

看着这样的群臣,刘邦也是笑了笑。他早就料到,若无战功而封侯,是断然不会被人一下子接受的。

但是,这又何妨?

"诸将可知打猎吗?"

正当诸将疑惑的时候,却不想皇帝陛下竟然发此一问,当下也只得小心回答。

"自是知晓。"

"那诸位可知猎狗?"

"亦是知晓。"

"既然如此,那你等可知,打猎之际,追逐撕咬野兽的是猎狗,但发现野兽踪迹、指出野兽所在地的却是猎人?而今你等不过能捉到野兽而已,功劳不过像猎狗那样。至于萧何,发现野兽踪迹,指明猎取目标,功劳则如同猎人。再者说,诸位仅仅是只身一人随朕逐鹿天下,多的也不过一家两三个人而已。可是萧相国却让自己的宗族几十人都来追随朕打天下,这样的功劳朕是不能忘怀的。朕如此说,你们可明白了?"

这一段话,便是大名鼎鼎的"功人"和"功狗"说。按理说,刘邦的这个比喻的确不恰当,竟然如此说自己的臣下。毕竟已经登基为帝了,也应该注意一下自己的言辞了。

不过,这一切,刘邦根本不在乎。他知道,自己手下的那群将领既然了解自己,就不会在意自己的用词。更何况,几年以来,他们彼此之间早就有了交流专用的语言。

就这样,听了刘邦的这番话后,众臣再也没有说什么了。

紧接着,刘邦的目光看向了一个人。一个他一生都要敬佩感激的人。

"朕前言,运筹帷幄之中,决胜千里之外,皆子房之功也!子房,而今你自择齐地三万户!无论取哪,朕皆准!"

众大臣一听,尽皆倒吸一口凉气。三万户!这样的食邑已经超出一个侯爵的范围了。

尽管张良没有什么战功,但是众臣似乎都觉得,张良受封如此是应该的。

那么,一向睿智而如谪仙临尘的张良是怎么回答的呢?

"陛下,起初臣起自下邳,与您在留相逢,这是上苍安排臣遇见您啊。那以后,陛下用臣之计,只是碰巧让我说中了几回。因此,臣不求齐地三万户,只希望您能将留封给我,臣下就知足了。"

听到张良的话之后,刘邦笑了。他没有看错,子房,还是那个子房。也许,可以这样说,这样的子房,才是他最欣赏、最敬佩,同时也最放心的子房。

帝师张良,从定天下,居功至伟,奇计神谋,人鬼莫测!特封为留侯,食邑一万户!剖符与封,世世勿绝!

将军周勃,从起丰沛,挽弓天下,卒定八方。特封绛侯,食邑八千一百户!剖符与封,世世勿绝!

将军樊哙,从起丰沛,忠勇可嘉,多有战功,除前所食,特封舞阳侯,食邑五千户!剖符与封,世世勿绝!

骑将灌婴,从定天下,攻灭项羽,甚有大功。不除前食,特封颍阴侯,食邑五千户(存疑,此录《史记·高祖功臣侯年表》所载)!

前楚左尹项伯,多有功劳,今赐姓刘,封射阳侯,剖符与封,世世勿绝。

好了,刘邦所封侯爵暂举以上,这些就已经是最主要的几个人了。

其实统观刘邦这一次封侯的对象,大家不难发现,这其中虽然有刘邦的亲属(周吕侯吕泽、建成侯吕释之等),但是人数实在是太少,而其受封也的确是因为战功。

至于剩下的侯爵,则尽皆是因其立下了大功。因此,对于这第一次和第二次受封的人来说,他们还是相当满意的。至少,他们看出来,皇帝对自己

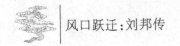

并不吝啬。

当年大家本着有一天没一天、有上顿没下顿的精神一起风风火火闯九州，而今终于得到了一份属于自己的回报，如何能不高兴？

现在，大家再一起来看看这些列侯的一个特点。其中，沛县元老中除却前太尉卢绾已经被封为燕王，其他的五人也尽皆受封，而且食邑显赫。

另外，张良、陈平、灌婴尽皆是刘邦集团的核心人物。至于项伯，刘邦很是感谢当初鸿门宴时他对自己的相助，以及自己的老父亲、妻子等人在楚营时所受到的他的照顾。所以，倒也真没有亏待项伯。

好了，现在列侯已经分封得差不多了，可还是有一件事儿没有解决。那就是在这些列侯中，谁应该排在第一位呢？换句话说，谁才是大汉开国的第一功臣呢？

当有关位次的议论刚刚出现时，众位大臣早已经在各自的内心深处选好了人。

前文我们说过，这位次的高低，单独看受封的顺序是不合理的，其所根据的是所食的实封食邑以及皇帝的个人意愿。

那么，在以上列出的众多侯里面，有谁的食邑有资格争夺这大汉开国第一功臣的位置呢？

平阳侯曹参，食邑一万零六百户，是目前最多的！

而且他还有一群属于自己的拥趸为他摇旗呐喊："平阳侯曹参身受七十余处创伤，攻城夺地，功劳最多！应该将他排在第一位！"

留侯张良，也是食邑一万户，而且被人视为帝师一样的存在，更是被皇帝刘邦亲口评价为三杰的第一位，之前刘邦还让其随意选择三万户作为封地。皇帝陛下对他向来是言听计从。似乎，他也极具竞争力！但是，留侯辞谢了三万户，而今还会争夺这第一功臣的位置吗？

酂侯萧何，食邑八千户，更是位居相国，刚刚又被皇帝那般夸赞了一番，似乎他也是一位极其有力的候选人。

至于绛侯周勃，虽然食邑八千一百户，比诸萧何还要高出一百户，但是任谁都看得出来，周勃是绝对比不过以上三位的。

那么，此刻的刘邦是怎么想的呢？

可以说,当刘邦听闻众将推荐曹参的时候,内心里也是一阵犯难。因为,他内心里的第一功臣,不是张良,亦不是曹参,而是萧何。

可是,在封赏萧何食邑八千户的时候,刘邦觉得那样说就已经有一些难以服众了。毕竟,有军功这一硬性指标在,他也不好说什么。于是,当他听到众臣有关位次的讨论的时候,也是不好意思再反驳大家。

就这样,一时间,整个朝堂僵在了那里。没办法,皇帝不发话,臣下争得再厉害也没有用啊。

就在此时,关内侯鄂千秋跳了出来。

"陛下,臣有话说。"

"讲!"

"臣以为,众臣所想并不妥。平阳侯虽有转战各处、攻城夺地的功劳,但这不过是一时的事情。陛下与项羽相持五年,总是失散军队、士卒溃散,只身败走好几次,然而每当此时,相国大人便从关中派遣军队补充前线,这些根本都用不着您亲自下命令。数万生力军开赴前线时可谓是雪中送炭,这种情况已经很多次了。我们与项羽对峙荥阳数年,军中无粮,又是相国大人从关中用车船运来粮食,所以军粮供应从不匮乏。陛下虽然多次丢失山东之地,但相国一直保全关中等待着陛下,这是万世不朽的功勋啊!如今就算是没有上百个平阳侯,对大汉又有什么损失?大汉得到了这些人也不一定非得靠着他们,国家才得以保全。怎么能让一时的功劳凌驾于万世功勋之上呢?所以,应该是鄼侯位居第一,平阳侯其次。"

仔细看去,鄂千秋此言虽不无道理,可是却也是十足的拍马屁。但是不管怎么说,终于有人说到了刘邦的心坎里。

大喜的刘邦立刻同意了鄂千秋的说法,定下萧何的位次为第一。也就是说,萧何,是大汉开国的第一功臣。

而这一点,也的确是实至名归。

也许当关内侯鄂千秋站出来时,曹参差一点被他气得肺都要炸了。不过这不要紧,因为身为丰沛一起走来的老兄弟,彼此之间太了解了。赌赌气也是一时的事儿,否则,也就没有后来千古传为佳话的"萧规曹随"了。

为了更加表示对萧何的尊崇,刘邦于同一天加封了萧何一家十余人,而

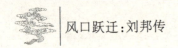

且都是实封。

这还不算,如果大家还记得,当年刘亭长去咸阳服徭役的时候,唯独有萧何多送了他两百钱。而这一次,刘邦在其原有的食邑上,又加封了两千户,算作对当年的报答。另外,还特赐:"相国萧何,带剑履上殿,入朝不趋。"

至此,刘邦大封功臣基本完毕。对于现在的分封,这第一批与第二批名单里的功臣很是满意。那么,问题来了,其他的人呢?

《史记》与《汉书》里都记载了这样一个小故事。

因为功臣实在是太多,每个人也都互相不服气,因此,似乎从刘邦登基的那一天起,诸将的互相争功就从来没有停止过。

话说有一天,当刘邦闲来无事在洛阳南宫散步的时候,突然从楼阁之间的空中过道之上看到下面一群武将聚集在沙堆边窃窃私语。

碰巧此时,张良也在刘邦的身边。

"子房,他们在说什么,这么上心?"疑惑的刘邦问道。

"陛下不知道吗? 这是他们在商议谋反啊。"

"什么? 天下刚刚安定,他们为什么要谋反呢?"

"陛下起自布衣,与他们共取天下。今您已贵为天子,而所封赏的都是原来的亲属,所诛杀的都是昔日的仇敌。今时他们各自盘算功劳,认为天下的土地少而功臣太多,根本不能遍封群臣,又恐被陛下抓到过失而诛杀,因此就互相串通,准备谋反了。"

"子房,依你看来,此事该当如何?"

"陛下,您平生所怨者,群臣所共知的,是谁?"

"雍齿,他与我有旧怨,又曾多次使我处于窘迫之境,我欲杀之,但念其功多,故而于心不忍。"

"这就好办了,陛下,而今您可立封雍齿以示群臣,众人见到雍齿尚且得封为侯,也就都老实了。"

刘邦听了之后,办事效率也是很高,没过多久,便封雍齿为什邡侯,并且催促丞相、御史等有司官吏,从速定功行封。

这之后,刘邦再也没有见到诸将三三两两地密谋了,因为在他们看来,连雍齿都能封侯,他们又怎么可能不被封侯呢?

可能大家也觉得纳闷，密谋谋反如此重大的事竟然在皇宫边的沙堆上就能够谈得热火朝天，又恰恰被刘邦与张良看到了。这还不算，张良还能够一眼就看出这些人在密谋造反。这怎么说都有些太过神奇了。因此，在大多数人看来，这件事似乎并没有这般夸张。张良与刘邦之间可能真的存在这样的一次谈话，但两人是为了居安思危、防止天下再生变乱而已。

对于刘邦来说，他已经安定了大部分人的心。那么接下来，便是继续开始他的计划了。

你们不去，朕心不安啊。

乾坤大挪移

前文交代过，刘邦在大分封的时候，将韩王信的封国整个北移至太原郡。就地盘大小上来说，似乎是没什么太大的区别。

那么，刘邦为什么要将韩王信的封国来个乾坤大挪移呢？

因为在刘邦看来，韩王信此人有武略，是个人才。而他的封国北近巩洛，南迫宛叶，东有淮阳，这些地带都是兵家之要地。将这样一块地盘交给韩王信这样的人，任谁都不会太放心。所以，才有了刘邦以上的做法。

其实韩王信此人，在整个楚汉相争的过程中，并没有太多的勇武之处可称赞，与楚王也就是如今的淮阴侯韩信的确无法相比。但是，他对于刘邦算得上忠诚。

不过，当初在荥阳，纪信、周苛等人全部以身殉国，唯独韩王信选择了投降项羽。尽管他后来仍旧逃归刘邦处，可是这件事难免令人介怀。

也许在刘邦看来，韩王信此人还是很听话的。他的勇武比上不足，但是对付寻常对手，那还是绰绰有余的。

而那寻常对手，便是漠北的胡人。

也就是，草原上的雄鹰——匈奴。

327

这不,当听说自己的国都为晋阳的时候,韩王信主动上书刘邦道:"陛下,韩国紧靠边境,北与匈奴相接。匈奴人屡屡入侵这一带,现韩都晋阳距离边塞太过遥远,若有紧急军情,难以及时应对。臣请以马邑(今山西省朔州市朔城区)为都,以更好地防备匈奴!"

得知韩王信如此请求,刘邦也很是高兴。难得他能为国着想,因此,便同意了他将国都迁移到马邑的请求。

其实人心当真难测,没有人具体知道韩王信此举到底是何用意。因为有人认为,韩王信此刻依旧心向大汉,是为国家着想。可有的人却认为,韩王信早就与匈奴有勾结。之所以要将国都迁徙到马邑,就是为了联系匈奴更为方便。

而笔者则更倾向第一种说法,认为韩王信此刻还是忠诚于大汉的。但是,也不可忽视他北移国都的用意,毕竟,平白无故地被迁移封国,谁会没有怨言呢?更何况,刚刚收拾了一个韩信,谁敢保证接下来不是对付他这个韩王信呢?

接下来,遭殃的,还真的是他。

匈奴人

汉六年秋九月,也就在韩王信徙都马邑仅仅几个月后,匈奴人就来了。之前我们曾简要地提到过,大秦帝国大将蒙恬率军三十万北击匈奴,一举收复水草肥美的河套之地,开始修建万里长城,戍守帝国北疆。

那个时候,匈奴人的确不是大秦锐士的对手。当时的单于叫作头曼,虽然他很喜欢南下河套。可是没办法,蒙恬与他的大军就驻扎在上郡。只要他敢过去,就绝对讨不到好处。

但是,没过多久,匈奴人发现,秦帝国的边防军长城军团似乎大军调动,至此边境空虚了。

就这样，匈奴人等了很久，也探察了很久。他们也必须要弄明白，这到底是怎么一回事儿。

　　时间一点点过去了，匈奴人再也没有发现有援军赶来帝国北疆。后来，多方打探后，他们也是得知了。华夏大乱，秦皇已崩，而蒙恬，也早已随风而去。帝国的北疆，现在也没有大军驻守。因为此刻，有两个人正在逐鹿天下。

　　而这，似乎就是他们匈奴人重新夺取河套、再次强盛起来的绝佳机会！

　　的确，真是如此。

　　因为正当华夏发生大乱的时候，匈奴内部也发生了巨变。匈奴的老单于头曼竟然被自己的亲儿子冒顿干掉了。而冒顿成了新一任的大单于。

　　这一位草原雄鹰，很是非凡。他利用华夏内乱之际，发展匈奴自身实力，进行了一系列的改革，尤其是军队，更是得到了极大的强化。

　　那么，此时匈奴的实力强盛到了什么地步呢？

　　用史料原文说就是："控弦之士三十余万。"

　　看着自己手下这三十余万精锐骑兵，再看向那此刻早已经疲惫不堪的华夏，这位草原雄鹰笑了起来。

　　没过多久，匈奴大军便出现在了马邑的周围。看那架势，大举攻城只不过是个时间问题。而城破，同样也只是个时间问题。

　　看到如此精锐、数量众多的匈奴精骑，韩王信也是彻底傻眼了。他知道，凭借自己韩国的士兵，别说击退匈奴，能不能守住城都是个没谱的问题。

　　思来想去，他也只能派人向刘邦求救了。可话虽如此，但是远水解不了近渴，若等刘邦发兵至此，也许他韩王信早就成了匈奴人的俘虏了。

　　因此，最终，韩王信决定了，派人前往冒顿大营讲和！

　　讲和？

　　两国交战，你一个藩属诸侯，谁给你的邦交大权？竟然敢如此越权？

　　但此时的韩王信却也顾不得太多了。就这样，韩国的使者频繁来往于匈奴大营与马邑城之间。

　　另一方面，得知马邑被围的消息后，刘邦立刻调派军队前往救援。可是，就在出征大军出发之时，刘邦也是得知了韩王信曾多次与匈奴往来联络

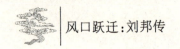

的消息!

得知了这一消息后的刘邦看向了马邑方向。

韩信,你这是权宜之计? 你到底是何居心,试一试就知道了。

也许,这又是朕的一个机会。

很快,刘邦的使者先刘邦的大军一步赶到了马邑。来干什么呢? 责让,也就是责备,另一面,也有激励之意。

只听得使者传递了刘邦的诏令:

"为王者,一心战死算不得勇敢,一心求生无法胜任指挥,敌寇围攻马邑,你的兵力难道不能坚守吗? 虽处危亡之地,也要坚持忠诚啊,这是朕要责备你的。"

当韩王信看完了使者交给他的信后,一种恐惧感逐渐涌上了他的心头。他想起了如今的淮阴侯韩信,连他那样的大功臣都面临着被诛杀的危险,更何况自己呢?

刘邦待他不薄,可是,在性命面前,他依旧选择了自保。

很快,心一横的韩信,直接派遣使者联合匈奴,反了!

"陛下,韩王信勾结匈奴,晋阳告急!"

汉七年(公元前 201 年)冬,汉帝刘邦亲征讨伐叛汉的韩王信。那么此次,汉军出动多少大军呢?

据《中国战争史》记载,此次汉军总兵力达三十二万。那么除却刘邦御驾亲征之外,汉朝还出动了哪些大将呢?

绛侯周勃、舞阳侯樊哙、颍阴侯灌婴、汝阴侯夏侯婴,除此之外,曲逆侯陈平以护军中尉从征!

看到了这里,也许大家都已经发现了。这一次,汉朝开国名将几乎倾巢出动,大汉的二号谋主陈平更是随军出征。那么,刘邦此行的目的仅仅是一个拥有数万军队的韩王信吗?

很显然,并不是。因为刘邦此次出击,是打算一劳永逸,彻底地击溃匈奴!

实际上,他一直没有放松对匈奴的关注。早在与项羽对峙的时候,他就加紧修缮与匈奴接壤的城防。

就这样，汉军分为两部，出击马邑。一路刘邦亲自率领，直扑马邑。一路由绛侯周勃、舞阳侯樊哙带领汉军骑兵从代郡绕到韩王信的后面，直插西北方向。

为什么如此呢？

很明显，既然要击溃匈奴，那么就要先匈奴一步彻底剪除韩王信的有生力量。而周勃、樊哙的任务就是切断韩王信的后路，同时消灭掉匈奴与韩王信相互接应的部队。而后，再迅速南下，与刘邦大军集结于晋阳一带。

依据这样的军事安排，汉军开始全军出击！

事实证明，在刘邦的面前，区区韩王信，当真不是对手。

很快，刘邦亲率汉军于铜鞮击败韩王信，斩杀韩国大将王喜。而另一方面，周勃、樊哙进军顺利。汉军首下霍人，而后攻破云中，击破匈奴接应韩信部队后，迅即南下！

而大败的韩王信就此逃亡匈奴。至此一生，再也无法回到大汉。

顺便提一下，汉十一年春，韩王信再次回到了汉朝边境。只不过，那一次的他是以劫掠者的身份。当时的汉军主将柴武曾劝其归汉，而韩王信说出了一番话，其大意是皇帝待他不薄，他于荥阳降项羽，是为一罪；于马邑叛归匈奴，是二罪；今为匈奴带军，寇掠大汉，是三罪。有此三罪，他韩信，势必无法回到大汉了。

最终，他被柴武斩于两军阵前。而他的后代，终于回归了大汉。而且，在后来平定七国之乱之际立下了大功。这也算是在替韩王信报答刘邦了。

当得知刘邦亲率大军前来的时候，匈奴的大单于冒顿也是没有将其放在眼里。他倒要看看，而今的华夏大军还有着几分战力。

很快，匈奴左右贤王率领万余精骑与韩王信残部汇合，前来阻拦刘邦。

冒顿的确有些目中无人了。能与当世第一战神项羽交战四年而最终取胜，刘邦难道真的是软柿子？而大汉的军队难道真的是那么好欺负的？

没过多久，汉军与之大战于晋阳，大破匈奴。匈奴左右贤王率领残部逃窜至离石（县治今山西省吕梁市离石区），被汉军赶上，再次大败。

不甘心的匈奴人再一次聚集了军队，在楼烦西北布下阵势，准备与汉军决战。

这一次,在汉军战车与骑兵的配合下,匈奴人再次大败而回。汉军就此乘胜大举追击。

得到消息的冒顿自然也是大吃一惊。他没有想到,汉军竟然会有如此的战力。不过随即,一向大胆的他内心生出了一个计划。

与此同时,刘邦也没有闲着,因为他必须要速速下决断了。当时正值寒冬,大雪弥漫。汉军的给养短时间内无法维持,许多将士甚至冻掉了手指,恶劣的气候条件对汉军的战斗力造成了极大的影响。

因此,刘邦不能再耽搁下去了。否则,时间越久,局势对汉军越不利。匈奴常年生活于漠北,对于这种天气再适应不过了。这一点,汉军根本无法与之相比。

而且,如此大规模的军事行动,若是仅仅击败了韩王信,那简直是最大的败笔!

无论如何,一定要与匈奴主力一战!

于是,大批的汉军斥候冒着严寒奔向了前方的匈奴大营一带。除此之外,大汉的使者也前往寻找匈奴的大营。虽说表面是责让匈奴侵我边境,但实际上却是为了侦察敌情。

汉军的斥候和使者陆续返回了大营。他们已经摸清了,匈奴的首领也就是大单于冒顿此刻正驻军代谷(今山西省大同市一带)。而他们带回的消息是:匈奴人简直不堪一击。大多都为老弱病残,汉军若到,势必如秋风扫落叶!

来往的使者和斥候多达十多个人,他们的观点也是惊人的一致:"匈奴可击!"

但是,事实真的是如此吗?当然不是。冒顿为了引诱汉军上钩,隐藏起了他的精锐士兵、马匹,而故意将老弱病残暴露在汉使者、斥候的面前。示敌以弱,便是如此。

听到使者们的回答后,刘邦陷入了沉思。匈奴人败得太容易了,尽管使者也都认为匈奴不堪一击,但这不正好证明了匈奴人在使诈?

此刻若是贸然前往,定会中计!

可是,此刻的汉军已经陷入不利局面,战斗力正在下降。若是此刻退军,这次出征劳师无功倒是其次,万一匈奴人趁机进犯,全军压向汉军,那时的汉军又该如何应对?

一个不慎,势必全军溃败!

所以,这一战,哪怕明知是陷阱,也必须要打! 必须要探一探匈奴的真实家底! 同时也要让他们知道,大汉天威绝不容肆意侵犯!

"来人,叫刘敬过来!"

当刘敬见到刘邦之后,自然也是明白了刘邦找他来的用意。就这样,接到任务的刘敬再次前往了匈奴大营。他的目的,自然也是再一次打探虚实。

至此,刘邦已经连续派出了很多斥候、使者,他的目的就是尽可能多地了解一些关于匈奴的情报。而刘敬,刘邦相信,他有这个能力!

但是,不能再等下去了。

"传令全军,目标代谷,分梯次开进!"

不久后,二十万汉军已经越过了句注山(今山西省代县北),与此同时,刘敬也回来了。

当他看到漫山遍野的汉军时,也是心急如焚,加快了脚步。

"陛下,两国交兵,按理说应该各自炫耀自己的长处。可而今臣见匈奴,只有一些老弱残兵,这一定是匈奴人故意示弱以麻痹我们,从而埋伏奇兵来等待我们啊。臣以为,匈奴不可轻击啊。"

刘邦的内心一阵颤动,可是二十万汉军已经越过了句注山。此时撤退,又怎么能稳住阵脚? 看来自己的确太心急了。不过,旋即,一抹坚毅之色出现在刘邦的面庞之上。

身为汉帝,他必须要让匈奴人知道,大汉天威不可犯!

"齐虏! 凭着嘴皮子得到官位,现在竟在此胡言乱语乱我军心! 来人,把他给我押起来!"

此刻,他是汉军众将、众军的主心骨,若是他都仓皇而乱,没有方寸,汉军的将士们又去依靠谁?

军中最忌者,便是朝令夕改。此刻,唯有勇往直前了!

但是,刘邦却又下达了一条军令。可以说,这一条军令对他最后的翻盘起到了相当大的作用。

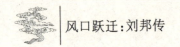

"朕自将骑兵先行,步军速慢,紧随朕后,会于平城(今山西大同市西北)!"

很快,刘邦率领汉军骑兵进至平城一带。这一刻,早已经埋伏好的匈奴单于冒顿笑了。大批的匈奴精骑出现了!

汉家天子,等的就是你!

当两军相遇的时候,一瞬间,匈奴骑兵便与汉军接战起来。那一刻,数十万匈奴精骑快速冲入了汉军的阵营。汉军骑兵由于长时间急行军,很是疲敝。因此,面对匈奴精骑的第一次冲击,阵型就已经有些溃散了。

这是大汉骑兵第一次大规模与匈奴精骑交战。刚刚一接战,他们便发现,这匈奴人的精骑似乎比之项羽的精骑还要灵活善战!他们来去自如,万箭齐发,让汉军根本就猝不及防。

可虽说如此,但是由于天子在军中,众军也是拼死力战。但是怎奈寡不敌众,最终,他们被匈奴精骑逐渐包围在平城东北的白登山上。

那么,此刻的匈奴,有着多少人马呢?

《史记·匈奴列传》里明白地记载着此次匈奴大军的人数:"精兵四十万。"

而此刻,汉军步兵大多未至。刘邦身边的军队不会超过十万人。

十万人对阵四十万人,还是四十万精锐骑兵。

因此,这种情况下,唯有血战到底!

而作为汉军骑兵主将,颍阴侯灌婴更是临阵指挥,丝毫也不敢懈怠。

当匈奴四十万精骑将刘邦的十万汉军围困在白登山的时候,汉军的西方,为清一色的十万白马精骑,其东方,则是清一色的十万青马精骑,其北方,是清一色的黑马精骑,其南方,则是十万红马精骑。

看到这一幕,刘邦也是清楚了匈奴的实力。四十万精骑啊,那就是四十万匹良驹啊!竟然连每种颜色都能配齐十万匹!

要知道,大汉的天子座驾,仅仅四匹马,都是找不到相同的颜色,就更别说那些只能坐着牛车上朝的将相们了!

与匈奴这殷实的家底儿相比,大汉的战马储量简直是太寒碜了!

这一刻,刘邦才真正认识到,匈奴,比诸头曼在位时,已经强大多了。

华夏边境,从此以后,也许好长一段时间不会安宁了。

但是,无论面对怎样的对手,他都必须要坚持下去!只因为,他是刘邦,更是这大汉的天子!

在四十万精锐骑兵的迅捷行动下,汉军的防御圈被压缩得越来越小。天寒地冻的情况下,很多士卒冻伤了。而且,粮草供应也已无法保障。这是真正的生死存亡的关键时刻了。

假若对面的四十万匈奴精骑发动进攻的话,可以想象,这十万左右的汉军,只有一个下场,那就是全军覆没!

但是,一连过去了几天,匈奴精骑却只是围而不攻!他们这是在等什么?或者说,这是在忌惮什么?

冒顿的确将这一支汉军团团包围起来。但是他发现,这里的汉军并不是情报上所说的汉军全部!而仅仅是一部!也就是说,此刻,还有二十余万汉军正在向这里进发。

若是他贸然发动进攻,一旦被白登山的汉军牵制住无法脱身。到那时,汉军就会在外围再次形成反包围!汉军虽以步兵居多,但是匈奴人永远不会忘记,几十年前,有一个叫作李牧的人用强弓劲弩使得几代匈奴人每一夜都会做相同的噩梦!

所以,尽管冒顿拥有着绝对的优势兵力。但是,他绝对不敢在此刻进攻汉军。

就这样,时间一天一天过去了。平城外围的汉军也已经全部抵达,与白登被围的汉军形成了遥相呼应的态势。

此刻,刘邦终于松了一口气。既然敌强我弱,那么如此的对峙才最有好处。如若要鱼死网破,你冒顿也必将元气大伤!

所以,那一刻的平城出现了一个奇特的现象。七十余万人就这样僵持着。

两部汉军无法冲破匈奴军的封锁会合到一起,而围住汉军的匈奴精骑也不敢向汉军发动进攻!

对于冒顿来说,匈奴此刻占尽天时地利,在兵力、战力上又具有优势,而时间拖得越久,汉军的战斗力就越低!当汉军普遍冻伤,又军无存粮的时候,就是他们灭亡的时候!

但同时,冒顿也是心存疑虑。汉朝皇帝被围困的消息一定传到了国内。万一,各路汉军星夜来援又该如何是好?因此,尽管他打算继续等待,可是这心里也是没个谱儿。

转眼间,汉军被围困已经达到六天之久!刘邦怎么会不明白,时间拖得越久,对自己越不利。先不说长此以往,汉军战力锐减,无法抗衡眼前的匈奴大军,一旦国内不安定的诸侯得到消息,趁机作乱,那又该如何是好?

所以,必须要率先想办法打破这一僵局,尽可能争取战场主动权。

"陈平,你有什么看法?"

此刻,刘邦看向了身边的陈平。当子房不在身边的时候,大汉的二号谋主,自然就要补缺了。

陈平思索良久,对刘邦说出了自己的想法。当听过陈平的计策后,两路使者从白登的大营突围而去。

每一路使者,都携带着大量的重宝。很显然,他们是去游说的。没过多久,其中的一路使者,见到了一个重要的人物:单于的妻子阏氏。

对于阏氏的解读,历来有两种说法。第一,便是阏氏就是相当于中原国家的皇后;第二,则是认为阏氏犹如君主嫔妃一般,并不是皇后。近年来,第二种说法比较占据上风,也相对更加合理。

不论这位阏氏是不是相当于汉朝的皇后,但在匈奴大单于的众多妻妾中,她应该是最受宠的。所以,若是能得到她的一大重器相助,也许对大局大有裨益。

那么,她的重器是什么呢?

枕边风是也。

接下来我们来看看汉朝的使者是怎么做的。依据《史记》与《汉书》的记载,刘邦用陈平之计,给阏氏送了相当丰厚、贵重的礼物。自然也要准备一套说辞,以此来使得阏氏能够心甘情愿地施展枕边风秘技。

收到了贿赂的阏氏也没耽搁,她很快就找到了大单于冒顿。

"现在我们就算取得了汉地,也不可能长久居住于此。况且两主不相困,汉帝也有神灵护佑啊。希望您仔细考虑一下这件事啊。"

这些话对单于有用吗？的确有些作用。但是仅仅这样的一句话就能打动冒顿的心吗？另外，身为单于最受宠幸妻子的阏氏，难道是区区礼物能打动的吗？

在《史记》中，太史公他老人家在描述陈平此次画策的时候，有着这么一句话："其计秘，世莫得闻。"

这一句话可当真是给了后人无穷无尽的想象空间啊。这不，东汉的经学家桓谭在其《新论》中就认为，区区礼物怎能令得阏氏乐得帮助？而是因为密使依据陈平的意思对阏氏说：汉朝的美女太多了，要是单于再不退兵，汉皇就会派人送上汉朝的大美女。到那时候，阏氏还能保持住单于的长久宠爱吗？

阏氏一听，这还了得？所以，这才答应了汉使，决定劝谏大单于冒顿解围。

桓谭的这一说法，也是有根据的。自这种说法诞生以来，两千年来既受追捧，又受贬谪。甚至有人认为，太史公他老人家所写的"奇计"，这本身就是个幌子。哪来的什么奇计，世莫得闻？

前面写到两路汉军使者接受了陈平的密计后奔出了大营。

这一路，是去找匈奴阏氏的。那么这第二路，是去找谁呢？

根据笔者推断，很有可能是韩王信的将领王黄、赵利。

当大单于冒顿听过阏氏的话后，他又得到了一个消息，那就是与他约定好共同夹击刘邦、切断汉军退路的韩王信的部将王黄、赵利却并没有如期而至！

这几万人在干什么？他们去了哪里？

这一刻，冒顿的内心犯起了嘀咕。他们本就是汉人，难道是他与汉帝联合起来诳我？

那样一来，汉帝就又多了几万生力军。局面虽不至于太差，可也一定会给匈奴造成相当的损失。

更何况，万一汉军各路援军赶来，又该如何？也许这一次，就是汉人联合起来给自己下套！

所以，基于这种想法，冒顿害怕了。他开始逐渐收缩兵力，并且将包围

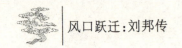

圈打开了一个缺口。

至此,陈平的"奇计"取得了巨大的成功。

关于第二路使者联络王黄、赵利,虽然只是推测,但毕竟王黄、赵利的确没有如约;而堂堂一国天子竟然与叛国之将间有什么交易,这种事自然不能让外人知道了。

到了现在,汉军被围困在此已经整整七天了。

"陛下,匈奴骑兵的包围圈打开了一个缺口!"

当时天降大雾,就算是汉军往来移动,匈奴人也根本无法察觉。刘邦意识到,突围的机会到来了!

再耽搁下去,一旦冒顿变卦,之前的一切铺垫都将前功尽弃!

"传令下去,全军迅疾向南撤退!违令喧哗者,军法从事!"

"陛下,胡人的兵器多为弓矛,请让士兵们在每个强弩上加两个箭头,方向朝外,慢慢移动,突出重围,以备不测!"这时,陈平也提醒道。

"好!"

就这样,汉军趁着大雾掩护,一举突出了匈奴人的包围圈,与前来救援的汉朝大军会合到了一起。

得知了汉军大部已到,冒顿也是明白了,他已经错过了最好的时机。此刻,就算再战,恐怕也是捞不到任何的便宜了,遂引兵而去。在得知匈奴已经彻底退军的消息后,汉军也班师回朝。

至此,刘邦称帝以后的第一次大规模军事行动,史称"晋阳战役",到此结束。

可能对大多数人来说,提起汉初的"晋阳战役"很少有人知晓,但若提起"白登之围"恐怕没有几个人不知道。

自从刘邦被围白登的那一刻起,两千年来,大多数人对于此战的一致看法就是:刘邦对兵道一窍不通,轻敌冒进,致使惨败,狼狈而回。

但正如明武宗朱厚照的应州大捷被人抹黑一样,这一次的晋阳战役,也并非如此不堪。

但经过上述的一系列分析,想必大家也是真正明白了刘邦此次作战的目的,以及之所以选择进兵的原因。

至于有人所说的"惨败"，这一点当真无法苟同。这一战，虽然汉军处于被动局面，但整个晋阳战役中，匈奴人根本就没有取得歼灭汉军有生力量的战役预期。相反，倒是在汉军的对峙加之政治手段运用下无功而返。

　　而反观汉军，晋阳战役虽然后期一度被困，但是刘邦却成功地聚歼了韩王信的有生力量，同时也歼灭了匈奴一部精骑，有力地维护了这个刚刚建立、百废待兴的汉帝国的统一。

　　正如《中国战争史》里所评价的那样，这一战打出了汉朝的威风，显示了大汉为了维护国家统一的坚强决心！对于维护封建大一统、反对分裂割据有着相当重要的意义。

　　而此次战役，尽管并没有实现击溃匈奴、彻底荡清韩王信余孽的战略预期，但这是皇帝陛下御驾亲征、全国猛将尽出、三十二万大军出击的一次亮剑，在一定程度上打击了冒顿的嚣张气焰。

　　更为重要的是，这一次战役，刘邦彻底摸清了匈奴的底细，并且，对匈奴的战略规划也即刻提上了日程。这一点，是此次战役最为重要的收获！

　　紧接着，刘邦便下了诏令："以云中、雁门、代三郡五十三县立皇兄宜信侯刘喜为代王！"

　　至此，异姓的诸侯王，还剩下五个。

备战七十年

　　返回帝都的刘邦释放了刘敬，因为他知道，刘敬说得对。可是，这是一场不得不为的战争！狭路相逢勇者胜，身为汉家天子，他必须要扛下去！

　　此刻，匈奴已经强大起来。而大汉则百废待兴，短时间内，怕是不会有太多的精力去对抗匈奴，就更别说彻底击败匈奴了。

　　那么，应该怎么办呢？

　　经过与刘敬的商议，一个办法出现了。

和亲。

当刘敬对刘邦说自己虽有一计可抗匈奴的时候,却又说了一句:"然恐陛下不能为。"

这一刻,为了大汉,刘邦也是豁出去了。他立刻回答道:"诚可,何为不能!"

就这样,和亲的提案出现了。最后,刘邦选择了同意。

这一次,为了大汉,他不得不抛出女人,去远嫁塞外,为母国换取一段时间来休养生息。

那些远嫁塞外的女子,是可敬的。她们也必将永远受到尊敬。政治与战争将她们推到了风口浪尖,成了祖国的"挡箭牌"。

那么,应对匈奴,是否仅有和亲一种选项呢?

当然不。

随后不久,在刘敬的建议与主持下,关中地区新迁来了大量的人口,多达十余万户。而这些人,便是原六国的贵族。之所以迁徙他们到关中地区,一来是为了充实关中人口,抵御匈奴;二来也是为了更方便控制他们。同时,若诸侯有变,也可以率领他们前往征讨。

除此之外,汉朝的马政也开始正式提上了日程。冒顿的四十万精骑给刘邦留下了深刻的印象。对抗匈奴,光靠步兵以及汉朝现有的骑兵是远远不够的。大汉,也必须要有属于自己的强大的骑兵部队!到那时,才能与对手一较高下,捍我国威!

做完这些的刘邦,缓缓地喘了一口气。他看向了地图的北部,那里此刻正驻扎着周勃、樊哙率领的二十万精锐汉军。为的,就是时刻地防备匈奴。

七十年后,汉家一个叫作刘彻的男人,继承了他先祖的遗志,挥兵漠北,直捣龙城!彻底洗刷了大汉的耻辱,洗刷了他的太爷爷所遭受的委屈。

那一刻,大汉,这个强有力的名字,也更加强有力地昭告于天下。

第十七章

三杰谢幕　炎汉益强

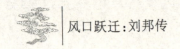

努力强汉

发展才是硬道理!

汉七年二月,刘邦返回了长安。此时的长安,长乐宫已经建成,大汉中央政府的机关也已经基本上迁移到了这里。此刻的长安,已经真正地开始具有帝都的气息了。

看着比较满意的刘邦,一旁的萧何也是松了一口气。他怎会忘记,当他陪同刘邦前往查看另一座宫殿——未央宫时,曾遭到了前者的严厉训斥。

因为未央宫修建得实在是太过壮观华丽了,以至于刘邦看到后大怒,斥责萧何道:"天下汹汹数岁,百姓苦于战事,民不聊生,天下大势尚未可知。你为什么如此奢靡地修建一座宫殿?"

听到刘邦的训斥,萧何不仅没有怨言,反而是高兴了起来。这才是那个他认识的刘季,才是那个值得他去终生辅佐的刘邦!

"陛下,正是因为天下还没有完全平定,故而才需要抓紧时间修建宫殿。天子是全国的象征,宫室不壮丽就无法显示其至高无上的权威。同时,还可以此昭示后代,不必再重建了。"

听到萧何的话,刘邦笑了。他何尝不知,这是在为自己树立君权的威望?

自从返回长安以后,刘邦也是督促全国各级官员将精力全部用于恢复民生的工作上来。大汉现在的确是已经千疮百孔了。如若再不进行修补,那么用不了多久,大汉就会是第二个大秦!

一切强国梦,都必须要百姓先过上好日子!

汉帝诏令:

"凡犯有应处罚颊鬓衣衫罪行的,不要草草结案,一定要请示上级复查。百姓家但凡生了子女的,即可免去徭役两年。"

可以看得出来,刘邦此举一来为了鼓励人口生育,二来则是为了严明国家法令。为了使大汉尽快休养生息,刘邦也是不敢有丝毫的懈怠。这平静的时间,当真来之不易。

一年后,北境来报,韩王信的余党与匈奴人再次寇边。一提起这事儿,刘邦就气不打一处来。

本来已经驱逐了韩王信,算是又剪除一个异姓的诸侯王。这不,刘邦将自己的二哥刘喜封为代王,封地还着实不小。他好歹也是当今天子的亲哥哥,怎么的也得有两下子。

可是,刘老二用实际行动证明了自己的无能。当匈奴人再次前来寇掠的时候,当朝天子的二哥、代王刘喜一看形势不妙,弃城跑了!

这可当真气坏了刘邦,你这也太给皇族抹黑了。不过这毕竟是自己的亲二哥,又能如何?无奈的刘邦只得将其贬为合阳侯。自己,也只得再度领兵,御驾亲征。

这一次,韩王信的余党比较狡猾,当汉军大军到来的时候,他们稍作抵抗之后,便再次逃回了匈奴。

这一点,倒很像是当年的彭越。他们的目的就是疲敝汉军,让大汉劳民伤财。所以,汉八年的这一次军事行动,基本上没有取得像样的成果。

因此,从前线返回的刘邦也很是气愤。韩王信的余部虽然成不了气候,但是他这三天两头地袭扰,地方军却又不是对手,中央军又不能天天跑来跑去。

机动,汉军缺少可以随时应变的机动部队!

朕需要强大的精锐骑兵!

可是,这也只能是刘邦的一个美好愿望了。在他那个时代,想要拥有一支足以与匈奴人媲美的骑兵部队,难于上青天。

匈奴一共就那些子民,甚至连一个诸侯国都不如。可是,他们为什么会具有如此强大的战力?

说得通俗点,这是因为,他们愿意"组团"。

可以说,匈奴出动一次,那就是全族的男女老少通通上阵。他们是马背上的民族,只要在大草原上,到哪里都能生存。因此,不论他们攻打哪里,都是全体匈奴人一起出击,一定凝聚着整个匈奴的最强力量。但是汉军就不同了。漫长的边境线上,面对着来无影去无踪的精锐匈奴骑兵,任何一处的守军在兵力上都处于绝对的劣势,这仗还怎么打?

樊哙、周勃、灌婴一时间也都没有好的办法。为今之计,也只有在边疆重地驻扎一支战斗力强悍的大军,居中策应四方。而各个边疆郡县一旦发现敌情,立刻坚壁清野,释放信号,请求支援。

同时,国内加紧马政改革,全民休养生息,积极备战,建立起一支足以与匈奴人相抗衡的军队!

可是,这一切,真的需要时间。而这段时间里,又会有多少无辜的百姓遭受战火的荼毒,又会有多少的汉家女儿嫁入那漠北塞外?

我们有理由相信,那一刻的刘邦也很是心急。身为一朝开国天子,百姓视他为依靠,可面临着强大的外患,他却只能如此被动去应对。

这,算不算是愧对万民?

唯有与民休息、与民安乐,才能让国家更进一步,才能让百姓活得更好。那个时候,边境百姓所遭受的一切苦难都将不再。大汉帝国所有的隐忍也终将被证明,是值得的!

我的好女婿

想着想着,刘邦的队伍来到了柏人(今河北省隆尧县西)。这里是他的女婿,而今的赵王张敖的地盘。刘邦对于自己的这个女婿倒也还满意。毕竟早年刘邦与张耳关系不错,恰恰这个张敖还有着一定的能力。因此,刘邦也是将他和吕雉的闺女也就是鲁元公主嫁给了张敖。有了这层关系,赵国对于大汉中央政府还是相当忠诚的。

这不,一年前,当刘邦从平城撤回路过赵国的时候,他的大女婿张敖表现得相当乖巧。

"赵王朝夕袒韝蔽,自上食,礼甚卑,有子婿礼。"

什么意思呢？也就是说赵王张敖脱掉外衣,亲自为刘邦端上食物,言辞谦卑而恭敬有礼。这不仅尽到了一个臣子的本分,同时也显示出他绝对是一个好女婿。

那么,面对如此孝顺的女婿,刘邦是怎么表现的呢？

"高祖箕踞詈,甚慢易之。"

这句话可以理解为刘邦伸出两条腿很是随意地坐在那里数落张敖,态度很是嚣张。很有可能就是我们现在说的挑刺儿的那种感觉。

但是赵王张敖太了解自己的这个老丈人了,早就习惯了。

可他受得了,有人却是受不了了。

那就是以赵相贯高、赵午为首的一干大臣。他们都是张耳的宾客,颇具战国游侠纵横之风。在他们看来,张敖这小子太懦弱,皇帝也太无礼！身为前赵王的宾客,他们决定,做掉刘邦！事成之后,好处都归张敖。事若不成,谁也不能牵连到张敖！

可以说,有着这样的一群臣子,是张敖的幸运,但同时,却也是一种不幸。

这不,计划已定的贯高等人准备动手了。下手的地点,就是柏人。他们的方法是在驿站的夹壁中埋伏人手,当刘邦到达的时候,便一跃而出,趁其不备,在驿站边伏击他。

却说刘邦正在考虑如何更好地安稳边防的时候,也是有些疲倦了。因此,他便打算在这里留宿一夜。可是,突然他的内心一颤。多年的血雨腥风使得他有了一种高度的警惕感。

"这里叫什么名字?"

"回陛下,此地名柏人。"

"柏人者,迫于人也！传令全军,继续前进！"

就这样,刘邦"不宿而去"。

看起来这件事很神秘,后人也多以为刘邦询问县名此事亦为附会。但不管怎么说,贯高等人的计划落空了。可世上没有不透风的墙,这件事,还是被刘邦给知道了。

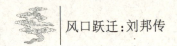

汉九年,因为贯高的仇家知道了他的密谋,便将其上报给了刘邦。得知此消息的刘邦大怒,立刻下令逮捕赵王张敖以及所有同党。

燕赵之地古来多义士果然名不虚传。得知事情败露的消息后,十多人二话不说,立刻争着拔剑自刭。此刻,贯高看着这一群人,瞬间大怒,骂道:"谁让你们自杀的! 如今大王并没有参与这次策划,却也一并被抓了起来。你们都自杀了,又有谁能证明大王没有参加这次计划呢!"

事情的发展证明,贯高此人的确忠义。他不顾刘邦的诏令,毅然决然地跟随赵王张敖的囚车进入了长安。而后,在种种审讯下,哪怕他已经遍体鳞伤,却也没有将此事与赵王张敖牵扯上一分一毫!

刘邦也很是敬佩其为人。因此,当张敖已经被无罪释放之后,刘邦特意派遣泄公劝谏贯高:"上多足下,故赦足下。"

"哈哈,我之所以没有自刭,不为其他,只为证明我王冤屈而已。今我王已经无罪释放,我的任务也算是完成了,虽死无憾矣。为人臣者,有谋逆篡位之罪,我又有什么面目去见陛下!"

而后,贯高自刭。

当此之时,名闻于天下。

赵王张敖,因为吕后的缘故,虽然保住了性命,但是王位是不可能保住了。从此以后,他的称号是宣平侯,悠然终老。

到了现在,天下的异姓诸侯王,又少了一个。

无为而治

征讨韩王信余党不久后,刘邦就再次向天下颁布了一道诏书:"从军而征阵亡者,以小棺装其遗体,送回原籍,由原籍所在地供应葬衣葬具,用羊牲进行祭祀,当地县令需亲自参加阵亡将士的葬礼!"

可以说,这一举措算是对战争所造成的创伤的一种弥补。当每一位县令参与阵亡将士的葬礼的时候,百姓们在悲痛之余却也感觉到了,这位皇帝似乎与之前的大秦的皇帝以及六国君主不太相同。难道,他也会在乎我们?

天下这般战乱,到底要到何时才算真正的结束啊? 几乎每一天都会从一个村落里走出几个青壮年。而他们,也许再也无法回到这里。

每一个母亲都眼含热泪地送走了自己的儿子;每一个妻子哪怕走到了村口也依旧不愿意放开丈夫的手,她怕,这一放,便再也没有相握的机会了。

可是,他们必须要去,身为好男儿,当此天下方定渐兴之际,他们必须要挺身而出,与汉家天子来一起守护这大汉江山,来共同追求他们所向往的美好的生活!

在这之后,刘邦接连下达诏书,主要的内容大多为慰劳从军将士、限制商人发展、维持社会治安、维护百姓生产等一系列有利于国计民生的政策。

在萧何等人的辅助下,汉中央政府的各项举措被逐渐传达到直属的郡县与各诸侯国。一时间,百姓们交相称赞,大量的战争流民回到了原籍,大片的荒芜土地被重新开垦。田地里,再一次有了粮食。

看到了这一幕,刘邦也很开心。他从百姓这里拿走了太多,现在,终于可以一点点地偿还给百姓了。

逐渐地,刘邦发现,以前不甚喜爱经籍的自己竟然也不自觉地开始吸收经籍中的治国法则。而对于西汉初年的治国理政,后世的我们自然也是知晓了,那就是遵从黄老之学而行无为之治。

当然了,有萧何的辅佐,刘邦对此也是大可放心的。

徒有虚名的淮阴侯

自从汉六年被贬为淮阴侯之后,韩信已经在长安闲居了快五年了。这几年来,他基本上不怎么去上朝,大部分的时间都是称病闲居在淮阴府邸。因为他知道,刘邦忌惮自己,既如此,自己又为什么要一而再、再而三地出现在刘邦面前？

眼不见心不烦，这辈子，恐怕就要孤老于这小小的淮阴府邸了。

可是话虽如此，从堂堂齐王之尊、手握三十万雄兵到封地六郡的楚王再到现如今一个小小的淮阴侯！韩信怎么能心无怨恨？他又怎么会甘心？

太史公老人家对于此刻的韩信是这样描写的："由此日夜怨望，居常鞅鞅。"

什么意思呢？就是说他日夜怨恨，常常愤愤不平，内心不满到了极点。

的确，换作是谁，还会没有情绪？除此之外，韩信还表现出了自己高傲的一面。因为他羞于与绛侯周勃、颍阴侯灌婴等人为伍。想当年，灌婴不过是他的部下，绛侯周勃的军事才华又怎么能与他相比！

可是现如今又怎么样？自己也仅仅是一个淮阴侯，还比不上当今的大红人绛灌！

他记得，有一次自己去樊哙的府上。樊哙对其很是敬服，无论他刚来时还是临走的时候，樊哙，这位皇帝的连襟、皇后的妹夫、当朝舞阳侯对其竟一直施以跪拜之礼。与其交谈，不仅称其为王，更是自称为臣下！对于韩信的到来，他很是激动不已，似乎很有一种受宠若惊的感觉："没想到，大王您竟然肯光临我家！"

看着如此敬重自己的樊哙，此刻，韩信的内心所感受到的可能并不是那一丝虚荣心的安慰，而是更大的羞辱！

想他韩信一生，横推天下任何对手。诸侯谈起韩信，谁不色变而惧其三分？不可一世的项羽怎么样？还不是败在了他的手里！

可是现在的境况又是什么？一个徒有虚名的淮阴侯而已。

可以说，他有着高傲的资本，以韩信的性格，他也一定会始终保持着高傲。

但是现在，自己竟然沦落到如此地步，继续高傲，岂不是可笑！

"到头来，竟然与樊哙等人地位无二！"

这一刻的韩信心中充满了不甘、委屈、愤懑。当这些情绪经过时间的杂糅后，逐渐地，又演变成了怨恨、愤怒！

但是现在他只是一个徒有虚名的淮阴侯，又能做得了什么呢？

但他还是有事要做的。

汉十年九月,边关急报!代相国陈豨起兵造反,声势浩大,代赵危急,请求中央即刻派兵平叛!

得知了这个消息的刘邦勃然大怒:"陈豨曾经在执行朕的命令时,很是干脆,为人信义。代地又是朕所重视的地方,所以封他为列侯,以代相身份镇守那里。不曾想今时他竟与王黄等人作乱于代!"

于是,汉十年九月,刘邦再一次御驾亲征,平叛代地。这一次,韩信依旧没有随行,因为他病了。

看着刘邦率军远去的身影,韩信笑了。他想起了月前的一次谈话,而他所谈话的对象,便是今时造反的代相陈豨。

由于代地时常遭受匈奴以及韩王信余党的劫掠,又是兵家要地,故而刘邦特拜陈豨为代相国,镇守那里。虽然说陈豨的职位仅仅是代相国,但是他的权力可是相当大。他可以调动代、赵两国的边防军队!要知道,代、赵之地常年打仗,其边防军队战斗力十分强悍。陈豨以一个代相国的身份便是可以调动两国的边防军,不可谓不受信任。

这个陈豨到底是谁?为何会受到刘邦如此的信任?在史书中此人不知起于何时,只有基本信息如下:陈豨由于平定燕王臧荼时表现优异,为人豪爽机智,有战国时期六国贵公子之风,很是受到刘邦的赏识,故而封其为阳夏侯。

这不,刘邦便将镇守代、赵边境的重任交给了陈豨。可是,刘邦不知道的是,在陈豨赶赴代地上任之前,还向另一个人辞行了。

而那个人,便是淮阴侯韩信。

两个人一见面就相见恨晚。韩信不仅屏退了左右随从,还拉着陈豨的手漫步于庭院之内!

只听得韩信仰天长叹一声道:"唉,你是一个值得托付的人吗?我有话想要对你说啊。"

"但凭将军吩咐!"

"你所镇守的地方,是需要精兵驻扎的要害之地。而你,又是陛下所亲近的大臣。如果有人说你造反,陛下一定不会相信。但以我对陛下的了解,当再一次有人说你造反的时候，陛下才会开始怀疑你，当他第三次听到有人说你造反的时候，便会相信了。那时，盛怒之下，他一定会御驾亲征！"

接下来，韩信吐露了一个惊天计划。

"到时候，我与你里应外合，天下可图也！"

到了这里，韩信说出了自己的真实想法：造反，图谋天下！

但是，你怎么知道此刻身为皇帝面前大红人的陈豨不会把你说的话上报给皇帝？另外，陈豨此番握有大权，凭你这么拉拢就会跟你一起造反？

但是面对韩信的鼓动，向来知晓韩信的能力并对他尊崇有加的陈豨竟然直接就回复韩信道："谨奉教！"

两个人这么快就达成共识了。看上去，的确有些匪夷所思。似乎无论怎么说，这个计划都是漏洞百出。但史书上就是这么记载的。

因此，千百年来，学者们几乎都一致认为，这一段说辞是后来吕后等人胡编乱造的。堂堂韩信，怎么会如此草率？在他们看来，陈豨的谋反，似乎也不是因为与韩信有着约定，而是因为他自己太过招摇所致。前文说过，身为代相的陈豨不仅权力很大，而且他也十分喜欢豢养宾客。当他路过赵国的时候，跟随他的宾客多达千余乘，很是嚣张放肆，这一点，引起了当时的赵相周昌的警惕。

故而周昌将这种情况上报给了刘邦，刘邦听闻后，就怀疑陈豨有不轨之心，便召其入朝。

得知刘邦召见自己入朝后，陈豨害怕被诛杀，于是便串通王黄等人一起谋反作乱。

所以，很多人据此认为，所谓的陈豨造反，根本就没有韩信什么事儿。但是，仅仅因为自己太过招摇，便不敢进京面圣，害怕被诛杀，于是乎就起兵造反，这未免也太不合逻辑了吧！

那时的郡国守相、中央大员，谁还不养士？这种事情，凭借他与刘邦的关系，想来还是能够解释清楚的，又有什么必要直接造反呢？

由此，是否可以理解为，他的身上，还有其他的缘由，一些足以令得刘邦将其诛杀的大罪？不做亏心事，不怕鬼敲门。当他以为自己的秘密泄露的时候，便干脆一不做二不休，反了！

那么,他的秘密又是什么呢?是否是与韩信的密谋?这一点,我们不得而知。也许,在很早之前,韩信就已经结识了陈豨。只不过,这也只是一种猜测而已。

但不论怎么说,陈豨还是反了。

得知了陈豨造反之后,韩信派人连夜给陈豨送去了"心意"。

根据史书记载,他与家臣谋划伪造刘邦的诏书,然后在夜里以此诏书赦免那些被府衙拘禁的苦役和官奴,使之为己所用,准备偷袭吕后与太子。

到了这一刻,韩信已经准备好了。接下来,他要做的就是等,等待陈豨的消息。

可就在这个时候,问题出现了,因为韩信囚禁了一个得罪自己的舍人,并且打算杀了这个舍人。恰恰这个舍人的弟弟得知了韩信的这次谋划,这个舍人的弟弟(有人说其为栾说)直接将韩信意图谋反的消息上报给了吕后。就这样,韩信苦心的密谋竟然败在了一个舍人的身上。

得知了这个消息的吕雉大为吃惊。朝中能征善战的大将全部随军出征了,如若韩信真的造反,谁又能制服得了他?

"速请相国大人!"

很快,上气不接下气的萧何来见吕后了。当萧何得知韩信意欲谋反的消息后,也是愣在了那里。

看着萧何,吕雉说出了自己的办法,那就是将韩信召进宫里来,可是她又担心他不会来,反而会打草惊蛇。如此,该如何是好?

这个时候,萧何的内心也许在做着强烈的斗争。他到底该怎么做?事已至此,他又怎么会不明白刘邦所想、吕雉所虑的是什么?

想到了这里,萧何抬起了头:韩信,当年我月下将你拦回,这一次,就由我这个老友再送你一程吧。

"莫不如假说从陛下使者处得知,大军已经平叛得胜归来,而陈豨已经败亡,朝中列侯群臣都要进宫祝贺。如此一来,若韩信真与陈豨有联系,听闻陈豨已经败亡,或许他会进宫来。而这一次,我亲自去请他!"说完,萧何转身而去。

当他见到韩信的那一刻,不知会做何感想。他怎会不知,韩信这一去,351

便是有去无回了。

可是,他依旧对韩信说了假话:"尽管身体不适,此刻,也应该强打精神进宫祝贺啊。"

韩信看着萧何,久久不语。也许,他早已经明白了什么。他对着萧何深深地作了个揖。他知道,没有萧何,不会有他韩信的今天。

而后,他便头也不回地赶往了长乐宫。

汉十一年正月,楚王韩信被皇后吕雉斩杀于长乐宫钟室。

至此,汉初三杰这神话般的组合,谢幕了。而其终结者中,竟然有着三杰之一的萧何。当真,造化弄人。

韩信到底有无谋反,历来争论不断。他到底是否被冤死,难有确解。同情韩信者可以从上文看出,他的确可能被冤枉。但联想一下去深究,韩信也有着犯罪的可能。

我们不知道,当萧何"成就"韩信的时候,一直闭门不出的张良是否得知了这个消息。他又会作何感想?

秦末汉初,三人齐名。曾几何时,这三人的绝世组合为了汉王、为了大汉的天下联手上演了一幕幕名垂青史的好戏。他们三人之间,是朋友,更是知己。

可是,世事无常,演变到了今天的这一地步。他们三人,又能改变什么?

此刻的萧何也许会羡慕张良,悲哀韩信。他知道,下一个可能就要轮到自己了。只是身处于这盘棋局之中,所有人都只不过是一颗棋子而已,又能改变得了什么?

月余后,刘邦平定了陈豨的叛乱,得知了韩信被诛灭的消息。而后,且喜且怜之。

汉十一年三月,汉帝刘邦以莫须有之罪名囚梁王彭越于洛阳,后经吕后议,以谋反罪诛梁王彭越,醢之(剁成肉酱)。

汉十一年七月,淮南王英布见楚王信、梁王越尽皆遭诛戮,心大恐,遂反。刘邦亲征,淮南王布败走,后在兹乡被杀。

这一刻,天下间,再也没有人能够威胁到大汉了。

于是,汉帝诏令:封皇子刘恒为代王、封皇子刘恢为梁王、皇子刘友为淮阳王、封皇子刘长为淮南王。

　　而今天下,异姓诸王,唯有燕王卢绾、长沙王吴芮。此二人皆刘邦故旧,不必担忧。

　　这一次,刘邦终于可以喘一口气了。

　　出来这么久,也该回家里看看了。

归故乡

　　八年的巨浪之旅、八年的生死沉浮、八年的艰辛血泪、八年的砥砺辉煌,在这样的大世下,刘邦,以布衣之身、卒定天下,靠的就是在风云之中翻云覆雨、化而为龙! 机遇来临不假,可更重要的是抓住机遇并转化为对自己有利的存在,否则,只会被卷入风口浪尖之上、被权谋武力撕咬得粉身碎骨! 而在这层层凶险、考验之下,刘邦,最终走了下来,跃迁成功,涅槃为帝!

　　汉十二年十月,此刻,距离刘邦称帝,已经过去了七年。十二年里,韩信、彭越、英布、臧荼、韩王信、赵王张敖等所有异姓诸侯王,都已经被他处理掉了。因为,他为的是汉家天下的安宁。为了汉家天下,他甚至还曾与草原雄鹰匈奴打了一次仗。他刘邦打了一辈子仗,抓住了一辈子的机遇,而今,也该休息休息了。

　　因此,刘邦再次回到沛县。这个一切开始的地方,或者说,起点。只不过,而今的他,却是以天下主宰的身份回到了这里。

　　刚刚回到沛县的刘邦,看着为他而兴建的行宫,看着这周围的一切,不知怎的,竟然生出了一丝陌生感。

　　"来人,将朕的所有故旧、沛的所有父老子弟尽皆请来!"

　　很快,一众人来到了沛宫。这里面有很多熟识的面孔,只不过,与刘邦一样,也都苍老得不成样子了。还有一些新面孔,看来是这些人的后代。这一刻,一种久违的熟悉感涌上了心头。刘邦开心得笑了,他要的,他一直所

353

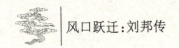
寻找的,一直怕忘记的正是这种感觉啊!

来,开怀畅饮!

看着沛中的一百二十个少年,跳楚舞,歌楚风,酒酣的刘邦也是瞬间豪情万丈,击筑而歌。

> 大风起兮云飞扬,
> 威加海内兮归故乡,
> 安得猛士兮守四方!

一时间,沛儿皆和习之,声震九霄。

不知不觉,与沛儿共舞的刘邦竟然发现,自己的脸颊有着一股滚烫的清流涌下。

这是,自己的泪?

想不到,越是年纪大,就越容易慷慨伤怀,当真是老了,不中用了。

> 往事如烟兮几多烦忧?
> 譬如流水兮岁月如秋。
> 豪情万丈兮何解我愁,
> 共舞大风兮猛士何求!

"哈哈哈,游子悲故乡,朕今感怀涕下,父老见笑了。朕虽都关中,可万岁后,朕之魂魄仍乐思沛! 更何况朕初以沛公之身伐暴秦、诛无道,遂有天下,就以沛为朕之汤沐邑! 免除沛父老的一切赋税、徭役,世世代代不要再为赋税徭役头痛啦!"

来,继续满饮此樽!

这十余天里,在刘邦看来,是他称帝以后最为快乐的时光。他见到了多年未曾见到的故人,听老人们讲起了当年的一些往事,一起回忆,一起欢笑。

但天下没有不散的筵席。

"父老们,朕该走了。"

"陛下,您难得回来,再多留几日吧!"

"朕也舍不得你们,只不过,朕的随从太多,父老们供养不起啊。"

说到了这里,刘邦也是不舍得向着长安进发了。也许那一刻,他的眼里,依旧含着泪水。

尽管,他是天子。可这里,是生他养他的土地,是永远无法割舍的乡情。这里,承载着他太多的回忆。

刘邦也许已经感觉出来了。这一走,自己恐怕这辈子都难以再回来了。

很快,当刘邦的车驾刚刚走到沛西的时候,他便发现整个沛的父老子弟竟然全部来到了这里,争着献上自家的食物。他们希望,刘邦,能够在这里再多留几天。

那一刻,饶是以刘邦的心性,也不禁感怀伤感。最终,他答应了沛父老的请求,又停留了三天,与诸父老开怀畅饮。并且,答应了父老的请求,将丰邑提升到与沛相同的待遇。

这一次,他真的要走了。

也许他也曾多次依依不舍地回头看向了丰、沛,这个故乡,这个见证他一路成长的家,而眼泪自然也是无法止住。

这一年,他已经六十二岁了。

汉十二年十一月,刘邦回到了长安。这时的天下,已经安定了。该做的,他都已经做了。

不久前,他与张良有过一次的谈话。那一次,他真的动了改立太子的念头。但是,他终究没有改变。因为,他相信,自己的皇后有着稳定汉家天下的能力。

另外,他也是听说了,自己的帝师最近正在到处追随赤松子,说是要修道。看来,这已经是看破红尘了。

另外,听着有关燕王卢绾"造反"的消息,起初他虽然很气愤,但是转念想想,卢绾是绝对不会背叛自己的。只不过,现如今,卢绾已经逃出燕国,而他也已经老了,不想再去管了。卢绾终不会危及汉家天下的,就由他去吧。燕国,就让刘建为王镇守了。

萧相国最近在忙什么?曹参在齐国辅佐刘肥还好吧?周勃呢?夏侯婴呢?陈平呢?

樊哙,这个莽夫。想到了樊哙,刘邦再次笑了出来。他仔细数了数,樊哙这一辈子一共救了自己三次。一次是咸阳,一次是鸿门,而第三次,则是

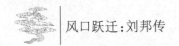

不久前。

你个莽夫,朕岂会不知前秦赵高用事以至于宗庙尽毁,社稷破裂?不过还是你小子胆儿大,周勃、灌婴都不敢来见我,就你敢,还总是顶撞我。你啊,不过,朕也正是欣赏你这种秉性,这才是朕的舞阳侯,才是朕的连襟,才是我大汉的忠臣啊!

汉帝诏令:

"秦始皇帝嬴政、楚隐王陈涉、魏安釐王、齐缗王、赵悼襄王无后,予守冢各十家,秦皇帝二十家。另,魏公子信陵君无忌予五家。"

汉十二年四月,刘邦病重。

就在此时,吕雉又找来了一位神医,希望能够医治好刘邦。

"朕之疾可治乎?"

"回陛下,病可治。"

看着太医那闪烁的眼神,听着他的语气,加之自己对自己身体的了解,刘邦怎么会不明白?

"朕以布衣起沛县,提三尺剑诛无道、定四方、取天下,此非天命乎!命乃在天,虽扁鹊来此,又有何用!娥姁,赏他五十金,让他走吧,朕不必再医治了。"

看到这一幕的吕雉也不好多说什么,她知道,自己的丈夫所决定的事,任何人都无法更改。

送走了良医后,吕雉再次回到了刘邦的面前。她知道,自己的丈夫恐怕坚持不了太久了。

而看着吕雉,刘邦又怎么会不知道,自己的皇后在想些什么呢?只不过,他相信,这个女人,绝对撑得起未来的大汉!最终,吕雉还是开口了:"陛下百年之后,萧相国若也故去,谁可以接替他呢?"

刘邦笑了,因为这一切,他早有安排。

"曹参。"

"曹参之后呢?"

"王陵。只不过王陵此人太过耿直,认死理,陈平可以辅助他。但是陈平智虽有余,却难以独当大任。周勃沉稳厚道,不善花言巧语,但能安我刘氏天下者,必周勃也。可令为太尉。"

听到刘邦这么说,吕雉沉默了片刻,似乎有些不甘心地再问道:"他们若都故去,又该如何呢?"

听到吕雉这么说,刘邦盯着她看了好久,好久。

"这之后,也不是你能知道的事情了。你先下去吧,朕一个人静一静。"

躺在病榻上的刘邦一定已经感觉到,自己的意识已经逐渐模糊了。他苦笑了下,这有什么大不了的?

人之一世,总是要归去的。而今天下已定,他再也没有什么可以担心的了。

他自己的双眼,似乎很是愿意合上。他也的确是有些困了。他也知道,这一睡,便是万古。

是啊,终于可以歇一歇了。朕这一生,起自布衣,卒定天下,也没有什么遗憾的了。

千载春秋,是非功过,也不是我所能掌控的。那么,就任由后人评说吧。我知道,既然掌控了这天下,这些,则是必须要承受的。

朕,累了。但,朕,安心了。

大丈夫当如是! 秦始皇帝,朕与你比,如何?

大汉十二年四月二十五日,汉帝刘邦崩于长乐宫,时年六十二岁。

五月十七日,葬长陵,上尊号高皇帝。是为汉高祖。

五月二十日,太子刘盈袭号为皇帝。

大汉,由此进入了新的一页。

而中华,也必将由此进入崭新的一页!

图书在版编目（CIP）数据

风口跃迁:刘邦传 / 粒川居士著. —杭州:浙江
大学出版社，2019.3
ISBN 978-7-308-18707-7

Ⅰ. ①风… Ⅱ. ①粒… Ⅲ. ①汉高祖(前256—前
195)—传记 Ⅳ. ①K827＝341

中国版本图书馆 CIP 数据核字（2018）第 231136 号

风口跃迁:刘邦传

粒川居士　著

责任编辑	谢　焕	
责任校对	杨利军　程曼漫	
封面设计	石　几	
出版发行	浙江大学出版社	
	（杭州天目山路 148 号　邮政编码 310007）	
	（网址:http://www.zjupress.com）	
排　版	浙江时代出版服务有限公司	
印　刷	杭州钱江彩色印务有限公司	
开　本	710mm×1000mm　1/16	
印　张	23.25	
字　数	345 千	
版 印 次	2019 年 3 月第 1 版　2019 年 3 月第 1 次印刷	
书　号	ISBN 978-7-308-18707-7	
定　价	55.00 元	